रत्नों का रहस्य

डॉ. दीपक सिंगला
PhD IN VEDIC SCIENCE

notionpress.com
INDIA · SINGAPORE · MALAYSIA

ISBN 979-8-90392-666-4

विषय-सूची

दो शब्द

प्रस्तुत पुस्तक जिज्ञासु पाठकों के हाथ में समर्पित करते हुए इस के सम्बन्ध में दो शब्द कहाए भी उचित होगा। पुस्तक की सामग्री संस्कृत, अंग्रेजी और हिन्दी के प्रामाणिक तथा आधुनिकतम ग्रन्थों से ली गयी है। जिन ग्रन्थों से सामग्री ली गयी है वे ज्योतिप, चिकित्सा, खनिज विज्ञान तथा रत्न-विज्ञान से सम्बद्ध हैं। नूतनतम अंग्रेजी-हिन्दी के विश्वकोषों का भी उपयोग किया गया है। श्रभि-प्राय यह है कि रत्नों के सम्बन्ध में जिज्ञासुओं की ज्ञान-पिपासा की तृप्ति के लिये, यथासम्भव, सुशीतल और सुमधुर, "पुष्टिप्रद पेय जुटाने का यत्ल किया गया है। और साथ ही ठोस विषय के रहस्य को समझाने के लिये सुबोध परन्तु साथ ही वैज्ञानिक भाषा का प्रयोग किया गया है। आशा है कि पाठक इसका सदुपयोग कर सकेंगे।

संकलनकर्ता उन सब ग्रन्थ लेखकों तथा सहायकों का भी आभारी है कि जिनकी रचनाओं से यह सामग्री ली गयी है, यद्यपि सब स्थानों पर सबका नाम लेना सम्भव नहीं हुआ है।

एक दृष्टि में

भारत में रत्न धारण प्रथा पुरानी रत्नों में दैवी शक्ति कोरा अन्ध विश्वास वहम अथवा बहकावा? नहीं!

असली और नकली की पहचान लग्न के अनुकूल रत्न चुनिये स्त्रियों के लिये चुनाव का विशेष नियम अनिष्ट ग्रह को और बलवान् न बनने दीजिये नौकरी में उन्नति रुके तो कौन सा रत्न पहने?

माणिक्य-विपदा का पूर्व सूचक

मोती-हृदय को बलदायक

मूंगा-सस्ता पर अधिक गुणी

पन्ना-नेत्रशक्ति का मित्र'

पुखराज-कुष्ठ और बवासीर का शत्रु

हीरा-वैवाहिक जीवन में मधुरता'

नीलम- शीघ्र प्रभाव दिखाने वाला,

गंज और रूसी में लाभप्रद

गोमेदक- चर्म रोगों में विशेष लाभदायक

लहसनिया - दुर्घटना तथा शत्रुओं से बचाने वाला

उपरत्न-पन्द्रह उपरत्नों का वर्णन

शोध पूर्ण रचना (Research Work)

भूमिका

रत्नों की पहचान आज के आधुनिक विज्ञान की देन नहीं है। इसकी महत्ता, प्राचीन काल से चली आ रही है। ऋगवेद के प्रथम मंत्र में रत्न शब्द आया है। समस्त भू-लोक वासी चाहे वह राक्षसी संस्कृति से सम्बद्ध रहे हों या आर्य या अन्य इतर संस्कृतियों से प्रभावित रहे हों, रत्नों की गरिमा, उनसे मिलने वाले चमत्कारी प्रभाव को सभी ने स्वीकार किया है- चाहे वे प्रभा की चमत्कार औषधि सम्बन्धी हों या दैवीय गुण सम्पन्न हों या ज्योतिषीगमुण रखते हों। अतः रत्नों का प्रभाव मनुष्य पर अवश्यं पड़ता है यह निर्विवाद मत है। चाहे मनुष्य इन प्रभावों को भाग्य से - जोड़े। अपने प्रारब्ध से जोड़े या ग्रहों से।

विज्ञान ने भी रत्नों के प्रभाव को स्वीकार किया है। विज्ञान सम्बन्धी मत के अनूसार प्रत्येक रत्न किसी-न-किसी ग्रहों से सम्बद्ध होते हैं और उनकी ऊर्जा रश्मियों को अपने में धारण किए रहते हैं। आप जिस ग्रह या नक्षत्र में जन्में हैं यदि उनकी रश्मियां अनुकृल समय में आपको प्रभावित नहीं कर सकी हैं, ऐसी दशा में उस ग्रह के अनुकूल रत्न धारण करने से आप में उस ग्रह की ऊर्जा रश्मि रत्न के माध्यम से आपको अनुकृलन प्रदान करती है। अतः विज्ञान ने भी रत्न के प्रभाव की मान्यता प्रदान की है। रत्न शोभा, सौन्दर्य वृद्धि एवं अमूल्य होने के कारण प्राचीन काल से ही विख्यात रहा है। रत्नों के ज्योतिषीय गुण के लिए भी अनेक पुस्तकें प्रकाशित हो चुकी हैं।

प्रस्तुत पुस्तक में रत्नों के दैवीय एवं ज्योतिरषीय गुणों के साथ- साथउसके भौतिक, रासायनिक आदि वैज्ञानिक गुणों का भी पूर्ण विवेचन किया गया है। पुस्तक की ग्राह्यता-अग्राह्यता तो पाठकों के निर्णय पर आधारित है। पूस्तक आप के समक्ष समग्रता लिए प्रस्तूत है। आप लोगों से सुझाव एवं पुस्तक के विषय में सुझाव अपेक्षित है।

- लेखक

१

रत्न: एक परिचय

प्राचीन काल से ही मनष्य का रत्नों के प्रति विशेष अकर्षण रहा है। आदि काल से लेकर आज तक रत्नों के विषय में, उनके चमत्कार के विषय में एवं उनके औषधीय गुण की अनेक किंवदन्तियां प्रचलित रही हैं। जो आज के वैज्ञानिक यूग में विज्ञान द्वारा भी सत्य सिद्ध कर दी गई हैं। यद्यपि रत्नों का कोई इतिहास नहीं लिखा गया है परन्तु स्वर्ण युग यानी सत्य युग से लेकर द्वापर में महाभारत काल में भी रत्नों का वर्णन कई स्थानों पर हुआ है। राजा दुष्यंत द्वारा शकून्तला को प्रदत्त रत्न जटित अंगूठी देने का वर्णन कालिदास प्रणीत 'अभिज्ञान शाकून्तलम्' में किया गया है। कालिदास प्रणीत दूसरे काव्य 'मैघदूत' में भी यक्ष और यक्षिणी के विरह के वर्णन के साथ-साथ गन्धरवपुरी में रत्नों द्वारा महल के सजावट आदि का वर्णन भी मिलता है, यहां तक कि उस समय बैठने के लिए स्फटिक जड़ित चौकी का वर्णन प्रचूर मात्रा में मिलता है। वेद -पुराणों में भी राजा महाराजा के वैभव का वर्णन भणियों एवं अमूल्य रत्नों के आधार पर ही वर्णित है अत: यह स्पष्ट है कि रल्लों का अरितत्व आदि युग से आज तक बरकरार है।

मानव का रत्नों के प्रति आकर्षण सदैव रहा है। मनूष्य के जीवन में दैनिक चर्थों को अनेक नेष्ट एवं अनुकल ग्रहों से जोड़ा जाता रहा है और रत्नों से ग्रहों का सम्बन्ध भी उसी के अनुरूप सोचा-विचारा जाता रहा है। मानव के दैनिक जीवन में ग्रहों (अनिष्ट) की शान्ति फलस्वबूप सुख-समृद्धि की उपलब्धि एवं प्रकृति प्रदत्त आपदाओं से सुरक्षा के साथ-साथ शरीर के आरोग्य होने एवं सौन्दर्य प्रसाधन के रूप में भी रत्नों की भूमिका विशेष तौर से रही है। इस प्रकार भारतीय संस्कृति में रत्नों की गणना सौंदर्यवर्धक के रूप में होने के साथ-साथ आध्यात्मिक क्षेत्र में भी महत्त्वपूर्ण है। अपनी इसी महत्ता एवं गुण के कारण रत्न' शब्द में श्रेष्ठता का अर्थ विद्यमान होता है। समाज में इसी शब्द से सम्मानित व्यक्ति को आदर प्रदान वकिया जाता हैं।

रत्न के शरीर पर धारण करने का प्रभाव मानव पर अवश्य पड़ता है यह शास्त्रों द्वारा अनुमोदित है। यद्यपि कुछ लोगों के विचार में रत्न कंकड़-पत्थर सदृश है। उनकी विचारधारा मणि व कांच को समान मानती है। किन्तु यह सत्य नहीं है। आज के इस वैज्ञानिक यूग में भौतिकवादी विचारधारा रखने वाले एवं नास्तिक व्यक्ति भी इसके प्रभाव को मानने लगे हैं। भारतीय प्राचीन ग्रन्थों में जो अनेक मणियुक्त आभूषणों का वर्णन मिलता है वे यही रत्न ही हैं।

हमारे देश भारत में मान्यतानुसार राशि, ग्रह, जन्मतिथि, नक्षत्र आदि को ध्यान में रखते हुए रत्न धारण करने का विधान बताया गया है। रत्नों के विषय में कहा गया है कि जब औषधिप्रयोग व्यर्थ हो जाता है, पूजा-पाठ भी प्रभावकारी नहीं होता एवं व्यक्ति पौरूष सामर्थ्यहीन हो जाता है और कार्य सिद्ध करने में सहायक तत्त्व भी बाधक होने लगते हैं, उसी समय रत्न धारक के द्वारा अनुकूल रत्न धारण करने से उसके जीवन की प्रतिकल प्रभाव डालने वाली धारा ही अकस्मात बदल-जाती है। इस प्रकार रत्न के धारण करने में ज्योतिष के सिद्धान्त बहुत प्रभावकारी सिद्ध होते हैं।

रोमन लेखक प्लीनी (६२ ईस्वी-११३ ईस्वी) लिखते हैं-प्राचीन समय में मिस्त्र में सिकन्द्रिया बन्दरगाह रत्नों (हीरे-जवाहरात) की बहुत बड़ी मंडी (बाजार) थी। वहां संसार के विभिन्न देशों के रत्नपारखी व्यापारी रत्नों के क्रय-विक्रय के लिए आते थे। हिन्दुओं के अनेक धार्मिक ग्रन्थों (विष्णु पुराण आदि) में जो ईसा से सैकड़ों वर्ष पूर्व के अनूदित माने जाते हैं एवं ईसाईयों के ग्रन्थ बाइबिल में भी हीरे, मोती व रत्न के धारण एवं उनके प्रभाव का वर्णन मिलता है।

यूनान के प्रसिद्ध लेखक थियोफेरेटस (Thiopharatus) (३७२-२८७ईसा पूर्व) ने हीरों और रत्नों के विषय में एक पुस्तक लिखी। १३वीं शताब्दी के प्रसिद्ध अन्वेषक एवं पर्यटक मार्कोपोलो ने जिसने चीन, भारत, वर्मा, लंका आदि देशों का भ्रमण किया, उन्होंने भी भारत की रत्न सम्पदा के विषय में विस्तार से लिखा है। प्रसिद्ध पर्यटक एवं रत्नों का व्यापारी जो एक फ्रांसीसी था, ने भी रत्न की खरीद के लिए भारत, टर्की, ईरान आदि देशों का भ्रमण किया था। उस समय उन्होंने भारत में रत्नों की खान गोलकुण्डा को भी देखा था। ट्रावर्नियर (Travernier) ने लिखा है कि उस समय यानी सन् (१६०५-१६८५) के समय गोलकुण्डा की रत्नों की खान में एक लाख मजदूर काम करते थे।

आजकल वही गोलकुण्डा की ख़ानें गड्ढों के रूप में दिखाई पड़ती हैं। किन्तु १७वीं शताब्दी में संसार भर की हीरों की खानों में प्रमुख थीं।

रत्नों के विकास से मानव सभ्यता का कोई सम्बन्ध नहीं है। सभ्यता के विकसित होने के उपरान्त रत्नों की खोज एवं उपयोगिता सिद्ध हुई। कुछ रत्न प्राचीन काल में जितने अमूल्य थे आज भी उतने ही मूल्यवान एवं महत्त्वपूर्ण हैं। यह निर्विवाद सत्य है कि वेद आदि ग्रन्थ जिसे पाश्चात्य विद्वान भी मानते हैं, वेदों में ऋग्वेद की दिव्य ऋचाओं एवं मंत्रों में रत्न शब्द का प्रयोग किया गया है। इस महान प्राचीन ग्रन्थ के प्रथम ऋचा में अग्नि को 'रत्न धातनम' के रूप में माना गया है।

अग्नि मीले पुरोहित यज्ञस्य देव मृत्विजम। होतारं रत्न धातमम्॥ ऋग्० १-१-१

हमारे ऐतिहासिक एवं आध्यात्मिक ग्रंथों 'रामायण' 'महाभारत' में भी रत्नों को उद्धृत किया गया है। हम अनेक देवी-देवताओं को भी चित्रों में अनेक रत्नाभूषणों से, रत्न-मालाओं से आभूषित देखते हैं। अग्निपुराण, गरुड़पुराण, देवी भागवत आदि अन्य प्राचीन ग्रन्थों में हीरा, माणिक्य, नीलम, पन्ना आदि अनेक रत्नों, महारत्नों के नाम, उनके उत्पत्ति स्थान, उनके लक्षण एवं गुण-दोषों का, उनकी परख एवं शुभता-अशुभता का विस्तृत वर्णन मिलता है। 'बृहत्संहिता' के सृजक आचार्य वराहमिहिर ने भी अपने ग्रन्थ में रत्नों के गुण-दोषों का स्पष्ट विवरण दिया है। प्राचीन आयुर्वेद ग्रन्थों 'भाव प्रकाश', 'रस रत्न समुच्चय', 'आयुर्वेद प्रकाश' में विविध रत्नों के भस्मों और पिष्टियों की निर्माणविधि और उनके उपयोग का वर्णन ऽकिया गया है। संस्कृत के महान कवि एवं नाटककार कालिदास एवं अन्य विद्वानों ने भी अपने रचित ग्रन्थों में रत्नों का वर्णन किया है और रत्नों के सौन्दर्य-वैभव का उद्धरण अपने काव्यों-नाटकों के पात्रों की उपमा देने में किया है। 'कौटिल्य अर्थशास्त्र' में भी एवं 'शुक्र नीति' में यथास्थान रत्नों का वर्णन कियाऽ गया है।

ईसाई मतों में एवं उनके प्राचीन धार्मिक ग्रन्थ बाइबिल में भी रत्नों की चर्चा विभिन्न स्थानों पर की गई है। उनके नाम अलग-अलग प्रसिद्ध थे जैसे नीलम को 'लेपिस लेजुलो', पुखराज को 'टोपाज' के नाम से जाना जाता था। उस समय स्फटिक (रॉक क्रिस्टल) और कटैला (एमीथिस्ट) जैसे नरम रत्नों को बहुत मान्यता प्राप्त थी क्योंकि उनकी विभिन्न प्रकार से रंग-पॉलिश करके मनमोहन

बनाने की सुविधा प्राप्त थी। मोती, मूंगा, तृण मणि आदि प्राचीन काल में मूल्यवान रत्न माने जाते थे।

प्राचीन काल से ही भारत रत्नों से समृद्ध रहा है। पाश्चात्य देशों में भी रत्नों की विशेष कद्र है। माइकल विंस्टीन द्वारा लिखित पुस्तक Precious and Semi-Precious Stones के अनुसार समृद्धिवान रोम निवासी रत्नों के बहुत शौकीन थे। रत्नों पर नक्काशी का काम मिस्त्र के कारीगरों ने बखूबी अंजाम दिया। जूलियस सीजर, सिकन्दर आदि इतिहास प्रसिद्ध व्यक्ति भी रत्नों के संग्रह के शौकीन थे।

आज रत्न के विषय में विस्तृत वैज्ञानिक प्रगति हुई है। अब रत्नों के विषय में इतनी विस्तृत खोज की जा चुकी है कि इस विषय में अनेक ग्रंथ लिखे जा चुके हैं। रत्नों के समबन्ध में सबसे महत्त्वपूर्ण जानकारी लेने की यह है कि कुछ ही रत्न ऐसे हैं जो प्रकृति के दूसरे उपादानों से प्राप्त होते हैं बाकी अधिक-से-अधिक रत्न भूगर्भ से ही उत्पन्न होते हैं। पृथ्वी से उत्पन्न रत्न अकार्बनिक विधि से निर्मित होते हैं और एक ही प्रकार के पदार्थों से बने होते हैं। यह विदित है कि जो खनिज पदार्थ देखने में मनमोहक, अत्यंत सुन्दर एवं दुर्लभ हों और उसमें टिकाऊपन हो वही रत्न की संज्ञा पाते हैं। ऐसे दुर्लभ एवं मोहक रत्न हीरा, माणिक्य, नीलम, पन्ना आदि हैं जो अपनी मनमोहक आभा के कारण अमूल्य हो जाते हैं। मोती भी, जो एक खनिज नहीं है वरन जैविक अर्थात जीव से उत्पन्न होती है, भी बहुमूल्य रत्नों की श्रेणी में आती है।

रत्नों का इतिहास

रत्नों की उत्पत्ति के विषय में विद्वानों में मतैक्य नहीं है। ज्योतिषाचार्य वराहमिहिर ने पुराणों के आधार पर 'बृहत्संहिता' के 'रत्नाध्याय' में रत्नों की उत्पत्ति के विषय में लिखा है-

रत्नानि बला दैत्या द्दधितो न्ये वदन्ति जातानि।
केचिद्भुव स्वभाव वैचित्र्यं प्राहुस्मला नाम॥

वराहमिहिर के अनुसार असुरराज बलि एवं महर्षि दधीचि की अस्थियों से रत्न की उत्पत्ति हुई है। बलि के अस्थियों से हीरे तैयार हुए जो विलक्षण

चमक एवं द्युति वाले थे। उसके दांतों से मोती का उद्भव कहा जाता है। उस दैत्य के पृथ्वी पर गिरने वाले रक्त सूर्य की किरणों से शुष्क होकर माणिक का रूप धारण कर लिए। उसके शरीर के अंगों को आकाश मार्ग से नागराज द्वारा ले जाते समय गरुड़ के आक्रमण से जमीन पर गिर जाने के कारण पित्त की बूंदें पन्ने का रूप धारण कर लीं। समुद्र तट के पास उसके नीले नेत्रों के गिरने से नीलम रत्न की उत्पत्ति हुई। असुर राज की मृत्यु के समय भयंकर गर्जन से वैदूर्य, उसके शरीर के चर्म से पुखराज, नखों से वैक्रान्त रत्न का निर्माण हुआ। उसके शरीर से गिरे वीर्य की बूंदों से गोमेद तैयार हुआ। असुर को अग्नि ने नर्मदा में प्रवाहित कर दिया तब रुधिराक्ष पैदा हुए और उसकी आंखों से मूंगा पैदा हुआ। असुर के शरीर की चर्बी से स्फटिक का निर्माण हुआ।

रत्नों के उत्पत्ति के विषय में एक कथा पुराणों से मिलती है जो इस प्रकार है-एक बार महा भगवती पार्वती ने भगवान शंकर से पूछा 'हे प्रभो! मणि, रत्न आदि का निर्माण किस प्रकार संभव हुआ? और उनका ग्रहों से कैसा सम्बन्ध है?" इस प्रश्न के उत्तर में भगवान शिव ने बताया- "हे देवि! मैं सर्वप्रथम तुम्हें रत्नों के विषय में बताता हूं जो स्वर्ग लोक एवं पाताल लोक में मिलते हैं पहले स्वर्गलोक के रत्नों के विषय में सुनो-

स्वर्ग लोक के रत्न

१. चिंतामणि-यह रत्न सफेद धवल रंग का है। इसे स्वयं ब्रह्मा धारण करते हैं। यह रत्न समस्त इच्छित कार्यों में सफलता देता है।

२. कौस्तुभ मणि-यह रत्न सुनहरे रंग का होता है। सूर्य के समान तेज युक्त यह रत्न समुद्र मंथन के समय प्राप्त हुआ था। इसे स्वयं विष्णु धारण करते हैं।

३. रुद्रमणि सोने जैसे प्रकाशमान, तीन रेखाओं से युक्त चमकीला यह रत्न मैं (शिव) स्वयं धारण करता हूं।

४. स्यमन्तक मणि- यह रत्न नीले रंग का, इन्द्र धनुष की द्युति के समान तेजस्वी रत्न है। इसे स्वयं भगवान सूर्य धारण करते हैं।

पाताल लोक के रत्न

संसार में नौ प्रकार के सर्प हैं। इन सर्पों के रंग भी अलग-अलग हैं। वासुकि नाम के नाग की सुरक्षा में ये नौ सर्प रत्न पाताल लोक में रहते हैं। इन रत्नों की रोशनी में नाग अपने कार्य सम्पन्न करते हैं।

मृत्यु लोक के रत्न

शंकर जी पुनः पार्वती से बोले-अब मैं तुम्हें मृत्युलोक के रत्नों के विषय में बताता हूं, ध्यानपूर्वक सुनो राजा बलि को विष्णु ने वामनावतार धारण कर तीन पग भूमि के मांगने पर अपने दो चरणों से दो पग से सम्पूर्ण ब्रह्माण्ड को नाप दिया और तीसरे पग से असुरराज को पदाक्रान्त कर पाताल लोक भेज दिया। भगवान विष्णु के पद स्पर्श से बलि का शरीर रत्नमय हो गया। विष्णु ने अपने वज्र प्रहार से बलि का शरीर पाताल लोक में धकेल दिया। उसका रत्नमय शरीर पृथ्वी पर गिरने से पूर्व टुकड़े-टुकड़े में टूट गया और भिन्न रंगों के रत्नों में परिवर्तित हो गया। तब मैंने बलि का शरीर चार त्रिशूलों पर रखकर नव ग्रहों एवं राशियों का प्रभुत्व उसमें प्रविष्ट करा दिया। वे ही नौ ग्रहों के रत्न खदानों से प्राप्त होते हैं।"

पार्वती ने कहा- "हे भगवन! मैं रत्नों की उत्पत्ति के विषय में तो जान लिया! अब असुर राज बलि के शरीर से निर्मित रत्नों का भी परिचय देने की कृपा करें।"

शिव ने उत्तर दिया- "हे पार्वती! बलि के शरीर से कुल इक्कीस रत्नों की उत्पत्ति हुई जो इस प्रकार हैं-

१. माणिक

२. मोती

३ मूंगा

४. पन्ना

५. पुखराज

६. हीरा

७. नीलम

८. गोमेद

९. लहसुनिया

१०. फिरोजा

११. चन्द्रकांत मणि

१२. घृत मणि

१३. तैल मणि

१४. भीष्मक

१५ उपलक मणि

१६. स्फटिक मणि

१७. पावस

१८. उलूक मणि

१९. लाजावर्त मणि

२०. मासर मणि

२१. इसब संग।"

इस प्रकार शिव-पार्वती संवाद से रत्नों की उत्पत्ति की जानकारी मिलती है। रत्नों की रचना अग्नि और प्रकाश के संयोग से होती है। खनिजों के रासायनिक परिवर्तन एवं मिश्रण से रत्न तैयार होते हैं। पर्वतीय प्रदेशों में बड़े-बड़े पहाड़ों में बहने वाली नदियों से भी रत्न उत्पन्न होते हैं। कुछ रत्न भूगर्भ से खुदाई करके निकाले जाते हैं। आमतौर पर रत्न स्फटिक के रूप में ही पाए जाते हैं। ध्यान देने योग्य बात है कि दुनिया के किसी भी कोने में पाये जाने वाले रत्न का रंग एवं गुण एक सदृश हीं होता है चाहे वह भारत में हों या अफ्रीका में।

रत्न की परिभाषा

रत्न शब्द का प्रयोग श्रेष्ठ के अर्थ में किया जाता है। जो वस्तु या पदार्थ अपने क्षेत्र या वर्ग में श्रेष्ठ हो उसे उस क्षेत्र या वर्ग का रत्न कहा जाता है जैसे-मानव में श्रेष्ठ व्यक्ति को नर-रत्न की संज्ञा दी जाती है। अंग्रेजी में रत्नों को प्रेसियस स्टोन व उपरत्नों को सेमी प्रेसियस स्टोन कहा जाता है।

उत्पत्ति एवं प्राप्ति स्थान की विविधता के कारण रत्नों को तीन भागों में बांटा जा सकता है।

१. पाषाण जाति के खनिज रत्न हीरा, माणिक आदि।

२. प्राणिज या प्राणियों से उत्पन्न रत्न मोती, प्रवाल आदि।

३. वनस्पति से उत्पन्न रत्न- अश्मीभूत रत्न के यौगिक कहरवा।

२

रत्नों के विशेष गुण

खनिज वर्ग या पाषाण जाति के रत्न कठोर, चिकने और आभा वाले होते हैं। प्रकाश की किरणों को परावर्तित करने की इन रत्नों में आश्चर्य युक्त क्षमता होती हैं अंतः ये रत्न प्रकाश को प्राप्त कर द्युतिमान होकर झिलमिलाने लगते हैं। कुछ रत्न ऐसे भी होते हैं जो स्वयं आभायुक्त होते हैं और रात्रि के समय भी अंधकार में चमकते हैं। इस प्रकार की आभा वाले ये रत्न सूर्य के ही प्रकाश से प्रकाशित होते हैं किन्तु इनमें सूर्य के प्रकाश को काफी समय तक ग्रहण करके सुरक्षित रखने की क्षमता होती है। सभी रत्नों का अपना भिन्न-भिन्न रंग होता है जो प्रकाश में आकर्षक सौन्दर्य का जनक हो जाता है। रत्नों के तराशने से इनमें अद्भुत सौन्दर्य बढ़ जाता है। रत्नों के कठोर एवं चिकना होने के कारण इन पर जलवायु का कोई खास असर नहीं पड़ता। ये बहुत समय तक दोष रहित रहते हैं और नष्ट नहीं होते। 'रसरत्न समुच्च्य' के अनुसार पद्मराग, मरकत, पुष्पराज, हीरा, इन्द्रनील ये पांच रत्न श्रेष्ठ रत्न माने गए हैं। इन पांचों रत्नों में दो पाषाणज रत्न गोमेद व वैदूर्य तथा दो प्राणियों से उत्पन्न रत्न मोती व प्रवाल को मिलाकर कुल नौ रत्न मुख्य माने जाते हैं।

रत्नों का बहिर्मुखी प्रभाव शरीर विज्ञान एवं औषधि विज्ञान अर्थात आयुर्वेद शास्त्र के अधीन है और उनके विवेचन, विश्लेषण का विषय है, तो इसका अन्तर्प्रभाव ज्योतिष विज्ञान या रश्मि विज्ञान के विद्वानों के विवेचन व विश्लेषण का क्षेत्र है।

आयुर्वेद में रत्नों का प्रयोग रासायनिक तरीके से किया जाता है जो औषधि के रूप में प्रयोग होता है और खाने पर रोग का नाश व बल में वृद्धि करता है जबकि ज्योतिष शास्त्र में रत्नों का प्रयोग दुष्ट ग्रह शमन एवं रोग शमन के लिए प्रयोग किया जाता है। इस प्रकार यह सिद्ध हो जाता है कि रत्नों का मानव जीवन पर जो प्रभाव है उस पर अभी तक कोई शंका या प्रश्नचिह्न नहीं

लग सका है। रत्नों से प्रकट होने वाली रश्मियां मनुष्य के जीवन पर प्रभाव डालती हैं।

उपरत्न

रत्नों के बहुत मूल्यवान होने के कारण आम व्यक्ति के उपयोग करने में सक्षम न होने के कारण कालांतर में रत्नों की उपश्रेणी अर्थात उप रत्नों की खोज की गई जो थे तो रत्नों के समान गुण वाले किन्तु उनके प्रभाव, संरचना, घनत्व और गुणों में रत्नों की अपेक्षा कमी थी। उपरत्न भी प्राणिज एवं खनिज दोनों तरह के थे और वनस्पतिज भी थे। उपरत्न निम्न हैं-वैक्रान्त, सूर्यकांत, लाजवर्त, चन्द्रकांत, फिरोजा आदि खनिज उपरत्न, शंख-प्राणिज एवं कहरवा वनस्पतिज उपरत्न हैं। इन उपरत्नों का प्रयोग भी रत्नों की ही तरह होता है। इनमें भी औषधीय गुण विद्यमान होते हैं।

नौ महारत्न

माणिक, नीलम, पुखराज, पन्ना, हीरा, गोमेद, लहसुनिया, मूंगा और मोती यह नौ रत्न महारत्न माने गए हैं। इनमें पहले सात रत्न खनिज हैं एवं शेष दो प्राणिज हैं। इन महारत्नों का प्रयोग ग्रहों के दोषों को शान्त करने एवं औषधि के निर्माण में किया जाता है। निर्दोष, चिकने और सुन्दर रत्नों का प्रयोग शीघ्र फलदायी होता है।

मानव जीवन पर आकाश में स्थित ग्रहों का प्रभाव पड़ता है। यह बात आध्यात्मिक एवं भौतिक दोनों सिद्धान्तों से सिद्ध है। अशुभ या नेष्ट ग्रहों की जानकारी मनुष्य के जन्मांग पत्र में अंकित ग्रहों से होती है। नौ ग्रहों के अशुभत्व को समाप्त करने के लिए हमारे देश के प्राचीन महात्माओं एवं भविष्यदर्शी विद्वानों ने रत्नों की खोज की। यद्यपि रत्न सुन्दरता में वृद्धि करता ही है, साथ-ही-साथ मनुष्य के शारीरिक, मानसिक एवं आर्थिक स्थिति पर भी प्रभाव डालता है। आकाशस्थ जो ग्रह पृथ्वी के अत्यंत निकट हैं, उनका शुभ, अशुभ प्रभाव मनुष्य पर निश्चित रूप से पड़ता है। आधुनिक विज्ञान भी स्वीकार करता है कि पृथ्वी से प्राप्त रत्नों का प्रभाव मनुष्य जीवन पर अवश्य पड़ता है। माणिक, मोती, मूंगा, पन्ना, पुखराज, हीरा, नीलम, गोमेद, लहसुनिया-इन नौ महारत्नों की खोज रवि, चन्द्र, मंगल, बुध, गुरु, शुक्र,

शनि, राहु, केतु क्रमशः इन नवग्रहों से निःस्तृत किरणों के विशेष प्रभाव से हुई है। इसी कारण ग्रहों के रंग के अनुकूल संबन्धित रत्नों का भी रंग होता है। रत्नों तद्नुरूप ग्रहों की शक्ति समाविष्ट होने के कारण ही उन रत्नों के धारण करने से मनुष्य के जीवन में सुख-दुख एवं अच्छे-बुरे प्रभाव भी दृष्टिगोचर होते हैं।

मां के गर्भ से उत्पन्न होने पर बालक जब प्रकृति के नैसर्गिक वातावरण में आता है तब ग्रहों की किरणें बालक पर अपना प्रभाव डालती हैं। पृथ्वी से दूर ग्रहों की राशियां बालक पर देर से एवं कम प्रभाव डालती हैं किन्तु जो ग्रह पृथ्वी के सन्निकट हैं उनकी राश्मियों का प्रभाव बालक पर शीघ्र एवं तीव्र होता है। यदि सारे ग्रह सूर्य के आस-पास ८० अंश पर होंगे तो सभी ग्रहों से निःसृत किरणें सूर्य के प्रकाश में ही समाहित हो जाएंगी और अन्य ग्रहों से निःसृत किरणें प्रभावहीन जो जाती हैं या उनका प्रभाव बहुत कम हो जाता है। नवजात शिशु पर उसका खास प्रभाव नहीं पड़ता। शरीर स्वस्थ एवं शक्तिशाली बनाने के लिए, पानी, पौष्टिक खाद्य एवं जीवन तत्त्वों की आवश्यकता पड़ती है। इनमें से किसी भी तत्त्व की कमी के होने से शरीर स्वस्थ नहीं रहता। उस जीवन तत्त्व को जिसके कारण शरीर अस्वस्थ हो जाता है, डॉक्टर इंजेक्शन, गोलियों एवं भिन्न औषधियों से पूरा करने का प्रयास करते हैं। इसी के अनुरूप बालक के जीवन में किसी एक या एक से अधिक ग्रह की रश्मियों का अभाव होने पर तद्ग्रह जनित रोगों का शिकार बालक हो जाता है। इसलिए उस रोग के शमनार्थ उन रश्मियों का शरीर में प्रवेश करांना अनिवार्य हो जाता है इसलिए उन ग्रहों से सम्बन्धित रंग के रत्न का प्रयोग किया जाता है जिससे उन रत्नों से निःसृत किरणें बालक के जीवन में प्रवेश कर उसे व्याधि मुक्त कर सकें। ग्रह से सम्बन्धित रत्न ग्रहों की रश्मियों को अपने में समाहित किए होते हैं और शरीर पर धारण करने पर ग्रहों से लिए किरण समूह को शरीर में प्रवाहित कर देते हैं और शरीर स्वस्थ हो जाता है। माणिक रत्न सूर्य किरणों को समाहित कर लेता है, मोती अन्य किरणों से प्रभावित होने पर भी चन्द्र की राश्मियां अपने में जज्ब कर लेता है। इसी प्रकार मूंगा मंगल की रश्मि को, पन्ना बुध की रश्मि को, पुखराज गुरु की रश्मि को, हीरा शुक्र की रश्मि को, नीलम शनि की रश्मि को, गोमेद राहु की रश्मि को एवं लहसुनिया केतु की रश्मि को स्वयं

में समाहित कर लेता है और शरीर पर धारण करने पर ये रत्न शरीर में न होने वाली रश्मियों को पूराकर देते हैं और शरीर रोग मुक्त हो जाता है।

आयुर्वेद में वैद्य शरीर में जिन ग्रहों की किरणों का अभाव होगा उनसे सम्बन्धित ग्रह रत्नों की भस्म बना कर मनुष्य को सेवन करने की राय देते हैं। ठीक उसी तरह ज्योतिषी भी ज्योतिष शास्त्र के नियम-सिद्धान्तों के अनुरूप ग्रहों के रत्न धारण करने की सलाह देते हैं।

इस प्रकार यह निर्विवाद और सत्य है कि रत्नों की बहुत उपयोगिता है। अतः सभी रत्नों के विषय में पूर्ण जानकारी और ज्ञान होना सबके लिए आवश्यक है। इसलिए किसी ने कहा है-

पदे-पदे च रत्नानि, योजने रस कपिका।
भाग्य हीना न पश्यन्ति, बहु रत्ना वसुंधरा॥

ग्रह मानव जीवन पर आन्तरिक एवं बाह्य प्रभाव कैसे और किस प्रकार डालते हैं एवं कौन से ग्रह बाह्य एवं कौन से अन्तर प्रभाव डालते हैं- यह इस सारणी से स्पष्ट है-

ग्रह प्रभाव

गुरु शरीर, धर्म, सुन्दरता, प्रेम शक्ति, कानून (बाह्य)।

मंगल इंद्रिय ज्ञान, आनंद, इच्छा, ढाढ़स, दृढ़ता, आत्मविश्वास (बाह्य)।

चन्द्र शारीरिक एवं बौद्धिक स्थिति का उतार-चढ़ाव, संवेदना, कल्पना, लाभेच्छा (बाह्य)।

शुक्र निःस्वार्थ प्रेम, स्नेह, स्वच्छता, बंधुत्व, कार्यक्षमता।

बुध आध्यात्मिक शक्ति, स्मरण शक्ति, निर्णायक बुद्धि, तर्क, सूक्ष्म कला, प्रेम, खंडन-मंडन (आन्तरिक)।

रवि दैवत्व, सदाचार, प्रभुत्व, इच्छाशक्ति, ऐश्वर्य, महत्त्वाकांक्षा, आत्मविश्वास, सहृदयता (आन्तरिक)।

शनि तात्त्विक ज्ञान, नेतृत्व शक्ति, चिंतन-मनन, सतर्कता, कार्यदक्षता (आन्तरिक)।

उपर्युक्त सारिणी से यह स्पष्ट हो जाता है कि मनुष्य जीवन के प्रतीक सौर मंडल के सात ग्रह हैं जिनका जीवन पर स्पष्ट प्रभाव पड़ता है। इस प्रकार सूर्य आत्मा, चन्द्रमन, मंगल धीरज, ढाढ़स, बुध वाणी, गुरु-ज्ञान, शुक्र वीर्य, शनि संवेदना ग्रहों का मानव जीवन पर प्रभाव पड़ता है। रत्नों में विशिष्ट रश्मि किरण विद्यमान होने के कारण ही इन्हें रत्न कहा जाता है। हीरा बहुत ही द्युतिमान रत्न है। विज्ञान की दृष्टि में हीरा कार्बन यानी कोयला है। फिर कोयला और हीरा में इतना अन्तर क्यों है। कोयला हीरे जैसा रश्मिवान क्यों नहीं है।

इसीलिए ज्योतिष शास्त्र में हीरे को शुक्र की संज्ञा दी गई है और कोयले को राहु की। शुक्र का मतलब है शुद्धता या पवित्रता, और राहु का मतलब गंदगी यानी राक्षस से है। प्रत्येक रत्नों के अलग-अलग रंग होते हैं। हीरा सफेद व स्वक्ष होता है। पुखराज पीला होता है। मूंगा रक्तवर्णीय, पन्ना हरियाली की तरह हरा, नीलम नीला। शनि सूर्य से दूर होता है। इसलिए रश्मि युक्त नहीं है इसलिए काला है।

ग्रहों के रंगों के पीछे एक तत्त्व ज्ञान छिपा है। वेद में एक जगह लिखा है-

एकाम लोहित शुक्लम कृष्णं बहवा प्रजा-

अर्थात् यह निसर्ग जिससे जगत की उत्पत्ति हुई है, उसका रंग लोहित अर्थात् रक्तिम रजोगुणी, शुक्ल अर्थात् सत्त्वगुणी एवं कृष्ण अर्थात तमोगुणी रंग है। इसी प्रकार महर्षि पतंजलि ने अपने योग शास्त्र में लिखा है-

प्रकाश क्रिया स्थितिशीलं भूतेन्द्रियात्मकं
भोगापवर्गार्थ दृश्यं।

अर्थात् यह सारी दृश्य दुनिया कितनी बड़ी होगी चाहे भूतात्मक हो या इंन्द्रियात्मक।

वेद में जिसे लोहित, कृष्ण, शुक्ल कहा गया है वहीं पतंजलि ने उसे प्रकाश, क्रिया एवं स्थिति के रूप में माना है। कहने का तात्पर्य यह है कि मंगल लोहित अर्थात् रजोगुणी वृत्ति का होने के कारण पुरुषार्थ, महत्त्वाकांक्षा प्रकट करता है और शनि अपने काले रंग से निकृष्टता, अभाव, जड़ता, गतिहीनता,

अविद्या आदि को स्पष्ट करता है। यही बात अन्य ग्रहों के विषय में कही जा सकती है।

रत्न धारण करने की परंपरा वेद काल से चली आ रही है, और वेद पूरे संसार में सबसे प्राचीन ग्रंथ है। पृथ्वी पर जन्म लेने पर जब से मानव में सभ्यता का विकास हुआ तब से ही वह अलंकार प्रिय हो गया।

रत्न का अर्थ ही मूल्यवान या उत्तम, धनवान है। पायो जी मैंने राम रतन धन पायो यह पद भी रत्न की अमूल्यता का ही परिचय देता है।

रत्न का प्रयोग

रत्नों का प्रयोग बहुत सोच-समझकर करना उचित है अन्यथा ये अमूल्य रत्न प्राणलेवा भी साबित हो सकते हैं। कभी-कभी इनका प्रयोग भयंकर रोगों का कारण या विपत्तियों का कारण हो जाता है। पहले ही यह स्पष्ट किया जा चुका है कि प्रत्येक ग्रह से निःसृत किरणें मानव शरीर को प्रभावित करती हैं। जिस ग्रह की रश्मियां किसी कारण वश शरीर को प्रभावित नहीं कर पातीं उन्हीं रश्मियों के अभाव में शरीर रुग्ण होता है और उन्हीं ग्रहों के अनुरूप रत्न धारण किया जाता है। अतः जब तक पूर्ण जानकारी न हो जाय कि वास्तव में किस ग्रह-रश्मियों के अभाववश रोग या परेशानी सृजित हुई है, बिना सोचे-समझे कभी रत्न नहीं धारण करना चाहिए। उदाहरण स्वरूप बम्बई में किसी धनी व्यापारी ने बिना सोचे-समझे माणिक्य धारण कर लिया इस उद्देश्य से कि वह और अपार धन अर्जित कर सके क्योंकि माणिक्य धारण करने से उसने अपार धन अर्जित होने की बात किसी पंडित से सुन रखी थी। व्यापारी ने सुनने के अनुसार कन्धारी अनार रंग का लाल (माणिक्य) अपनी अंगूठी में जड़वा कर पहन लिया। तीन माह तक सामान्य तौर पर कोई प्रभाव स्पष्ट नहीं हुआ परन्तु तीन माह बीतते-बीतते अचानक व्यापारी को बुखार हो गया और वह बुखार १०६० तक पहुंच गया। दक्ष डॉक्टरों से उचित चिकित्सा का प्रबन्ध किया गया और अंग्रेजी दवाओं के प्रभाव से व्यापारी को बहुत पसीना आया और वह बेहोश हो गया।

हृदयगति मंद पड़ गई। उत्तेजक व शक्तिशाली इंजेक्शन लगाने पर उसको होश तो आ गया लेकिन शरीर का निचला भाग शून्य हो गया और हिलने डुलने में

अक्षम हो गया। अनेक दवाएं एवं इंजेक्शन बेकार सिद्ध हुए और वह कमजोर हो गया। उसका व्यापार नष्ट हो गया।

अब उसकी अंग्रेजी चिकित्सा बन्दकर होम्योपैथी चिकित्सा विधि अपनायी गई। इस प्रकार चिकित्सा करने से ज्वर पुनः चढ़ आया और १०४० तक पहुंच गया। इस दवा के प्रभाव से पक्षाघात से ग्रसित अंग ढीले होने लगे और उनमें पुनः शक्ति आने लगी किन्तु ज्वर में कोई अन्तर नहीं हुआ। अन्ततः मजबूरी वश परिवार के लोग ज्योतिषी की शरण में गये। ज्योतिषी ने व्यापारी की जन्म-पत्री का अवलोकन किया तो ज्ञात हुआ कि सूर्य व्यापारी की जन्मपत्री में ग्यारहवें स्थान पर है और बहुत शक्तिशाली है। माणिक्य उन लोगों को पहनना चाहिए जिनकी राशि में सूर्य निर्बल हो। सूर्य के निर्बल होने की स्थिति में ही सूर्य की रश्मियों को प्राप्त करने के लिए माणिक्य धारण करना उचित होता है जबकि व्यापारी की राशि पहले से ही सबल थी इसी कारण माणिक्य की तीव्र रश्मियां उसके शरीर में अत्यधिक ताप उत्पन्न कर दीं। अन्ततः उसकी माणिक्य की अंगूठी उतार दी गई और दवाएं भी बंद कर दी गयीं। उसके शरीर का तापमान चौबीस घंटों में ही सामान्य हो गया। अतः महारत्नों का उपयोग पूरी छान-बीन व उचित योग्य सलाहकार की सम्मति से ही करना उचित होता है।

३

ग्रह और रत्न: विज्ञान के परिप्रेक्ष्य में

वैज्ञानिकों के मत से संसार प्रतिक्षण परिवर्तनशील है। इस प्राकृतिक परिवर्तन का जीवन पर भी प्रभाव पड़ता है। ग्रहों के प्रभाव प्रत्येक जीवधारियों, पेड़-पौधों, वनस्पतियों एवं पत्थरों खनिजों पर भिन्न-भिन्न समय में भिन्न-भिन्न तरह से पड़ते हैं। जीवों एवं वनस्पतियों पर सबसे अधिक प्रभाव ग्रहराज सूर्य का पड़ता है। सूर्य से निःसृत रंग-बिरंगी रश्मियां जो विद्युत आवेश से युक्त होती हैं- संसार की प्रत्येक वस्तु पर विभिन्न तरह के प्रभाव डालती हैं। इन्हीं रश्मि लहरों के प्रभाव से संसार जीवित है। चन्द्र की किरणों के प्रभाव से समुद्र में ज्वार-भाटा आ जाता है। कभी-कभी तूफान भी आ जाता है। हिन्दू सभ्यता में पूर्णमासी के दिन की बहुत महत्ता वर्णित है। चांद के घटने-बढ़ने से बाजार की ग्रह और रत्न: विज्ञान के परिप्रेक्ष्य में वैज्ञानिकों के मत से संसार प्रतिक्षण परिवर्तनशील है। इस प्राकृतिक परिवर्तन का जीवन पर भी प्रभाव पड़ता है। ग्रहों के प्रभाव प्रत्येक जीवधारियों, पेड़-पौधों, वनस्पतियों एवं पत्थरों खनिजों पर भिन्न-भिन्न समय में भिन्न-भिन्न तरह से पड़ते हैं। जीवों एवं वनस्पतियों पर सबसे अधिक प्रभाव ग्रहराज सूर्य का पड़ता है। सूर्य से निःसृत रंग-बिरंगी रश्मियां जो विद्युत आवेश से युक्त होती हैं- संसार की प्रत्येक वस्तु पर विभिन्न तरह के प्रभाव डालती हैं। इन्हीं रश्मि लहरों के प्रभाव से संसार जीवित है। चन्द्र की किरणों के प्रभाव से समुद्र में ज्वार-भाटा आ जाता है। कभी-कभी तूफान भी आ जाता है। हिन्दू सभ्यता में पूर्णमासी के दिन की बहुत महत्ता वर्णित है। चांद के घटने-बढ़ने से बाजार की तेजी-मंदी से लेकर लाभ-हानि तक पर असर पड़ता है। आयुर्वेदाचार्यों की सलाह है कि औषधि निर्माण के लिए जड़ी-बूटियों का संकलन या काटना-छीलना पूर्णमासी के ही दिन करना चाहिए। क्योंकि पूर्णमासी के दिन पेड़-पौधे, जड़ी-बूटियां, अधिक रस युक्त हो उठती हैं। दूध युक्त या रसीले वृक्ष चन्द्रमा के प्रकाश के प्रभाव से और अधिक गुण युक्त हो उठते हैं। चन्द्र का प्रकाश इतना प्रभावकारी होता है कि पागलों में भी उत्तेजना उत्पन्न कर देता है। रोग ग्रस्त व्यक्ति चन्द्रमा के प्रकाश में देखने से

अंधे तक हो जाते हैं। इस प्रकार संसार के प्रत्येक जीव व वस्तु पर ग्रह अपने अच्छे-बुरे प्रभाव डालते रहते हैं।

इसी प्रकार भूमि से उत्पन्न खनिज पदार्थ भी ग्रहों से निकलने वाले प्रभाव से एवं ग्रहों के परिभ्रमण से प्रभावित होते हैं। जो रत्न या पत्थर या धातु जिस ग्रह से प्रभावित होते हैं उस ग्रह और राशि में पैदा होने वाले मनुष्य यदि उसी ग्रह से प्रभावित रत्न, धातु या खनिज पत्थर अपने पास रखता है तो वे वस्तुएं उस व्यक्ति की कमजोरियों से एवं ग्रह की बुरी दृष्टि से रक्षा करती हैं। उदाहरण स्वरूप यदि कोई व्यक्ति रात को अंधेरे में पैदा होता है जब चन्द्रमा की किरणें थीं ही नहीं या निर्बल थीं फलस्वरूप वह व्यक्ति कमजोर या रोगी हो गया है या उसके स्नायु कमजोर हो गए हैं तो व्यक्ति द्वारा मोती जो कि चन्द्रमा का रत्न है और चन्द्र किरणों के प्रभाव से ही समुद्र में स्थिति सीप से उत्पन्न होती है तथा जिसमें चन्द्रमा की रश्मियों का अतुलित भंडार है- धारण करने से विकार रहित या रोगहीन हो सकता है। या मोती से बनी औषधि का प्रयोग कर रोग से मुक्त किया जा सकता है।

प्रसिद्ध दार्शनिक विद्वान प्लेटो ने भी रत्नों की महत्ता को स्वीकार करते हुए कहा है कि रत्नों का सम्बन्ध सूर्य मंडल के ग्रहों सूर्य, चन्द्र, मंगल, शुक्र, शनिश्चर आदि से है और प्रत्येक रत्न में किसी एक ग्रह की शक्ति भरी हुई है। रत्नों के भूमि के अन्दर रहने पर भी चलायमान ग्रहों की रश्मियां रत्नों को अपनी रश्मियों से द्युतिमान एवं प्रभावित करती रहती हैं। नीलम का शनि ग्रह से सम्बन्ध है। शनि के बुरे प्रभाव से संसार भर के लोग भयभीत हो जाते हैं। रत्न-विशेषज्ञों का कथन है कि यदि नीलम रत्नों का प्रभाव किसी के अनुरूप हो जाय तो वह अतिशीघ्र धारक की कंगाली को दूर कर देगा और बेरोजगारी तथा शत्रुओं को समाप्त कर देगा। यदि बिना सोचे-समझे नीलम धारण कर लिया जाए तो यह जान लेवा भी हो सकता है। धारक की हड्डियां क्षीण हो जाती हैं। वह स्नायु रोगी, यकृत रोगी हो जाता है। संग्रहणी जैसे भयंकर रोग भी धारक को हो जाते हैं। जिस व्यक्ति के राशि में सूर्य बली है यदि वह व्यक्ति माणिक्य (लाल) धारण करता है तो शरीर में पित्त जो पहले ही बहुत अधिक होती है, उसमें और वृद्धि हो जाती है और तीव्र ज्वर का विकार उत्पन्न हो उठता है अतः बिना विशेषज्ञ की सलाह के किसी भी रत्न, उपरत्न, खासकर माणिक, हीरा, नीलम को कभी भी ध् शारण नहीं करना चाहिए।

इनके दुष्प्रभाव से व्यक्ति क्षय रोगी तक हो सकता है। इसी तरह पन्ना के साथ, मोती या नीलम के साथ माणिक्य या पुखराज या लहसुनिया आदि विपरीत प्रभाव वाले रत्न नहीं धारण करने चाहिए। इस प्रकार के विपरीत प्रभाव वाले रत्न के धारण करने से लाभ की जगह हानि हो सकती है।

४

ग्रह और रत्न

मनुष्य की जीवन गति ग्रहों पर निर्भर करती है। मनुष्य का उत्थान, पतन, लाभ-हानि सभी ग्रहों पर ही अवलम्बित हैं। ये सभी ग्रह अपने निश्चित मार्ग या कक्षा में पृथ्वी या सूर्य के चारों ओर चक्कर लगाते रहते हैं। पृथ्वी के चारों ओर चक्कर लगाते ग्रहों से निःस्तृत किरणें कम-अधिक क्षमता में पृथ्वी पर अपना प्रभाव डालती रहती हैं। गर्मी के दिनों में सूर्य पृथ्वी के निकट रहता है जिससे उसकी प्रखर रश्मियां सीधी पृथ्वी पर पड़ती हैं। इन सीधी और प्रखर सूर्य की किरणों का प्रभाव पृथ्वी पर स्थिति प्राणी एवं वनस्पति पर पड़ता है। प्राणी उन प्रखर किरणों की ऊष्णता से व्याकुल हो जाता है। फिर कुछ समय बाद सूर्य पृथ्वी से जैसे-जैसे दूर होता जाता है वैसे ही उसकी किरणें तिरछी होकर पृथ्वी पर पड़ने लगती हैं और उनकी तीव्रता और ऊष्णता कम होने लगती है। प्राणी उसकी उष्णता कम महसूस करता है और आराम पाता है। इसी प्रकार प्रत्येक ग्रह अपने निश्चित मार्ग से परिभ्रमण करता हुआ अपनी तीव्र या सामान्य किरणों का प्रभाव प्राणियों पर डालता रहता है। जब ग्रह पृथ्वी से निकट होंगे तो उसकी किरणें सीधी पृथ्वी पर पड़ेंगी और उनका प्रभाव पृथ्वी पर तीव्र पड़ेगा। जो ग्रह तिरछा और दूर होगा उस ग्रह की किरणें कम प्रभाव प्राणियों पर डालेंगे तथा उनका असर कम होगा।

एक नवजात शिशु जब पृथ्वी पर प्रथम जन्म लेता है तब वह विकार रहित व रश्मि रहित होता है। किन्तु जन्म लेने के साथ ज्यों ही वायुमंडल से सम्पर्क में आता है, सभी ग्रहों की किरणों से प्रभावित होने लगता है। जन्म लेने के समय जिस ग्रह की किरणें सबसे अधिक प्रभावशाली होती हैं वही ग्रह बालक का सबसे ज्यादा प्रभावी ग्रह माना जाता है। जिस ग्रह की रश्मियां मंद होती हैं उस ग्रह का प्रभाव बालक पर कम होगा। शुरू-शुरू में जिन ग्रहों की रश्मियों का प्रभाव नवजात शिशु पर होता है वही ग्रह बालक को उसकी आयुपर्यंत उसे प्रभावित करते रहेंगे। नवजात बालक की जन्मकुण्डली ही उसके जन्म के समय

आकाश मंडल में स्थिति ग्रहों का अभिलेख होती है। उसी के द्वारा यह ज्ञात हो जाता है कि बालक के जन्म के समय आकाश मंडल में कौन-सा ग्रह किस स्थान पर स्थित था और उन ग्रहों का प्रभाव कितना तीव्र व मंद था।

अन्न, जल, लवण एवं अन्य जीवन तत्त्वों का प्रभाव एवं उनकी प्रचुरता रहने से ही शरीर शक्तिशाली रहते हुए सुचारु रूप से कार्यशील रहता है। ठीक उसी तरह मानव जीवनक्रम के ठीक तरह से गतिशील रहने के लिए, मानव के श्रेष्ठ होने के लिए ग्रहों का अनुकूल होना आवश्यक होता है। शरीर के किसी-न-किसी अंग पर ग्रहों का प्रभाव होने के कारण शरीर का स्वास्थ्य, भाग्य की प्रबलता, पत्नी एवं संतान सुख की प्राप्ति होती है। बिना ग्रहों के सहयोग से स्वस्थ जीवन, भाग्य का उत्थान, पत्नी-पति-संतान सुख संभव नहीं होता। बिना ग्रहों के सुयोग से आर्थिक आय, भाग्योदय होना संभव नहीं है। आकाश मंडल में स्थित उन महान नौ ग्रहों के बिना आशीर्वाद एवं उनकी अनुकूलता के जीवन की श्रेष्ठता संदिग्ध हो जाती है। यदि इन नौ ग्रहों में से एक भी ग्रह दुर्बल होगा तो मनुष्य का जीवन अपूर्ण ही रहेगा।

दुर्बल ग्रहों के प्रभाव से पीड़ित व्यक्ति को उन ग्रहों की दुर्बलता को दूर करने के लिए ही ग्रह से सम्बन्धित धातु या रत्न धारण करने की सलाह दी जाती है। व्यक्ति द्वारा दुर्बल ग्रह से सम्बन्धित रत्न धारण करने से वह ग्रह कुण्डली में सशक्त होकर अपना सुप्रभाव कुण्डली पर छोड़ने लगता है और उससे सम्बन्धित लाभउसके जीवन में सहज रूप से प्राप्त होने लगता है। विज्ञान के दृष्टिकोण से एक विशेष रत्न में एक विशेष शक्ति निहित होती है। जिस प्रकार विद्युत एक वस्तु से दूसरी वस्तु में प्रवाहित कराई जाती है उसी भांति रत्न भी अपने सम्बन्धित ग्रहों की रश्मियों को अपने में समाकर मनुष्य की शरीर में प्रवाहित करता है। जिस प्रकार किसी मनुष्य के शरीर में क्षीण हुए जीवन तत्त्व की दवा, सूइयों के सहारे आपूर्ति की जाती है और व्यक्ति निरोग हो जाता है ठीक उसी तरह विशिष्ट रत्नों के माध्यम से विशेष रश्मि आवेश प्राप्त कर मनुष्य जीवन सुख्खी एवं आनन्द पूर्ण हो जाता है।

ग्रहों के रत्न, धातु, उपधातु

ज्योतिष शास्त्र में विशिष्ट ग्रहों के लिए विशिष्ट धातु एवं उपधातु सुनिश्चित की गई हैं। वे निम्न हैं-

क्रम	ग्रह	धातु	उपधातु	रत्न
१.	सूर्य	सोना	तांबा	माणिक्य
२.	चन्द्र (सोम)	सोना, चांदी	चांदी	मोती
३.	मंगल	सोना	तांबा	मूंगा
४.	बुध	सोना	कांसा	पन्ना
५.	गुरु	सोना	कांसा	पुखराज (पुष्पराज)
६.	शुक्र	सोना	रूपा	हीरा
७.	शनि	सोना	लोहा	नीलम
८.	राहु	सोना	पंचधातु	गोमेद
९.	केतु	सोना	पंचधातु	लहसुनियां

नोट—सोना, चांदी, तांबा, कांसा और लोहे को समान भाग में लेकर जो धातु तैयार की जाती है वह पंचधातु कहलाती है।

नव रत्नों के भिन्न भाषाओं में नाम

क्रम	रत्न	संस्कृत नाम	अंग्रेजी नाम	फारसी नाम
१.	माणिक्य	पद्मराग	Ruby	याकूत
२.	मोती	मुक्तक	Pearl	मोतिया
३.	मूंगा	विद्रुम (प्रवाल)	Coral	मिरजात
४.	पन्ना	मरकत	Emerald	मंसूरत
५.	पुखराज	पुष्पराग	White, or Yellow Sapphire या Topaz	जर्द याकूत
६.	हीरा	वज्रमणि	Diamond	अलिमास
७.	नीलम	इन्द्रनील	Sapphire	नीलाबिल
८.	गोमेद	गोमेदक	Zircon	भेदक
९.	लहसुनिया	वैदूर्य	Cat's eye	वैदूर्य

राशि एवं उसके स्वामी, राशि के रंग एवं उनसे सम्बन्धित रत्न

राशि	राशिस्वामी	राशि के रंग	रत्न	उपरत्न
मेष	मंगल	केसरी	मूंगा	–
वृषभ	शुक्र	हल्का पीला	हीरा	गोमेद
मिथुन	बुध	हल्का हरा	पन्ना	हरित, फिरोजा
कर्क	चंद्र	पीला सफेद	मोती	चंद्रकान्त मणि
सिंह	रवि	नारंगी लाल	माणिक्य	सूर्यमणि
कन्या	बुध	हरा	पन्ना	चूतमणि
तुला	शुक्र	सफेद हीरा	–	वाचस्पति
वृश्चिक	मंगल	लाल	मूंगा	–
धनु	गुरु	फीका सुनहरा	पुखराज	पीत स्फटिक
मकर	शनि	नीला	नीलम	आयोलाइट
मीन	गुरु	उजला सफेद	पुखराज	सागर राज

राशियों के रत्न और उप रत्न

राशि	सम्बन्धित रत्न	उपरत्न
मेष	तिकोना मूंगा	—
वृषभ	हीरा	षट्कोना पन्ना
मिथुन	पंचकोण पन्ना	मोती
कर्क	बिना छिद्र का मोती	—
सिंह	गोल माणिक	—
कन्या	पन्ना	—
तुला	सफेद पुखराज	—
वृश्चिक	मूंगा	—
धनु	पीला पुखराज	—

मकर	नीलम	—
कुंभ	फिरोजा	—
मीन	पुखराज	—

लग्नराशि के रत्न

लग्नराशि	लग्नेश	संबंधित रत्न
मेष	मंगल	मूंगा
वृषभ	शुक्र	हीरा
मिथुन	बुध	पन्ना
कर्क	चन्द्र	मोती
सिंह	रवि	माणिक्य
कन्या	बुध	पन्ना
तुला	शुक्र	हीरा
वृश्चिक	मंगल	मूंगा
धनु	गुरु	पुखराज
मकर	शनि	नीलम
कुंभ	शनि	नीलम
मीन	गुरु	पुखराज

अंग्रेजी महीनों से सम्बन्धित रत्न

महीना	संबंधित रत्न
जनवरी	मूंगा
फरवरी	एमेथिस्ट
मार्च	एक्वामरीन
अप्रैल	हीरा

मई	पन्ना
जून	सुलेमान (हकीक)
जुलाई	माणिक्य
अगस्त	गोमेद/पेरीडोट
सितंबर	नीलम
अक्टूबर	चंद्रकांत
नवम्बर	पुखराज
दिसंबर	लहसुनिया, फिरोजा

जन्म तारीख	राशि स्वामी सूर्य	संबंधित रत्न	पर्यायी रत्न
१५ अप्रैल से १४ मई	मेष	मूंगा	—
१५ मई से १४ जून	वृषभ	हीरा	जिरकान
१५ जून से १४ जुलाई	मिथुन	पन्ना	एक्वामेरीन
१५ जुलाई से १३ अगस्त	कर्क	मोती	मूनस्टोन
१४ अगस्त से १३ सितम्बर	सिंह	माणिक्य	स्पायनलं
१४ सितम्बर से १३ अक्टूबर	कन्या	पन्ना	ओनेक्स
१४ अक्टूबर से १३ नवम्बर	तुला	हीरा	सफेद पुखराज
१४ नवम्बर से १३ दिसम्बर	वृश्चिक	मूंगा	अंबर
१४ दिसम्बर से १३ जनवरी	धनु	पुखराज	टोपाज

पाश्चात्य पद्धति के अनुसार अंग्रेजी महीनों से संबंधित रत्न

महीना	संबंधित रत्न
जनवरी	गारनेट सिनोमेन
फरवरी	एमेथिस्ट
मार्च	एक्वामेरीन

अप्रैल	हीरा, सफेद सैफायर
मई	एमराल्ड
जून	मोती, मूनस्टोन, अगेट, एलेक्जेंड्रा
जुलाई	रूबी, कोर्नालियन, स्पिनल
अगस्त	पेरिडॉट, सरडोनेक्स
सितम्बर	सैफायर, लैपिस लजूली
अक्टूबर	ओपल, टुरमालिन
नवम्बर	टोपाज
दिसम्बर	टरक्वाइज, जिरकान

आप का भाग्यांक और भाग्य रत्न

भाग्यांक	भाग्य रत्न
१.	माणिक्य या पुखराज
२.	मोती
३.	पुखराज
४.	अलेक्ज़ेंड्रा
५.	पन्ना, फिरोजा
६.	हीरा या सफेद सैफायर
७.	लहसुनिया
८.	नीलमणि, सैफायर
९.	मूंगा

५

रत्नों की उत्पत्ति, गुण, तराश-विधि और तौल

रत्नों की उत्पत्ति के विषय में शास्त्रों एवं शास्त्रकारों तथा आज के विज्ञान में एकरूपता नहीं है। ज्योतिष के प्रकाण्ड विद्वान वराहमिहिर ने अपने ग्रंथ बृहत्संहिता में रत्नों की उत्पत्ति राजा बलि के शरीर के टुकड़ों के कारण बताई है जिसका वृतान्त हम पहले ही इसके पूर्व अध्यायों में बता चुके हैं किन्तु अग्नि पुराण कहता है कि वृत्रासुर के वध के लिए महर्षि दधीचि की हड्डियों से जब वज्र विश्वकर्मा द्वारा बनाया जा रहा था उस समय उनकी हड्डियों के टुकड़े जहां भी जाकर गिरे वहां हीरों की खानें बन गयीं।

गरुड़ पुराण में दैत्यराज बलासुर की कथा वर्णित है जिसमें बलासुर ने इन्द्र के बहकावे में आकर स्वयं को बलि-पशु के रूप में अर्पित कर दिया। बलि देते समय बलि-पशु बने बलासुर का शरीर अग्नि में होम करते समय उसके शरीर के विभिन्न अंग जहां-जहां गिरे वहां विविध रत्नों की खानें बन गयीं। समुद्र-मंथन की कथा भी पुराणों में वर्णित है। समुद्र-मंथन के समय समुद्र से १४ रत्न निकले। उसमें कौस्तुभ मणि, एवं अमृत भी था। कौस्तुभ मणि को तो स्वयं श्री नारायण ने ले लिया लेकिन अमृत के लिए देव-दनुज में छीना-झपटी होने लगी। उस समय अमृत की जितनी भी बूँदें पृथ्वी पर गिरीं और जहां भी गिरीं वहां रत्नों का भंडार बन गया।

वराहमिहिर ने बृहत्संहिता में इन गल्पों को ध्यान में रखकर ही बताया कि बलि नामक दैत्य के शरीर से रत्नों की उत्पत्ति हुई। किन्हीं-किन्हीं विद्वानों का मत है कि मिट्टी के एवं प्रकृति के परिवर्तन से ही रत्नों की उत्पत्ति हुई है।

किन्तु आज के वैज्ञानिक जो चन्द्रमा तक पहुंच चुके हैं और अंतरिक्ष में अपना घर बना लिए हैं, इन कथाओं को नहीं मानते, न उस पर विश्वास करते हैं। आज वैज्ञानिक अपनी खोजों के अनुसार पता लगा लेते हैं कि किन खानों से कौन-से रत्न प्राप्त हो सकते हैं एवं उनकी रासायनिक एवं भौतिक

बनावट व गुण क्या हैं। इसलिए यह लगता है कि उपर्युक्त कथाएं केवल रत्नों की महत्ता को मनुष्य के मन पर अंकित करने के लिए वर्णित हैं। दधीचि की हड्डियों से बने हीरे में वज्र सदृश कठोरता, शरीर के रक्त से उत्पन्न माणिक्य में रक्त जैसे लाल रंग की विशेषता आदि दिखलाने के लिए ही ये कथाएं गढ़ी गई हैं।

माणिक्य और नीलम दोनों मूल्यवान और लोकप्रिय रत्न हैं। दोनों की महारत्नों में गणना है। माणिक्य सुन्दर, लाल रंग का होता है और नीलम आकर्षक नीले रंग का और ऐमरी काले रंग की होती है। माणिक्य की लाल जगमगाहट तथा नीलम की शानदार नीले रंग की दमक और मोहक शक्ति किसी और रत्न की नहीं है। माणिक्य और नीलम कुरुन्दम समूह के रत्न हैं। वे रासायनिक रूप में एल्यूमिनियम आक्साइड हैं। इस दानेदार रत्नीय पत्थर को 'एमरी' कहा जाता है। इनकी कठोरता ९, आपेक्षित घनत्त्व ४.०३, वर्तनांक १.७६-१.७७ है। इस प्रकार वैज्ञानिक उन कहानियों पर विश्वास नहीं करते।

रत्न की उत्पत्ति भूगर्भ से होती है जहां वे धीरे-धीरे बनते हैं। उत्तम श्रेणी के रत्न चट्टानों से प्राप्त होते हैं। अपने उत्पत्ति स्थल से दूर पाए जाने वाले वे रत्न होते हैं जो गर्मी, सर्दी या वर्षा के कारण अपने उत्पत्ति स्थान चट्टानों से पृथक होकर नदियों, झरनों तथा अन्य पानी के स्रोतों के साथ बहते हुए चट्टानों से बहुत दूर निकल जाते हैं। पानी के साथ बहते-बहते और रगड़ खाते-खाते चिकने अंडाकार आकृति में तलहटियों में मिलते हैं। पानी के बहाव में रगड़ के कारण उनकी नोकें और खुरदरापन निरन्तर रगड़ से मिट जाता है। इस प्रकार के रत्न लंका में बहुतायत में पाए जाते हैं। कुछ रत्न ऐसे भी होते हैं जो चट्टानों से चिपके होते हैं या उनकी दरारों या छिद्रों में चिपके रहते हैं। ये पत्थर भी अपनी एक आकृति बना लेते हैं और मणिभ (Crystal) के रूप में हो जाते हैं। यह Crystal या मणिभ क्या होते हैं। मणिभ या Crystal वह रत्नीय पत्थर हैं जो एक निश्चित आकार का ठोस पदार्थ होता हैं जिसकी आकृति चिकनी होती है और जिसका एक ढांचा होता है। उसका बाह्य रूप वास्तव में उसकी आन्तरिक बनावट की आकृति होती है जिसके द्वारा उसके असली या नकली होने की जानकारी प्राप्त होती है। जब कि रत्नीय पत्थर का कोई निश्चित आकार नहीं होता और वह चट्टानों से जुड़ा होता है।

क्रिस्टलों को छह प्रकार की पद्धतियों में विभक्त कर सकते हैं:

१ घन पद्धति (Cubic System)

२. चतुष्फलक पद्धति (Tetragonal System)

३. षड्भुजीय पद्धति (Hexagonal System)

४. समचतुर्भुज पद्धति (Rhombic System)

५. एकपदी पद्धति (Monoclinic System)

६. त्रिपदी पद्धति (Triclinic System)

यह एक प्रकृति का आश्चर्यजनक चमत्कार ही है कि मणि रत्न के पत्थर संसार के किसी भी भाग में पाये जाने पर भी उनके रंग में या अभाव होगा। कठोरता का अर्थ रत्नों के न टूटने या चिटकने की क्षमता। रत्नों की कठोरता का अनुमान एक रत्न को दूसरे रत्न से रगड़कर लगाया जाता है। रगड़ने से जिस रत्न पर खरोंच आ जाएगी | वह रत्न कम कठोर होगा बनिस्बत उसके जिससे रगड़ा गया है। जो रत्न दूसरे रत्न पर खरोच डाल देगा वह अधिक कठोर माना जाएगा। रत्नों की कठोरता मोहस् के स्केल (Moh's Scale of Hardness) से मापी जाती है। उस स्केल से रत्नों की कठोरता का जो क्रम मापा गया है वह निम्नवत है।

१ टाल्क या घी या मीठा।

२. जिप्सम।

३. कैल्साइट।

४ फ्लोरस्पार।

५. एपेटाइट।

६. फैल्सपार।

७ क्वार्ट्ज (Quartz)- इसमें स्फटिक जाति के रत्न पत्थर सम्मिलित हैं।

८. पुखराज।

९ कुरुन्दम जाति के रत्नीय पत्थर, जैसे-माणिक्य, नीलम आदि।

१० हीरा।

जिस रत्नीय पत्थर की कठोरता ज्ञात करनी हो उसे Moh's Scale के श्रेणी के किसी खनिज से खरोंच कर देखना चाहिए। यदि परीक्षा किया जाने वाल. निज मोहस माप श्रेणी के किसी रत्न पर खरोंच डाल दे तो वह उससे अधिक कठोर माना जाएगा। लेकिन यह माप विधि कठोरता के परिमाण सम्बन्धी कोई जानकारी नहीं दे सकता। हीरे और माणिक्य की कठोरता में जितना अन्तर है उतना माणिक्य और टाल्क में नहीं। स्फटिक श्रेणी के पत्थर में रेती से रगड़ने से कोई प्रभाव नहीं पड़ेगा परन्तु यदि कांच पर रेती से रगड़ा जाय तो खरोंच आ जाएगी। एक खान से प्राप्त रत्नीय पत्थर की कठोरता दूसरे खान से निकले ठीक उसी पत्थर की कठोरता में भिन्नता हो सकती है। कम कठोर भी हो सकता है और अधिक कठोर भी। यह भी देखा गया है कि एक ही रत्नीय पत्थर प्रत्येक स्थान पर समान कठोर नहीं होते। उनमें भी कठोरता कम या अधिक होती है। इनका कारण उस पत्थर रत्न के बनावट का आन्तरिक विकास है।

कटाव या चिराव

चिराव का अर्थ है रत्न पत्थर के किसी हिस्से के काटने या टूटने की क्षमता जिससे पत्थर कट जाय परन्तु उसकी सतहें चिकनी रहें। रत्नीय पत्थरों के भाजकता या टूटने का बहुत महत्त्व है। बिना भंजक गुण के रत्न की कटाई या तराश सरलता से संभव नहीं है और न ही सफाई हो सकती है। हीरे में कठोरता होने के बावजूद उसमें भाजकता बहुत होती है।

आपेक्षिक गुरुत्व (Specific Gravity) अथवा दड़क

आपेक्षिक गुरुत्व का अर्थ किसी पदार्थ का ४० सेंटीग्रेड के तापमान के शुद्ध जल के मुकाबले की तौल। ठोस पदार्थ की तुलना १cc पानी से की जाती है जिसकी तौल १ ग्राम होती है। इस प्रकार १cc कारनीलियन की तौल २.६६ ग्राम होगी। अतः उसके आपेक्षिक घनत्व में विभिन्नता होती है। रत्न पत्थरों के आपेक्षिक गुरुत्व को ज्ञात करने के कई तरीके हैं। छोटे पत्थरों के गुरुत्व को ज्ञात करने का सरल तरीका यह है कि उनको ज्ञात आपेक्षिक गुरुत्व वाले किसी तरल पदार्थ

में डुबो दिया जाए। यदि पत्थर सतह पर तैरने लगे तो उसका आपेक्षिक गुरुत्व तरल पदार्थ के गुरुत्व से कम होगा। यदि वह डूब जाय तो उसका आपेक्षित गुरुत्व तरल पदार्थ से अधिक होगा।

इस क्रिया के लिए जो तरल पदार्थ प्रयोग में लाए जाते हैं वे हैं: ब्रामो फार्म (आपेक्षिक गुरुत्व २.९), मेथिलीन आयोडाइड (आपेक्षिक गुरुत्व ३.२),

क्लीन सल्यूशन (आपेक्षिक गुरुत्व ३.२८), सान्स टाट्स सल्यूशन (आपेक्षिक गुरुत्व ३.१८) आदि। इन तरल पदार्थों में प्रथम एवं द्वितीय का प्रयोग बहुत सरल है और अधिकतर उन्हीं को प्रयोग में लाया जाता है। लेकिन कुछ रत्न पत्थर, जैसे- ओपल और फिरोजा रन्ध्र युक्त होते हैं। उनका आपेक्षिक गुरुत्व कभी भी जल के सिवा किसी दूसरे रसायन से नहीं करनी चाहिए।

रत्न पत्थरों में विद्युत शक्ति

कुछ रत्नीय पत्थरों को गरम करने पर उनमें विद्युत उत्पन्न हो जाती है। इनमें मुख्य हैं पुखराज, हीरा, स्फटिक, तुरमली। अम्बर (तृणमणि) को भी रगड़ने पर ऋण विद्युत आवेश उत्पन्न होता है।

रत्न पत्थरों पर ताप का प्रभाव

कुछ रत्न, जैसे-जिरकॉन, पुखराज आदि अधिक गरम करने पर खराब हो जाते हैं। यद्यपि इन्हें थोड़ा गरम करके इनका रंग निखारा जाता है किन्तु यदि ज्यादा गरम हो गए तो खराब हो जाते हैं। ओपल तो अधिक गरम करने पर अक्सर चटक जाता है और उसकी आभा समाप्त हो जाती है। अधिक गरम करने से फिरोजा का रंग भी उतर जाता है, तुरमली (Tourmaline) विद्युत आवेशमय हो जाता है। कटैला (Amethyst) पीला हो जाता है। बहुत से स्फटिक वर्ग के पत्थर भूरे या पीले पड़ जाते हैं। किन्तु जिरकॉन अधिक गरम करने पर सफेद हो जाते हैं और उनमें और अधिक चमक आ जाती है। बहुत ऊंचे तापमान पर हीरा कार्बन के समान काले रंग का हो जाता है। कुछ पुखराज अपना असली रंग खोकर गुलाबी लाल हो जाते हैं। माणिक्य भी अधिक गरम करने पर अपना रंग खो देता है। किन्तु ठंडा होने पर पुनः अपने असली रंग में आ जाता है। इसी तरह के कुछ और भी पत्थर हैं जो अधिक गरम करने

पर अपना असली रंग खो देते हैं किन्तु ठंडा होने पर फिर अपने असली रंग में हो जाते हैं। मोती को अधिक गरम करने पर वह बादामी रंग का हो जाता है और टूट जाता है, अम्बर जलने लगता है और उसमें से कपूर की गंध आने लगती है। ऐसा अनुमान है कि पत्थरों का रंग उड़ने या समाप्त होने का कारण उसमें Organic पदार्थों का मिश्रित होना है। यदि रत्नीय पत्थर में रंग किसी Inorganic पदार्थों के मिश्रण के कारण है तो गरम होने पर उसका रंग भले ही खराब हो परन्तु ठंडे होने पर अपने पुराने रंग में आ जाता है।

रत्नीय पदार्थों के प्रकाशीय गुण (Optical Properties of Gems)

रत्नों में प्रकाश का गुण सबसे महत्त्वपूर्ण गुण है। क्योंकि इसी गुण से विभिन्न रत्नीय पत्यरों की विशेष जांच होती है। इसके लिए प्रकाश (Light) का वैज्ञानिक ज्ञान होना आवश्यक है। रत्नीय पत्थरों की संरचना मणिभ (Crystal Formation) होती है अतः उन पर प्रकाश का बहुत प्रभाव पड़ता है इसलिए उनके प्रकाशीय गुणों का बहुत अधिक महत्त्व है।

बहुत से लोग यह मानते हैं कि रत्नीय पत्थरों के रंग से उसकी जांच की जा सकती है कि वह रत्न पत्यर शुद्ध है या अशुद्ध। किन्तु आश्चर्यजनक सत्य बात यह है कि इस सम्बन्ध में जितना अधिक अनुभव होता है, जांच उतनी ही गलत हो जाती है। सफेद प्रकाश में विभिन्न अनुपात में सप्तरंगी किरणें निकलती हैं। ये सातों रंग प्रिज्म द्वारा सफेद रंग के प्रकाश का परावर्तन करने पर स्पष्ट दिखाई दे जाते हैं। जब सफेद प्रकाश के सम्पर्क में कोई रत्नीय पत्थर आता है तो कुछ प्रकाश रत्न की सतह में समा जाता है और कुछ पत्यर को पार कर जाता है। यह क्रिया पूर्ण होने में रत्नीय पत्थर के वास्तविक रंग का अधिक योगदान रहता है। इन सातों रंगों में से कुछ रंगों को तो रत्नीय पत्थर पूर्ण रूपेण सोख लेते हैं और कुछ को नहीं सोख पाते। कुछ खनिज रत्न कुछ ही रंगों को सोख पाते हैं अतः उनसे पार हो जाने पर रंगों में विषमता आ जाती है। ऐसा भी होता है कि एक ही पत्थर में रंग सोखने की क्रिया में विभिन्नता हो। यही कारण है कि कुछ पत्थर ऐसे होते हैं कि उनको अलग-अलग किनारों या कोणों से देखें तो उनमें भिन्न-भिन्न प्रकार के रंग दिखाई देते हैं। यह बात तुरमली में विशेष रूप से पायी जाती है। यह गुण रत्नीय पत्थर की बनावट पर निर्भर करता है।

जब प्रकाश की किरण रत्नीय पत्थर जैसे माध्यम पर पड़ती है तो वह परावर्तित होकर अपने सामान्य पथ से मुड़ जाती है और मुड़े हुए पथ पर एक कोण बनाती है। यह कोण या परावर्तन विधि एक जाति के सभी पत्थरों पर एक समान रहती है। परावर्तन के इस कोण के माप से ही रत्नों की जांच होती है। वैज्ञानिक मत से पत्थरों की जांच का यह सबसे समुचित तरीका है। इस परावर्तन की क्रिया की माप से प्रत्येक रत्न का वर्तनांक (Refractive Index) निश्चित किया जाता है। इसके लिए एक यंत्र बनाया गया है जिसे (Refractometers) कहते हैं। कई पत्थरों के वर्तनांक एक से अधिक होते हैं। क्यूबिक समूह के तथा अस्फटिक (Non-crystalling) रत्नीय पत्थरों का जिनमें ओपल और गार्नेट भी सम्मिलित हैं केवल एक ही वर्तनांक होता है। पारदर्शक रत्नीय पत्थरों में प्रकाशीय किरण एक से अधिक दिशाओं में परावर्तित हो जाती है इसलिए इनके एक से अधिक वर्तनांक होते हैं। ये वर्तनांक रेफेक्टोमीटर से आसानी से ज्ञात किए जा सकते हैं। कुछ रत्नीय पत्थरों जैसे तुरमली में ये विभिन्न कोणों से देखने से एक से अधिक रंग दिखाई देते हैं। इस गुण को द्विवर्णिता कहते हैं। इस गुण की परीक्षा करने के लिए डाइक्रोस्कोप नाम का एक यंत्र हैं। क्यूबिक समूह (घन समूह) या कृत्रिम पत्थरों में द्विवर्णिता नहीं हो सकती। केवल इस गुण मात्र से गार्नेट या तुरमली के अन्तर को पहचाना जा सकता है। इसी प्रकार रंगहीन पत्थरों में द्विवर्णित पत्थरों की सूची तथा उनके वर्तनांक नीचे की सारणी में दर्शाए गए हैं-

अद्विवर्णित रत्नीय पत्थर

नाम	वर्तनांक	नाम	वर्तनांक
प्लोरस्पार	१.४३	हेसोवाइट गार्नेटतामड़ा	१.७४
ओपल (उपल)	१.४५	पाइरोप गार्नेट	१.७५
आब्सीडियन	१.५०	एलमेंडाइन गार्नेट	१.८०
अम्बर (तृणमणि)	१.५४	जिरकान	१.८१
सरपेन्टाइन (कीट रत्न)	१.५७	डेमेन्टायइन गार्नेट	१.८८
स्पाइनल (लाहिड़ी)	१.७२	हीरा	२.४१

द्विवर्णित रत्नीय पत्थर

नाम	वर्तनांक	नाम	वर्तनांक
फेल्सपार (चन्द्रकांत मणि)	१.५३—१.५४	जेड़	१.६६—१.६८
स्फटिक समूह	१.५४—१.५५	क्राइसोबेरिल	१.७४—१.७५
बेरील	१.५७—१.५८	कुरन्दम वर्ग	१.७६—१.७७
नेफराइट	१.६०—१.६३	मेलाकाइट	१.८७—१.९८
फिरोजा	१.६१—१.६५	स्फीन	१.९५—२.०५
पुखराज	१.६१—१.६२	जिरकान	१.९२—१.९८
तुरमली	१.६२—१.६५	पेरीडॉट (हरित मणि)	१.६५—१.६९
स्पॉड्यूमीन	१.६६—१.६८		

६

रत्नीय पत्थर और रांटजन किरणें

(Rontgen Rays)

रत्नीय पत्थरों को केवल उनके रंग एवं आभा, चमक, दमक से ही नहीं पहचाना जा सकता बल्कि उनके गुणों द्वारा उन्हें पहचानना आवश्यक होता है। बिना काटे-तराशे एवं साफ किए गए पत्यरों की परीक्षा के लिए उनके स्फटिक आकार (Crystaline Shape), कठोरता, आपेक्षिक गुरुत्व तथा रंगों को भी देखना आवश्यक होता है। इन सबको ध्यान में रखकर डाल्टर नामक एक जर्मन वैज्ञानिक ने पहली बार रांटजन किरणों द्वारा रत्न पत्थर के परीक्षण की प्रक्रिया आरम्भ की थी।

रांटजन रेज उन बिजली की विशिष्ट किरणों को कहते हैं जिनका प्रयोग किसी ठोस पदार्थ के आन्तरिक भाग को देखने के लिए किया जाता है। इन्हें 'क्ष' रश्मि भी कहा जाता है। इन किरणों द्वारा रत्न पत्थर के असली या नकली की पहचान करने में सहायता मिलती है। हीरा, अम्बर और जैड रत्नों पर जब ये किरणें पड़ती हैं तो ये रत्न स्पष्ट एवं पारदर्शक दिखाई देते है। इस किरण की सहायता से सफेद पत्थरों या कांच और हीरे को आसानी से पहचाना जा सकता है। इसी प्रकार माणिक्य और नीलम को भी उन्हीं के रंग के पत्थरों में से आसानी से पहचाना जा सकता है। ओपल और क्राइसोवेरिल रत्नों पर जब रांटजन किरणें डाली जाती हैं तो वे पूरा पारदर्शक नहीं दिखाई पड़तीं। स्फटिक वर्ग के पत्यर फेल्स पार, पुखराज पर रांटजन किरणों को प्रवाहित करने पर ये अर्द्धपारदर्शक दिखाई पड़ते हैं। इसी प्रकार फिरोजा, तुरमली, पेरीडाट, और ऐपीटाइट लगभग अपारदर्शक दिखाई देते हैं। रत्नों की परीक्षा करते समय उनका वर्तनांक, आपेक्षिक गुरुत्व, द्विवर्णिता, कठोरता आदि की भी जांच करना जरूरी होता है। रत्नीय पत्थरों की जांच करते समय रत्नों के केवल एक-दो गुणों की जांच कर लेना ही पर्याप्त नहीं होता।

रत्नों की कटाई, रंगाई

भारत में अब रत्नों की कटाई एवं तराश बहुत सुन्दर होती है। पहले रत्नों की कटाई हालैंड, बेल्जियम, जर्मनी एवं फ्रांस में होती थी। जेड़ नामक रत्न की सबसे सुन्दर तराश चीन में होती है। एम्स्टरडम और ऐंटवर्प में हीरे की बहुत सुन्दर कटाई होती थी। अन्य कीमती एवं अल्प कीमती रत्नों की कटाई एवं तराश जर्मनी के ईडर, ओबरस्टीन स्थान में की जाती थी। यहां पर इन रत्नों की रंगाई भी होती थी और उसके उपरत्न या बनावटी रत्न भी तैयार किए जाते थे। लन्दन में भी रत्नों की कटाई एवं तराश का काम आज भी होता है किन्तु यहां केवल कीमती रत्न पत्थरों की ही कटाई और तराश होती है। अब भारत में यह कार्य बहुत तेजी से फल-फूल रहा है और यदि ऐसी ही प्रगति रही तो कुछ दिनों में हमारा देश इस क्षेत्र में प्रतिष्ठित स्थान पूरे विश्व में प्राप्त कर लेगा।

जो चमक-दमक एवं मन को लुभावने रत्न हम अलंकारों, आभूषणों में जड़े देखते हैं वे अपने प्राकृतिक रूप से बिल्कुल भिन्न होते हैं। रत्नों का इतना सुन्दर एवं मोहक रूप सुन्दर कटाई, तराश एवं पॉलिश करने के बाद होता है। रत्नों का प्राकृतिक रूप बेडौल और आकारहीन होता है। कभी ये कंकड़ के रूप में प्राप्त होते हैं तो कभी पत्थर के टुकड़ों के रूप में। प्रकृति के सुप्रभाव एवं दुष्प्रभाव के कारण रत्नों के बाह्य रूप को भद्दा कर देते हैं। उनका मनोहारी रूप तो तभी देखने को मिलता है जब उनकी विचित्र प्रकार से कटाई करके तराशा जाता है और उन पर पॉलिश की जाती है। इस कार्य को अंजाम देने के लिए काफी परिश्रम व उपाय की आवश्यकता पड़ती है। दोषी खनिजों को रत्न की संज्ञा नहीं दी जा सकती। कटाई के समय रत्नीय पत्थरों की कठोरता और चिराव (Cleavage) पर पूर्ण रूप से ध्यान देते हुए दक्षता एवं अनुभव से कार्य में संलग्न होकर रत्नों की कटाई विभिन्न आकारों और अनुपातों में की जाती है।

आजकल कटाई का काम बड़े व्यापक रूप से विद्युत ही सहायता से किया जा रहा है। परन्तु सूक्ष्म कार्य करने एवं सुन्दर एवं सफाई के लिए हाय से चलाई जाने वाली मशीनों या औजारों से काम करना उचित रहता है। रत्न के पत्यरों को पहले सड़ी (vertical) शक्तिशाली चर्खियों की सहायता से टुकड़ों में बांटा

जाता है फिर उनको आड़े (Horizontal) बल से चलाई जाने वाली चर्खियों से रगड़ (तराश) की जाती है। हीरे के तराश के लिए ये चर्खियां लोहे की बनी होती हैं। रत्नों में सुन्दरता एवं चमक लाने के लिए कई तरह के स्नेहन (Lubricate) सामग्री का प्रयोग किया जाता है। एक कठोर किस्म का हीरा जिसे Bort भी कहते हैं, कठोरतम रत्न पत्थरों को रगड़ने या तराशने में प्रयोग में लाया जाता है। रंगीन पत्यरों को काटने व तराशने के समय मुख्य ध्यान यह रखा जाता है कि उनके रंग को ज्यादा-से-ज्यादा निखार लाना साथ-ही-साय रत्न के पत्थर की उचित तोल को बरकरार रखना।

रत्न के पत्थरों की कटाई कई प्रकार से की जाती है जिनका विवरण इस प्रकार है।

१. केबीकोन काट

रत्नों के काटने एवं उसे सौन्दर्यशाली बनाने की कला के विकास के पूर्व प्राकृतिक रत्न पत्यर जिन्हें खरड़ कहा जाता था, साधारण तौर पर पिसकर गोल किए जाते थे। अधिकतर रत्नों को छेदकर उसे पिरोकर माला के रूप में प्रयोग किया जाता था।

केबीकोन काट द्वारा कटे रत्न प्रायः उन्नतोदर होते हैं। इसके अतिरिक्त उच्च केबीकोन काट, सरल या सादा केबीकोन काट एवं सोखला केबीकोन काट में काटने पर रत्नों की बनावट नतोदर उन्नतोदर हो जाती है। केबीकोन काट वाले रत्नों की बाह्य आकृति वृत्ताकार, दीर्घवृत्तीय या अंडाकार (oval) हो सकती है।

दोहरे केबीकोन काट वाले रत्न की ऊपरी तथा निचली दोनों सतह उन्नतोदर होती है।

यदि दोनों तरफ की यकता एक जैसी हो तो वही मसूराकार काट कहलाती है।

उच्च केबीकोन काट में रत्नीय पत्यर को काटने पर उसका ऊपरी भाग बहुत ऊंचा हो जाता है। सादी काट में नीचे की सतह चपटी होती है।

खोखली काट में नीचे की सतह खोखली बना देने के कारण वह नतोदर हो जाती है। इसमें ऊपर का भाग उन्नतोदर होता है।

ओपल, चन्द्रकांत मणि, लहसुनिया, प्रायः केबीकोन काट में देखे जाते हैं। गार्नेट रत्नीय पत्यर खोखली काट में काटे जाते हैं। इससे उनके रंग में निखार आता था। फिरोजा और तुरमली भी अक्सर इसी काट में देखे जाते हैं।

२. ज्वलंत काट (Brilliant Cut)

इस काट का प्रयोग हीरे के लिए किया जाता है इसीलिए काट को ज्वलंत कहा जाने लगा है। इस काट द्वारा कृत्रिम नगीने भी काटे तराशे जाते हैं। इसमें कुल 58 Facets (बधियां या अनीक) होते हैं। ३३ बधियां (Facets) सामने की ओर होती हैं और २५ Facets चोटी की ओर होती हैं। इन Facets के बीच एक निश्चित अनुपात होना जरूरी है। सामने की Facets (बधियों) और किनारे के बीच ३५० से ३७० अंश कोण होना चाहिए। इसी प्रकार ऊपर के Facets और किनारे के मध्य का कोण ४०० अंश होना चाहिए।

३. पटलकाट

इस काट में रत्न पत्यर (खासकर हीरे) के ऊपरी तथा निचले हिस्से को खूब चिकना बनाकर चमका दिया जाता है। ऊपर का अनीक Facets पटल कहलाता है और नीचे का Facets क्यूलेट से अधिक चौड़ा होता है।

४. गुलाबी काट

इस कटाई के तरीके को केवल बहुत छोटे हीरों के लिए काम में लाया जाता है। आकार सदैव केबीकोन होता है किन्तु वक्र सतह पर Facets होती हैं। ये Facets प्रायः २४ होती हैं। यह काट उन छोटे-छोटे नगीनों के लिए उपयुक्त है जो किसी बड़े नगीने के चारों ओर जड़े जाते हैं।

५. स्टेपकाट

यह काट प्रायः पन्ने और पुखराज के लिए की जाती है। ऊपर और नीचे की Facets आड़ी Horizontal और समानान्तर होती हैं। वे किस अनुपात में हों इसके लिए कोई निश्चित नियम नहीं है।

६. मिश्रित काट

इस काट की पद्धति में नगीने का ऊपरी हिस्सा ज्वलंत काट का होता है, नीचे के भाग का दूसरी काट का। एमीथिस्ट अधिकतर इसी पद्धति के अनुसार काटे जाते हैं।

७. गद्दा काट

पन्ना या टूमेलिन की तरह रत्नों को गद्दे के आकार में काटा व तराशा जाता है। इस पद्धति में रत्न पत्थर को चपटा काटा जाता है और अनीकों Facets की एक पंक्ति मेखला के समानान्तर रही जाती है।

८. नग बनाना

पुराने समय में रत्नों की सफाई करके सुन्दर नग बनाने की प्रक्रिया इतनी सुगम नहीं थी जितनी आज सुगम हो गई है। नग के निर्माण का उद्योग आज के नये युग में वृहद् रूप में प्रगति मार्गोन्मुख हुआ है। किन्तु प्राचीन समय में नगों को तैयार करने के लिए उससे कड़े पत्थर का चूर्ण तथा चपड़ी मिट्टी मिलाकर शान (जिससे चाकू आदि पर धार बनाई जाती हैं) तैयार कर उससे घिसाई की जाती थी और नग तैयार किया जाता था। इसलिए आजकल जैसे कोण-त्रिकोणदार नग नहीं बन पाते थे। सबसे कठोर एवं अमूल्य रत्न होते हुए हीरा में भी तकनीक के अभाव में सुन्दर धार एवं तराश नहीं बन पाती थी। अतः इसे प्रधानता नहीं प्राप्त हो सकी। मोती और मूंगा ही मूल्यवान माने गये।

खानों से निकलने वाला कच्चा माल खरड़ के नाम से जाना जाता है। खरड़ को सर्वप्रथम नीबू व सोड़े से धोया जाता है साथ ही यदि खरड़ के साथ कोई दूसरे पदार्थ चिपके हों तो उन्हें साफ किया जाता है। तत्काल निकाली गई खरड़ को दो-तीन घंटे तक ही भिगोना चाहिए किन्तु यदि खरड़ पुरानी हो तो उसे बारह से चौबीस घंटे तक भिगोने के बाद धोकर साफ कर लेना चाहिए। धोई खरड़ के सूख जाने पर उसे तिल्ली के तेल में भिगोना चाहिए जिससे खरड़ में चिकनाई आ जाय। तेल लगाने से यह फायदा होता है कि टुकड़ों के अंदर की स्थिति का पता चल जाता है। फिर उसे फैलाकर रंग के अनुसार अलग-अलग छांट लेना

चाहिए। फिर उन्हें हल्के एवं गहरे रंग की भिन्न-भिन्न राशियों में बांट लेना चाहिए। दोषी रत्नों को छांटने के लिए प्राचीन काल में रौता कटिंग का प्रयोग किया जाता था लेकिन आजकल सुविधा सम्पन्न होने के कारण कटाई प्लास से की जाती है। यह ध्यान रखना चाहिए कि चिरे हुए या कमजोर भागों पर ही प्लास का उपयोग करें।

पूर्व समय में खरड़ जैसी प्राप्त होती थी उसका वैसा ही माल बना लिया जाता था। किन्तु आजकल नगीने बाजार की मांग के अनुसार बनाए जाने लगे हैं। उनकी तौल भी यथासंभव ठीक होनी चाहिए जिससे भार ज्यादा कम न आवे। इस क्रिया के पूर्ण होने पर छोटे-बड़े खरड़ के टुकड़े सुन्दर रूप में तैयार करने के लिए कारीगरों को भेजे जा सकते हैं।

कारीगर नगीने के रूप में जिस सान पर घिसते हैं वह सान कुरंड और चमड़े का बना होता है। आजकल सान पर शीघ्र घिसाई होने के लिए एक प्रकार का विदेशी पॉउडर का प्रयोग करते हैं किन्तु घिसाई इससे सुन्दर व लोचदार नहीं हो पाती। मुलायम जाति के रत्न कुरंड की सान पर आसानी से घिस जाते हैं किन्तु माणिक, नीलम आदि की घिसाई करने के लिए सान को नीलम का चूर्ण मिलाकर खूब तीव्र कर लिया जाता है जिससे कठोर पत्थर की खरड़ भी आसानी से घिस जाती है और अच्छे घट में तराशे नग तैयार हो जाते हैं। इस विधि से खरड़ तराशने में रत्नों की लोच व चमक ठीक रहती है और तील की भी हानि कम मात्रा में होती है।

हीरे के नगीने की तराशने की पद्धति अन्य रत्नों से भिन्न है। ज्वलंतकाट (Brilliant Cut) पद्धति हीरे एवं नकली रत्नों के नगीने तैयार करने में अधिक प्रचलित है। उसमें ५८ Facets (अनीक) होते हैं। एक सुन्दर तरीके से बने नगीने में सामने की ऊंचाई कुल ऊंचाई से एक तिहाई होनी चाहिए और ढाल की चौड़ाई नगीने की कुल चौड़ाई के ४/९ भाग से अधिक नहीं होनी चाहिए।

पुरानी मणियों को काटकर नग बनाने की विधि खरड़ से बिल्कुल भिन्न है। पहले मणि से सुराख करके उसके दो टुकडे कर लेना चाहिए किन्तु यह ध्यान रखना चाहिए कि कहीं कटाई करते समय नगीना बेरुखा और टेढ़ा-मेढ़ा तो नहीं हो गया है। यह भी ध्यान रखना चाहिए कि कटाई का Set बैठता है की

नहीं। Set बैठने से ही खरड़ का नगीना बनाने में आसानी रहती है। मणि के कटते समय यह भी ध्यान देना चाहिए की नगीने का वह चमकदार हिस्सा न कट जाए। पत्थरों को तराश कर धार बनाने के बाद उसमें चमक लाने के लिए पॉलिश करनी चाहिए। पन्ना सरीसे नरम पत्थरों पर अथवा कांसे की सान पर घिसाई की जाती है किन्तु माणिक आदि कठोर पत्थरों पर तांबे की बनी सान से पॉलिश की जाती है। मणियों का छिद्र लोहे के तार पर बारीक हीरे की कनी लगाकर की जाती है। इसके बाद मणि, मथैला, तामड़ा आदि प्रत्येक नगीने को नीबू के रस में सोडा मिलाकर कम-से कम १२ घंटे भिगोने के बाद निकाल लिया जाता है और उसे धोया जादा है। घोते समय यह ध्यान रखना चाहिए कि गरम नगीने को ठंडे पानी से नहीं धोना चाहिए क्योंकि गरम नगीने को ठंडे पानी से धोने पर नगीने के चिटक जाने या नई चीर पड़ जाने की संभावना रहती है। अतः गरम पानी से धोना चाहिए। फिर नगीने को भली भांति सुखाकर उस पर रंग पॉलिश करनी चाहिए।

पन्ने को चमकदार व तेजवान बनाने के लिए बेरजा, जंगाल, रूमी, मस्तगी और हल्दी को मिलाकर सहयोग लिया जाता है। माणिक को ओजवान व सुन्दर बनाने में रतनजोत की सहायता ली जाती है।

आजकल रतनजोत की जगह लाल रंग का भी प्रयोग माणिक को चमकदार बनाने में किया जाता है। किन्तु इससे तैयार करने पर माल में एक बार सुन्दरता तो आ जाती है किन्तु बाद में खराब हो जाता है। वैसे भिन्न-भिन्न पत्थरों के तैयार करने की विधि भिन्न-भिन्न है किन्तु उपर्युक्त जो विधियां वर्णित हैं वे सामान्यतः सब रत्नों के निर्माण में उपयोगी हैं। हीरा ही एक ऐसा विशेष रत्न है जो केवल हीरे से ही घिसा जाता है और स्टील की सान पर पॉलिश कर चमकदार बनाया जाता है।

रत्नों में कृत्रिम रूप से रंग भरना

रत्न के पत्यरों में कृत्रिम रूप से रंग भरने की क्रिया उनके मौलिक रूप को अधिक आकर्षक बनाने के लिए प्रयोग में लाई जाती है। उनके रूप और सुन्दरता में वृद्धि होने से उनका मूल्य बढ़ जाता है। यह प्रक्रिया नयी नहीं है। जर्मन लेखक प्लीनी के अनुसार प्राचीन काल में जौहरी इस क्रिया में पूर्ण दक्ष थे।

सभी रन्ध्रीय रत्न पत्थरों में बड़ी सफलता से रंग भरा जाता है किन्तु यह रंग स्थायी नहीं होता। इस क्रिया को पूर्ण करने में बहुत समय लगता है और बहुत सावधानी की आवश्यकता होती है जिससे रत्न खराब न हो जाय। कृत्रिम रंगाई करने के लिए रत्नों को एक निश्चित तापमान तक गरम किया जाता है। यदि रत्नों की रंगाई किसी तरल रसायन से की जा रही है तो यह ध्यान रखना चाहिए कि रत्न उस तरल पदार्थ में ज्यादा देर तक न रहे। यह कार्य करने के लिए विभिन्न रत्नों के लिए समय की अवधि भिन्न-भिन्न रहनी चाहिए। सस्ते रत्न पत्थरों चाल्केडोनी (Chalcedony) जो कि स्फटिक जाति का एक अल्पमोली (Semiprecious) रत्न है, बिना कृत्रिम रंगाई हुए बाजार में नहीं बिक सकता। उसकी रंगाई चमकदार नीले रंग से की जाती है। जिन पत्यरों की रंगाई लाल रंग से की जाती है उसे मलीन कहते हैं। किन्तु दोनों रंग शीघ्र ही छोड़ देते हैं और रंग हल्का हो जाने के कारण पत्यर पर धब्बे दिखाई देने लगते हैं। इन रत्नों की रंगाई कटाई हो जाने के बाद की जाती है। हकीक जाति के पत्थर रत्न में ताप देने से ही रंग उभर आता है। लाल

चमकते रंग के कारनीलियन कृत्रिम ताप द्वारा रंगीन हो जाते हैं। यद्यपि इस जाति के पत्थरों का प्राकृतिक रंग अच्छा हो तो इनकी रंगाई की आवश्यकता नहीं होती। इन पत्थरों को ताप देने से पूर्व Iron Vitrial का घोल दिया जाता है। हरे और नीले रंग के हकीक अपने प्राकृतिक आकार में इतने सुन्दर नहीं होते। इनका सुन्दर नीला रंग निखारने के लिए रत्न को पहले फेरिक ऑक्साइड के और फिर पोटैशियम फेरोसायनाइड के घोल में डालने से उत्तम रंग व चमक प्राप्त होती है। उसमें आकर्षक हरा रंग निकल साल्ट (Nickel Salt) या क्रोमिक एसिड (Chromic Acid) के घोल के डालने तथा ताप देने से प्राप्त होता है। पीला रंग हाइड्रोक्लोरिक एसिड में लगभग पन्द्रह मिनट तक हल्की गरमाहट देने से प्राप्त होता है। कुछ हकीक पत्थरों के रन्ध्र रहित होने से उन पर कृत्रिम रंग नहीं चढ़ पाता। परिणामस्वरूप पत्थरों में रंग के साथ कुछ जगह सफेद धब्बे रह जाते हैं। रंगे हुए हकीक पत्थर प्राकृतिक रंग के मुकाबले अधिक स्थायी और आकर्षक होते हैं।

ओनिक्स (Onyx) नाम के रत्न को गर्म करने पर उसकी सफेद काली धारियां और सुन्दर प्रतीत होने लगती हैं। जैस्पर रत्न को नीले रंग में रखा जाता है और बाजार Swiss Lapis या German Lapis के नाम से बिकता है। रंग देने की

भिन्न प्रक्रियाओं के बावजूद कोई भी प्रक्रिया स्थायी रंग नहीं दे पाती इसीलिए वास्तविक लेपिसलेजुली (लाजवर्त) का मुकाबला नहीं कर पाता। फिरोजा की भी कृत्रिम रंगाई की जाती है परन्तु वह स्थायी नहीं होती। बाद में वह रंगहीन या हल्के रंग का धब्बेदार हो जाता है। असली फिरोजा में भी रंग प्रयोग करने पर टिक नहीं पाते तो रंगे हुए फिरोजा का रंग कैसे टिक पायेगा।

जिरकान की रंगाई न करके प्रायः इसका रंग उतारा जाता है। ये ताप देने से रंगहीन होकर आभायुक्त हो जाते हैं। ऐसे ही रंगहीन जिरकान हीरे के नाम पर बेच दिए जाते हैं। किन्तु यदि इनकी कठोरता और आपेक्षिक गुरुत्व की जांच की जाय तो जिरकान और हीरे का अन्तर स्पष्ट हो जाएगा।

स्फटिक जाति के रत्न तथा पुखराज और अन्य रत्न पत्थरों की रंगाई कर के उनके सौन्दर्य को निखारा जाता है। यह सत्य है कि रंगने की कृत्रिम प्रक्रिया अस्थायी होती है। इसमें टिकाऊपन नहीं होता। यदि ध्यान से ऐसे पत्थरों की परीक्षा की जाये तो कृत्रिम रंग स्पष्ट जाहिर हो जाते हैं। नीला जिरकान, पीला पुखराज, गुलाबी स्फटिक और कटैला तेज धूप के लगने से अपना प्राकृतिक रंग खो बैठते हैं।

तौल

आजकल रत्नों का अन्तर्राष्ट्रीय व्यापार कैरट प्रणाली से होता है, जो इस प्रकार है-

१०० सेंट = १ कैरट, ५८ कैरेट = एक भरी (तोला)

५०० कैरट = १ किलोग्राम, ५ कैरेट = १ ग्राम

२००० मिग्रा. = १ कैरट

यद्यपि भारतीय बाजारों में भी कैरट प्रणाली प्रचलन में आ गई है फिर भी अभी दुकानदार एवं ग्राहक रत्ती का नाम नहीं भूले हैं। और अभी भी भिन्न-भिन्न प्रदेशों में भिन्न तौल की विधा प्रचलित है।

७

रत्नों की परख

रत्नों के असली या नकली होने की परख रत्न पारखी यंत्रों द्वारा करते हैं। यदि यंत्रीय परीक्षा सुतभ न हो तो रत्नों की परीक्षा दूरबीन से की जाती है। इसके अतिरिक्त रत्नों के खरे-खोटे होने की पहचान करने के भिन्न तरीके हैं जो निम्न हैं:

१. नकली रत्नों में प्रायः हवा के छोटे-छोटे बुलबुले रहते हैं। सच्चे रत्न में हवा के बुदबुदे नहीं रह सकते। जबकि प्राकृतिक एवं सही रत्न में गाहे-बगाहे बुदबुदे आ भी जाएं तो वे टेढ़े-मेढ़े होते हैं, गोलाकार नहीं होते।

२. नकली रत्न में विभिन्न पदार्थों के कणों के मिश्रण होने पर या प्रविष्ट होने पर वे गोलाकार दिखते हैं किन्तु सच्चे रत्न में ये एक छोटे-बड़े आकार में होंगे और किसी खास हिस्से में ही दिखाई देंगे।

३. रत्नों में अतिसूक्ष्म रेखाएं होती हैं किन्तु यही रेखाएं असली रत्न में समान्तर या नियमित होती हैं जबकि नकली रत्न में वह गोलाकार होती है।

४. माणिक, नीलम, पुखराज नकली होने पर असली से हल्के होंगे। मेथिलीन ओजोडायड या ब्रायोंफार्म में नकली रत्न तैरते हैं जबकि असली रत्न तल में जा बैठते हैं।

५. असली माणिक में या नीलम में रेशम के सद्दश कोमलता रहती है किन्तु नकली में नहीं है।

६. असली रत्न में चीर होने पर वह चमकदार नहीं होता व टेढ़ा-मेढ़ा भी नहीं होता। जब कि वह चीर नकली पत्थरों में चमकदार एवं टेढ़ी-मेढ़ी होती है।

७. असली माणिक्य का स्पर्श आंखों को ठंडक प्रदान करता है नकली रत्न का स्पर्श गर्मी प्रदान करेगा।

८. असली मूंगे पर हाइड्रोक्लारिक एसिड की बूंदें डालने पर झाग तैयार होती है। नकली मूंगे पर डालने से झाग उत्पन्न नहीं होगी।

९. नकली रत्नों के अलावा युग्म श्रेणी के रत्न आजकल बाजार में मिलने लगे हैं। ये रत्न असली-नकली दोनों रत्नों को एक दूसरे से जोड़कर तैयार किए जाते हैं। यह प्रक्रिया कम रंग के असली रत्नों को आकर्षक या मनोहर बनाने के लिए की जाती है। युग्म रत्न का ऊपरी हिस्सा कृत्रिम गहरे रंग का होता है। इसलिए ऊपर से देखने पर ये गहरे रंगीन एवं आकर्षक दिखाई देते हैं। इसी प्रकार त्रिकूट रत्न बनते हैं। इस प्रकार के रत्नों में ऊपर और नीचे का हिस्सा असली एवं बीच का हिस्सा उसी रंग के कांच को बैठाकर तैयार किया जाता है। इससे नग अत्यंत आकर्षक एवं सदाबहार दिखाई देते है। माणिक, पन्ना, ओपल, नीलम ये रत्न बड़े प्रमाण में अब बनाए जाने लगे हैं।

१०. कुछ असली रत्नों को रंगने की पद्धति भी आज प्रचलित हो गई है। ऐसे कृत्रिम रंग से रंगे रत्न अल्कोहल या स्पिरिट में डालने से उनके रंग उड़ जाते हैं।

११. घन पदार्थ का भितरी हिस्सा देखने के लिए बिजली के विशेष रंगीन किरणों का प्रयोग किया जाता है। इन विशेष किरणों को रांटजन या 'क्ष' किरणें कहा जाता है।

इन किरणों की सहायता से रत्नों के असली और नकली की पहचान करने में बहुत मदद मिलती है। इन किरणों को अम्बर व जैड रत्नों पर डालने से वे पारदर्शक दिखाई पड़ते हैं। असली माणिक काला-सा या असली रंग में दिखाई देगा। किन्तु नकली माणिक अंगारों जैसा दिखाई देता है। ओपल, लहसुनिया अलेक्जेंड्रा पारदर्शक दिखाई देंगे। स्फटिक वर्ग के रत्न पुखराज एवं फेल्सपार अपारदर्शक दिखाई देंगे। फिरोजा, गारनेट, तुरमेलिन, पेरिजेट, एम टाइन, जिरकान ये रत्न किरणों में अपारदर्शक दिखेंगे।

धारण करने वाले नौ रत्नों को परखने एवं असली-नकली की पहचान करने की कसौटियां निम्न प्रकार से हैं-

१. माणिक्य

क. यह रत्न गाय के कच्चे दूध में रखने पर दूध गुलाबी रंग का दिखेगा।

ख. चांदी की थाली में माणिक रत्न रखकर सूरज की रोशनी में रखने पर चांदी भी लाल दिखाई देगी।

ग. कांच के बर्तन में माणिक रखने पर कांच भी लाल दिखाई देने लगेगा।

घ. माणिक्य कमल की कली पर रखने से कली खिल जाती है।

२. मोती

क. कांच के गिलास में पानी डालकर उसमें मोती रखने पर यदि जल से किरण निकलती हुई-सी दिखे तो मोती असली है।

ख. मिट्टी के बर्तन में गोमूत्र डालकर उसमें मोती रखें। मोती रात भर उत्ती में रहने पर भी उसमें कोई विकार न आए और वह जैसे का तैसा बना रहे तो मोती का सच्चा होना समझना चाहिए।

ग. मोती को अनाज के भूसे से रगड़ें। मोती नकली होने पर उसका चूरा बन जाएगा।

ख. सूर्य की धूप में हीरा रखने पर उससे यदि इंद्रधनुष की तरह किरण परावर्तित होगी तो हीरा असली समझना चाहिए।

ग. हकलाकर बोलने वाले लड़के के मुंह में कुछ देर तक हीरा रखने पर यदि वह लड़का शीघ्र बोलने लगे तो हीरे को शुद्ध समझना चाहिए।

घ. अंगुली में हीरा पहनने पर विपरीतलिंगी व्यक्ति अगर आप की ओर आकृष्ट होता हो तो हीरा असली है।

७. नीलम

क धूप में रखने पर असली नीलम से तेजवान किरणें परावर्तित होंगी।

ख. असली नीलम पानी भरे गिलास में रखें तो उसमें नीली किरणें निकलती दिखाई देंगी।

ग. दूध में असली नीलम रखने पर दूध का रंग नीला दिखाई देगा।

८. गोमेद

क. गोमेद को गाय के मूत्र में २४ घंटे रखने पर गोमूत्र का रंग बदलेगा।

ख. लकड़ी बुरादे से रगड़ने पर गोमेद यदि और चमकदार हो तो उसे असली समझना चाहिए।

९. लहसुनिया

क. सफेद कपड़े से रगड़ने पर यदि लहसुनिया और चमकदार हुआ तो वह असली है।

ख. सूखी हड्डी पर २४ घंटे असली लहसुनिया रखने से उस हड्डी के आरपार छेद हो जायेगा।

ग. अंधेरे में लहसुनिया रखने पर उसमें से प्रकाश की किरणें निकलती दिखाई देती हैं।

८

सूर्य और इससे सम्बन्धित रत्न - माणिक्य (Ruby)

सूर्य का प्राणियों पर प्रभाव

आज यह एक विज्ञान का विशेष विषय हो गया है और इस पर निरन्तर खोज की जा रही है कि सूर्य का प्राणियों पर किस प्रकार प्रभाव पड़ता है? आज के हजारों वर्ष पूर्व भारत के योगी, मनीषी सूर्य द्वारा पड़ने वाले प्रभाव के विषय में जानते थे। इसी कारण प्रातःकालीन सूर्य रश्मियों का सेवन करने की एक प्रथा पड़ गई। सूर्य नमस्कार करने की क्रिया अपनाई जाने लगी। यह क्रिया मात्र यौगिक क्रिया ही नहीं बल्कि वैज्ञानिक क्रिया भी थी। यह बात तो सिद्ध हो चुकी है कि वायु में सन्निहित विद्युत तरंगें किस प्रकार का प्रभाव प्राणियों या वनस्पतियों पर डालती हैं। किन्तु अब वैज्ञानिकों को इस बात के प्रमाण मिल गए हैं कि सूर्य से विद्युत की शक्तिशाली किरणें व लहरें निकलती हैं। इन किरणों की अधिकता का प्रभाव पृथ्वी से सूर्य के करोड़ों मील दूर होने पर भी जीव, अजीव, वनस्पति सभी जगह पड़ता है। सूर्य मंडल में विद्यमान गैस बहुत अधिक मात्रा में पिघलती है तो अज्ञात रूप से मनुष्यों में अनेक रोग व कष्ट जन्म लेते हैं। शरीर के विभिन्न अंगों में दर्द, पित्त का प्रकोप, शरीर में शिथिलता और कई रोग हो जाते हैं। अमेरिका के साइराक्यूज यूनिवर्सिटी, न्यूयार्क के प्रसिद्ध मनोवैज्ञानिक डॉक्टर बेकर के वर्षों के परिश्रम और खोज के अनुसार मनुष्य के मस्तिष्क का वह भाग जिसमें बिजली की सूक्ष्म लहरें पैदा होती हैं। ये लहरें सूर्य से निकलने वाली इलेक्ट्रोमैगनेट की शक्तियों से ही प्रभावित होकर पैदा होती हैं। सूर्य तो प्रायः एक समान स्थिति में होता है। परन्तु समय-समय पर सूर्य में शक्तिशाली वेग की आवेश युक्त लहरें उत्पन्न होने लगती हैं। इन तीव्र लहरों का किरणों के रूप में निःसृत होने का क्रम निरन्तर चलता रहता है जिससे सूर्य-मंडल में बहुत अधिक मात्रा में पिघली हुई गैस उत्पन्न हो जाती है जिससे आग की तीव्र लपटें एवं तीव्र प्रकाश उत्पन्न होता है। सूर्य-मंडल की यह भयानक लपटें सूर्य से ३०,००० मील या इससे भी

अधिक दूर तक फैल जाती हैं। कुछ समय बाद उन लहरों का उफान समाप्त हो जाता है और सूर्य-मंडल में ही समा जाता है।

सूर्य-मंडल में उत्पन्न इस प्रकार की लहरें समस्त वायुमंडल में फैल जाती हैं। इन लहरों में तीव्र प्रभाव रखने वाले इलेक्ट्रान और प्रोटॉन होते हैं। सूर्य के इन तूफानों को सूर्य की हवाएं कहा जाता है। यह सूर्य मंडल से निकलने वाली एक हजार मील प्रति सेकंड की गति से चलकर लगभग २४ घंटों में पृथ्वी तक पहुंचती है इसलिए पृथ्वी तक पहुंचते-पहुंचते इनका प्रभाव कम हो जाता है और पृथ्वी के वायुमंडल में चुम्बक तरंगें उत्पन्न हो जाती हैं। जब सूर्य के तीव्र उष्मा के कारण इन लहरों का जोश बढ़ जाता है तो रेडियो, टेलिविजन, टेलीग्राफ के तारों में व्यवधान उत्पन्न हो जाता है जिसके कारण रेडियो या दूरदर्शन के प्रोग्राम देखने-दिखाने में व्यवधान आ जाता है। मैगनेटिक सूइयां दोष युक्त हो जाती हैं, टेलीग्राफ लाइन के फ्यूज उड़ जाते हैं। सूर्य के इस ऊष्मा जनित आवेग के निःस्तत होने से आवेशमय कण पृथ्वी पर रहने वाले प्रत्येक प्राणी को किसी-न-किसी रूप में प्रभावित करते हैं।

मनुष्य शरीर की सुषुम्ना और उसके साथ रीढ़ की हड्डी में भी बिजली की सूक्ष्म लहरें उत्पन्न होती रहती हैं। परन्तु जब सूर्य मंडल में गड़बड़ होने लगती है और इलेक्ट्रिक लहरों के कण वायुमंडल में बहुत अधिक हो जाते हैं तो इनका प्रभाव प्रत्येक मनुष्य पर कई तरह से पड़ता है। उनके प्रभाव के कारण मनुष्यों में एलर्जी आदि के लक्षण उत्पन्न हो जाते हैं। यदि वायु में इलेक्ट्रान यानी निगेटिव कणों की अधिकता हो जाती है तो मनुष्य प्रसन्न एवं स्वस्थता का अनुभव करने लगते हैं। मनुष्य को नींद आने लगती है तथा वह आराम करना चाहता है। धनावेशित कणों अर्थात प्रोटान कणों की अधिकता होने से मनुष्य का शरीर विकारग्रस्त हो जाता है। मन चिड़चिड़ा हो जाता है। आलस्य आता है तथा अंग टूटने लगता है, सिर में भारीपन, मिचली, सुस्ती, गले में शोथ और दर्द, थकावट, मस्तिष्क में सोचने की शक्ति कम हो जाती है।

सूर्य मंडल में उठे इस प्रकार के तूफानों से पृथ्वी पर सड़कों की दुर्घटनाएं ७०% तक बढ़ जाती हैं। इन प्रभावों से मनुष्य आत्महत्या तक की सोचने लगता है। फैक्ट्रियों में २०% अधिक दुर्घटनाएं होने लगती है। स्नायु रोगों में वृद्धि हो जाती है, पागलपन का रोग बढ़ जाता है। बैचेनी बढ़ जाती है। इस प्रकार सूर्य

से उत्पन्न पॉजिटिव व निगेटिव कणों का पृथ्वी पर बहुत प्रतिकूल या अनुकूल प्रभाव पड़ता है।

जिस प्रकार विषैली वायु संक्रमण फैलने से अनेक बीमारियां उत्पन्न हो जाती हैं ठीक उसी प्रकार सूर्य से उत्पन्न +ive और - ive आवेशित किरणों से लोगों में कष्ट फैल जाते हैं। सूर्य की इन शक्तियों और प्रभावों के सम्बन्ध में और तीव्रता से वैज्ञानिक खोज चल रही है।

सूर्य से प्रभावित रत्न माणिक्य है। पीछे के अध्याय में बताया जा चुका है कि ग्रहों से निकली रश्मियां पृथ्वी पर स्थित जीवों, वनस्पतियों, खनिजों पर भी अपना प्रभाव छोड़ती हैं। इन रश्मियों के अनुकूल जो वस्तुएं होती हैं वे इन रश्मियों को अपने में समेट लेती हैं। मनुष्य के जन्मांग में जो ग्रह कमजोर होते हैं उन्हें उन ग्रहों से सम्बन्धित रत्न या धातु ग्रहण करने से ग्रहों की रश्मियां शरीर को प्रभावित करती हैं और मनुष्य ग्रह के कोप से मुक्त हो जाता है।

सूर्य की रश्मि के अभाव में जन्म लिए व्यक्ति को सूर्य से सम्बन्धित रत्न माणिक्य माना गया है जो सूर्य से निःसृत आवेशयुक्त किरणों को अपने में समेटने की क्षमता रखता है। अतः सूर्य के कमजोर होने पर माणिक धारण करने का विधान किया गया है।

माणिक्य

माणिक नौ रत्नों में से एक प्रमुख रत्न है और नौ ग्रहों में से विशेष ग्रह सूर्य का प्रिय रत्न है। इसे भिन्न-भिन्न भाषाओं में भिन्न-भिन्न

नामों से जाना जाता है। संस्कृत में इसे पद्मराग, शोभा रत्न, रवि रत्न, कुरविन्द, सौगन्धिक, वसुरत्न के नाम से जाना जाता है। उर्दू में चुन्नी, रुग्गल, अंग्रेजी में इसे Ruby कहते हैं। अरबी-फारसी में याकूत। हिन्दी में इसे माणिक्य कहते हैं।

माणिक्य का रंग: लाल, गुलाबी, रक्तवर्णी, श्यामवर्णी, भ्रमरवर्णी, फीका गुलाबी, पारदर्शक।

समूह माणिक्य कुरुंदम (कुरंडम) समूह का रत्न है। इसका आकार षड्भुज है।

भौतिक गुण-

कठोरता-९.००

विशिष्ट गुरुत्व ६.९९-४.०५।

वर्तनांक-१.७६-१.७७।

माणिक्य हीरे से भी कीमती रत्न है, माणिक की कीमत हीरे की कीमत से भी अधिक होती है। निर्दोष, स्वक्ष एवं कम-से-कम ५ कैरट का माणिक्य रत्न मिलता है। कुछ माणिक्य पर तारे जैसे छह रेखाओं का एक छत्र-सा दिखाई देता है। इस रत्न में द्विदर्शिता अधिक होने के कारण चारों तरफ से एक-सा दिखाई नहीं देता। अलग-अलग देशों में पाए जाने वाले माणिक्य के रंगों एवं सौन्दर्य में भी अन्तर होता है। माणिक्य के कठोर होने के कारण इसमें टिकाऊपन बहुत होता है। कई वर्षों तक प्रयोग करने पर भी माणिक रत्न में खरोंच या चीर नहीं पड़ती। इसमें घिसावट भी नहीं होती। माणिक को सदैव आग से दूर रखना चाहिए अन्यथा आग के ताप से उसके निस्तेज होने या टूट जाने का भय होता है।

माणिक्य का सबसे मूल्यवान रत्न वह होता है जो कबूतर के रक्त के समान हो। माणिक्य के बड़े और निर्दोष पत्थर आसानी से प्राप्त नहीं होते। यदि मिलते हैं तो काफी मूल्य पर। ज्यादातर रत्न दोषपूर्ण और धब्बे वाले होते हैं। गहरे रंग के रत्नीय पत्थर में आयरन आक्साइड की मात्रा अधिक होती है। कबूतर के रक्त के सदृश माणिक्य जोकि सबसे उत्तम माणिक्य माना जाता है, ५ कैरेट से ज्यादा का अप्राप्य होता है। अप्राप्य होने के ही कारण यह हीरे से अधिक कीमत का माना गया है।

स्टार रूबी भी अप्राप्य एवं दुर्लभ रत्नों में से एक है। १० कैरेट की तौल के माणिक्य का प्राप्त होना लगभग असंभव ही है। १९१९ में ४२ कैरेट का माणिक्य प्राप्त हुआ था जो कच्चे माल या खरड़ के रूप में २२ हजार पौण्ड का बिका था। इस कुरुंदम समूह के सभी पत्थरों में द्विवर्णिता या दो रंग पाये जाते हैं। यह बात ध्यान देने योग्य है कि इस जाति के सभी रत्नों की कठोरता एक समान नहीं होती किन्तु आपेक्षिक गुरुत्व सबका एक समान होता है और उसका दोहरावर्तन आंखों से देखा जा सकता है। जब लाल या माणिक्य पर नील लोहित

रश्मियां (Ultra Violet Rays) डाली जाती हैं तो बहुत चमत्कारी प्रभाव देखने में आता है। माणिक्य के कटे हुए रत्न ज्वलंत प्रकाश में ऐसे दिखाई पड़ते हैं जैसे जल रहे हों।

विभिन्न स्थानों से प्राप्त होने वाले माणिक्य के रंग एक समान नहीं होते। श्री लंका में प्राप्त होने वाले माणिक्य का रंग हल्का पीलापन लिए रहता है। बर्मा में प्राप्त माणिक्य का रंग अन्य स्थानों से प्राप्त माणिक्य से कम गहरा होता है। सबसे उत्तम और अच्छे माणिक्य वर्मा में मोगोल नामक स्थान पर मिलते हैं। बैंकाक में चांट बन नामक स्थान पर स्याम में माणिक्य, रेतीली मिट्टी से प्राप्त होते हैं। बर्मा की माणिक्य की खदानें सबसे पुरानी मानी जाती हैं और संसार के सबसे उत्तम और ज्यादा कैरट के माणिक्य वर्मा से ही प्राप्त हुए हैं। यहां की खदानों से निकाले गए माणिक्य रत्न जो तौल में ३२ और ३८ कैरेट के थे, दस हजार एवं बीस हजार पौंड में बिके थे।

बर्मा में माणिक्य और नीलम दोनों पाए जाते हैं। अच्छे माणिक्य जो अधिकतर गहरे रंग के होते हैं, बैंकाक के निकट थाईलैंड में काफी तादाद में मिलते हैं। अमेरिका के उत्तरी कैरोलीना राज्य में प्राप्त कुछ माणिक बर्मा के माणिक पत्यरों से अधिक सुन्दर होते हैं। श्रीलंका में भी माणिक्य रत्न प्राप्त होते हैं लेकिन कम मात्रा में। वहां नीलम बहुतायत में मिलता है। आस्ट्रेलिया में सभी प्रकार के कुरुंदम जाति के पत्थरों की खानें हैं।

माणिक्य रत्नों की कीमत अधिक होती है। काटने एवं तराशने के बाद उनका मूल्य ५०० से ७,५०० रुपये प्रति कैरेट होता है। उत्तम किस्म के साफ माणिक इससे भी ज्यादा कीमत में मिलते हैं।

श्रेष्ठ जाति के माणिक्य के गुण

१. जिस माणिक्य को प्रातःकाल सूर्य के सामने रखते ही उसमें से लाल रंग की किरणें चारों तरफ बिखरने लगें वह उत्तम कोटि का माणिक होता है।

२. सौगुना मात्रा के दूध में यदि माणिक्य डालने पर दूध लाल दिखाई दे अथवा लाल किरणें दिखाई दें तो वह माणिक अच्छा माना जाता है।

३. अन्धकार में रखने पर उत्तम कोटि का माणिक सूर्य के आभा के समान प्रकाशित होता है।

४. कमल की पंखुड़ियों में रखने से यदि माणिक चमकने लगे तो उसे श्रेष्ठ माना जाता है।

५. प्रातःकाल सूर्य के सामने दर्पण पर माणिक्य रखने पर यदि दर्पण के पीछे छाया भाग में लाल किरणें दीप्तमान हों तो उसे उत्तम माणिक्य समझना चाहिए।

६. यदि माणिक्य को पत्थर पर घिसा जाय और माणिक्य न घिसे बल्कि पत्थर घिस जाए और उसके वजन में न्यूनता न आए एवं घिसने से उसकी आभा द्विगुणित हो जाये तो उसे उत्तम जाति का माणिक्य समझना चाहिए।

७. श्रेष्ठ माणिक्य लाल कमल की पंखुड़ियों के समान निर्मल, दड़कदार, देखने में मनोहर, आकार में गोल, एवं दीप्तिमान होता है।

माणिक्य और ज्योतिष

माणिक्य का ज्योतिषीय महत्त्व जानने से पूर्व सूर्य का रत्न होने के कारण सूर्य के कारकत्व को जान लेना आवश्यक होता है-सूर्य का कारकत्व निम्न है-

पिता का सुख, शरीर सुख, राजकार्य, आयुर्वेद शास्त्र, राज्य से मान-सम्मान, श्रेष्ठ अधिकार, बिजली, प्रकाश, बिजली पर चलने वाले उद्योग, मान-सम्मान, कीर्ति, व्यवसाय, शील, ऐश्वर्य, धैर्य, आरोग्य, भाग्य, न्याय, प्रामाणिकता, नियमबद्धता, सत्ता इत्यादि बातों का कारक ग्रह रवि है। आरोग्य, जीवन शक्ति एवं दीर्घायु का भी कारक ग्रह सूर्य ही है।

माणिक्य रत्न धारण करने की विधि

माणिक्य सूर्य रत्न है। सूर्य को ज्योतिष में काल पुरुष की आत्मा माना गया है। यह पुरुष ग्रह ताम्रवर्ण का तेजवान, पूर्व दिशा का स्वामी एवं पाप ग्रह है। यदि जन्मांग में सूर्य अशुभ या अनिष्टकारी हो तो माणिक्य रत्न धारण करने की सलाह ज्योतिष देता है। यदि व्यक्ति की ६१ जन्म कुंडली में सूर्य की स्थिति निम्न प्रकार से हो तो जातक को माणिक रत्न अवश्य धारण करना चाहिए।

- यदि लग्न में सूर्य हो तो यह संतान बाधा एवं पत्नी के लिए कष्टप्रदाता है। अतः ऐसे जातक को माणिक रत्न अवश्य धारण करना चाहिए।
- यदि धन स्थान में सूर्य हो तो धन प्राप्ति में बाधा उत्पन्न करता है। नौकरी में अनेक बाधाएं उत्पन्न होती हैं। इसके शमन के लिए माणिक धारण करना चाहिए।
- जातक की कुंडली में सूर्य यदि तृतीय स्थान में हो तो छोटे भाई-बहन जीवित नहीं रहते। अनिष्ट से मुक्त होने के लिए माणिक रत्न धारण करना लाभप्रद माना गया है।
- कुंडली में यदि चौये स्थान में सूर्य हो तो आय में जीविकोपार्जन में व्यवधान आता है। राज भंग योग बनता है। इस अनिष्टता को दूर करने के लिए माणिक रत्न अवश्य पहनें।
- जन्म कुंडली में रवि धनेश, भाग्येश, या दशमेश बनकर छठे या आठवें घर में बैठा हो तो जातक का जीवन क्रम अस्तव्यस्त हो जाता है। ऐसी हालत में जीवन यापन सुखमय बनाने के लिए माणिक रत्न धारण करना चाहिए।
- कुण्डली में यदि सूर्य जन्म नक्षत्र का स्वामी हो तो ऐसे व्यक्ति को अपनी सर्वोन्नति के लिए माणिक धारण करना चाहिए।
- सूर्य के जन्मकुंडली में सप्तम स्थान पर होने से जातक हमेशा अस्वस्थ रहता है। इस कष्ट के निवारणार्थ माणिक्य रत्न धारण करना चाहिए।
- जन्म कुंडली में सूर्य किसी भी स्थान में बैठा हो और उसकी दृष्टि कृत्तिका, उत्तराषाढ़ा या उत्तरा फाल्गुनी नक्षत्र पर हो तो जातक को माणिक्य रत्न धारण करना चाहिए।
- यदि कुंडली में द्वितीय स्थान, बारहवें स्थान में सूर्य हो तो वह नेत्र ज्योति क्षीण करता है। नेत्रों में पीड़ा उत्पन्न करता है। इस अनिष्ट के निवारण के लिए माणिक्य रत्न धारण करना चाहिए।
- जन्म कुंडली में एकादश स्थान में स्थित रवि पुत्र-संतति के विषय में चिंतित करता है। बड़े भाई को भी कष्ट देता है। ऐसे जातक को माणिक्य धारण करना चाहिए।
- जन्मकुंडली में अष्टम स्थान में रवि हो तो जातक माणिक्य धारण करना चाहिए।

- सूर्य षष्ठेश हो और उसकी विंशोत्तरी महादशा या अन्तर्दशा चल रही हो तो जातक को काफी कष्टों का सामना करना पड़ता है। ऐसी दशा में अवश्य ही जातक को माणिक्य धारण करना चाहिए।

लग्न राशि के अनुसार माणिक्य रत्न

- मेष लग्न में सूर्य पंचम त्रिकोण का मालिक है और लग्नेश मंगल का भित्र है। अतः मेष लग्न के जातक को बुद्धि प्राप्ति के लिए, आत्मोन्नति के लिए तथा संतति सुख के लिए, प्रसिद्धि के लिए, राज्यकृपा प्राप्ति के लिए सदैव माणिक रत्न धारण करना चाहिए।
- वृषभ लग्न में चतुर्थ केन्द्र का स्वामी सूर्य है किन्तु लग्नेश शुक्र का शत्रु है। इसलिए वृष लग्न के जातक को केवल रवि महादशा, अन्तर्दशा में माणिक्य रत्न धारण करने से रवि के शुभ फल प्राप्त होंगे। सुख-शान्ति, मातृ-सुख, विद्‌याध्ययन में सफलता, भूमि-सुख तथा वाहन सुख के लिए माणिक्य धारण करना चाहिए।
- मिथुन लग्न में रवि तृतीय स्थान का स्वामी होता है। ऐसी दशा में माणिक कभी भी नहीं धारण करना चाहिए।
- कर्क लग्न में रवि धन स्थान का स्वामी है साथ ही लग्नेश चन्द्र का मित्र भी है। अतः कर्क लग्न के जातक आर्थिक तंगी के वक्त या आंखों के कष्ट के समय माणिक रत्न अवश्य धारण करें। किन्तु द्‌वितीय स्थान मारक भाव होने से माणिक के बदले मोती पहनना अधिक लाभकारी होगा।
- सिंह लग्न में रवि लग्नेश होता है। इस लग्न के जातक के लिए माणिक रत्न अत्यंत लाभकारी रत्न है। आजीवन माणिक जोकि सूर्य का रत्न है, धारण करने से शत्रु परास्त होंगे, शारीरिक एवं मानसिक स्वास्थ्य की रक्षा होगी, आयु में वृद्धि होगी। सिंह लग्न के जातक अत्यन्त भावुक होते हैं अतः मानसिक संतुलन बनाए रखने के लिए तथा आत्मबल में वृद्धि करने के लिए माणिक रत्न धारण करें।
- कन्या लग्न में सूर्य खर्च (व्यय) स्थान का स्वामी होता है। इसलिए जातक को माणिक्य रत्न कभी भी धारण नहीं करना चाहिए।
- तुला लग्न का लग्नेश शुक का शत्रु और एकादश स्थान का स्वामी होता है। इसलिए जातक को माणिक रत्न धारण करना चाहिए।

- वृश्चिक लग्न में रवि दशमभाव का स्वामी होता है और लग्नेश मंगल का मित्र है। इसलिए राज्य कृपा, मान-प्रतिष्ठा तथा नौकरी व्यवसाय में उन्नति प्राप्त करने के लिए ऐसे जातक माणिक रत्न धारण करें।
- धनु लग्न में रवि नवम भाव का स्वामी होता है और लग्नेश मंगल का मित्र है इसलिए भाग्योन्नति, आत्मोन्नति एवं पितृसुख के लिए माणिक्य रत्न धारण करें। रवि की महादशा में माणिक्य रत्न धारण करें।
- मकर लग्न में रवि अष्टम स्यान का स्वामी होता है। मकर लग्न का लग्नेश शनि है। शनि और रवि दोनों एक दूसरे के शत्रु हैं। इसलिए मकर लग्न के जातक माणिक रत्न न धारण करें।
- कुंभ लग्न में रवि सप्तम स्थान का स्वामी है। लग्नेश शनि सूर्य का शत्रु है इसलिए कुंभ लग्न के जातक माणिक रत्न धारण न करें।
- मीन लग्न में रवि छठे भाव का स्वामी होता है। लग्नेश गुरु का वह मित्र होता है। रवि महादशा में माणिक धारण करना लाभप्रद होगा।

माणिक्य के औषधीय गुण

औषधि के क्षेत्र में माणिक्य का उपयोग दो तरह से किया जाता है।

१. भस्म बनाकर औषधि में प्रयोग।

२. पिष्टी बनाकर औषधि योग्य बनाया जाता है। इस प्रकार प्रयोग करने से निम्न लाभ प्राप्त होता है। माणिक रत्न रक्तवर्धक, वायुनाशक, उदर रोग निवारक, दीर्घायु बनाने वाला, वात-पित्त-कफ, तपेदिक, उदरशूल, कोष्ठ-बद्धता, शरीर की गर्मी, विषबाधा, जख्म आदि रोगों के लिए माणिक का उपयोग अच्छा होता है। अन्य लाभ निम्न प्रकार से हैं:

१. यदि दस्त के साथ रक्त आता हो तो माणिक रत्न को पानी में धोकर वह पानी पिलाने से रक्त युक्त दस्त बंद हो जाती है।

२. बदहज्मी होने पर माणिक रत्न पानी में भिगोकर कुछ देर रखें। यह पानी पिलाने से बदहजमी दूर होती है।

३. संग्रहणी, अतिसार रोगों से माणिक धारण करने से अच्छा फायदा होता है।

४. रक्त युक्त बवासीर एवं नपुसंकता होने पर माणिक रत्न का भस्म सेवन करें।

५. माणिक रत्न घर में रहने से उसकी किरणों के प्रभाव से कीटाणु नष्ट होते हैं एवं घर का वातावरण प्रसन्न रहता है।

माणिक्य में दैवीय शक्ति

माणिक रत्न धारण करने वाले को विष असर नहीं करता। कुविचारों को दूरकर सन्मार्ग पर चलने की दैवीय प्रेरणा माणिक से प्राप्त होती है। यदि कोई संकट आने वाला होता है तो माणिक में रंग-परिवर्तन होने लगता है और धारक को आने वाले संकट की जानकारी प्राप्त हो जाती है। इस रत्न को धारण करने वाला दरिद्र कभी नहीं रहता। मन हमेशा धार्मिक विचारों से ओतप्रोत रहता है। घर की प्रेत-बाधा, भूत-बाधा दूर हो जाती है।

माणिक्य का वजन

माणिक रत्न जितने ज्यादा वजन का होगा उतना ही अधिक लाभदायक होगा। कम-से-कम तीन कैरेट का माणिक अवश्य धारण करना चाहिए। पांच रत्ती सोने या तांबे में जड़वाकर धारण करना उत्तम रहता है।

माणिक्य रत्न धारण विधि

बिना इच्छा शक्ति प्रबल हुए किसी कार्य की सिद्धि संभव नहीं है। बिना दृढ़ इच्छा शक्ति के कोई भी व्यक्ति महान एवं प्रभावशाली नहीं हो सकता। किसी भी रत्न की जब तक प्राण प्रतिष्ठा नहीं होती वह रत्न शून्य होता है। अतः प्राण प्रतिष्ठा कराने में निम्न बातें ध्यान देने योग्य हैं। रविवार के दिन पुष्य, कृत्तिका, उत्तरा, उत्तराषाढ़ा- इनमें से किसी भी नक्षत्र में रविवार के दिन सुबह सूर्योदय से लेकर सुबह नौ बजे तक माणिक रत्न को सोने या तांबे की अंगूठी में जड़वा लें।

१. अंगूठी में रत्न ऐसा जड़वाएं की रत्न शरीर से अवश्य स्पर्श करता रहे।

२. अंगूठी सदैव सूर्य की अंगुली अर्थात अंगूठे से चौथी अंगुली या कनिष्ठिका के बाद वाली अंगुली में धारण करना चाहिए।

३. सुबह १० बजे के बाद सूर्य की आराधना करनी चाहिए एवं हवन-पूजन करना चाहिए। इसके लिए सूर्य की प्रतिमा या सूर्य-यंत्र बना लेना चाहिए। सूर्य-यंत्र, सूर्य प्रतिमा एवं माणिक रत्न तीनों की प्राण प्रतिष्ठा निम्न मंत्रों से करा लेना चाहिए।

नवग्रह स्तोत्र व नवग्रह कवच

जपाकुसुमसंकाशं काश्यपेयं महद्‌युतिम्।
तमोरिं सर्वपापघ्नं प्रणतोऽस्मि दिवाकरम्॥१॥
दक्षिशंख तुषाराक्ष क्षीरोदार्णव सन्निभम्।
नमामि शशिनं सोमं शंभोर्मुकुट भूषणम्॥२॥
धरणी गर्भसंभूतं विद्‌युत्कांति समप्रभम्।
कुमारं शक्तिदत्तं च मंगलं प्रणमाम्यहम्॥ ३॥
प्रियंगुकालिकाश्यामं रूपेणाप्रत्तिमं बुधम्।
सौम्यं साम्य गुणापेतं तं बुधं प्रणमाम्यहम्॥

देवानां च ऋषीणां च गुरु कांचन सन्निभम्।
बुद्धिभूतं त्रिलोकेशं तं नमामि बृहस्पतिम्॥ ५॥
हिमकुंदमृणालाभं दैत्यानां परमं गुरुम्।
सर्वशास्त्रप्रवक्तारं भार्गव प्रणमाम्यहम्॥ ६॥
नीलांजन समाभासं रविपुत्र यमाग्रहम्।
छायामार्तंड संभूतं तं नमामि शनैश्चरम्॥ ७॥
अर्द्धकायं महावीर्यं चंद्रादित्य विमर्दनम्।
सिंहिकागर्भसंभूतं तं राहू प्रणमाम्यहम्॥८॥

फिर अंगूठी को सूर्य-मंत्र से अभिषेक करें-

ॐ आकृष्णेन रजसा वर्तमानो निवेशन्नमृतंमर्त्यं।

हिरण्येन सविता रथेना देवो याति भुवनानि पश्यत॥

प्राणप्रतिष्ठा एवं अभिषेक कर अंगूठी धारण कर हवन करना चाहिए। हवन सामग्री के रूप में पके चावल, शुद्ध घी, तिल एवं रूई का प्रयोग करें। हवन करते समय निम्न मंत्र से २८ बार हवन करें एवं १०८ आहुतियां दें।

ॐ हां हीं हौं सः सूर्याय नमः।

इस प्रकार प्राण प्रतिष्ठा कराकर माणिक्य की अंगूठी धारण करें। माणिक्य धारण करने के बाद यह रत्न ४ साल तक प्रभावी रहता है।

४. वर्ष बाद दूसरा रत्न धारण करना चाहिए।

माणिक्य के उपरत्न

जो लोग माणिक्य रत्न खरीदने में अक्षम हैं उन्हें माणिक्य के स्थान पर उपरत्न स्पायनल या गारनेट उपर्युक्त विधि से धारण करना चाहिए।

१

चन्द्र और इससे सम्बन्धित रत्न मोती (Pearl)

मोती चन्द्रमा से सम्बन्धित होने के कारण अतिशीतलता प्रदान करने वाला रत्न है। यह खनिज रत्न नहीं बल्कि जैवीय रत्न है। इसकी उत्पति समुद्र में सीपों से होती है। इसके विविध नाम इस प्रकार हैं-संस्कृत में इसे मुक्ता, मौक्तिक, शुक्तिज, इन्दु रत्न; उर्दू-फारसी में मुखावींद, गौहर, हिन्दी में मोती एवं अंग्रेजी में Pearl कहते हैं।

रंग-मोती का रंग पीला; फीका सफेद, नीला झांकवाला, लाल गुलाबी, हरा, सफेद।

समूह-आर्गेनिक

भौतिक गुण मोती खनिज नहीं जैविक रचना है। इसकी कठोरता 3%-४ तक है। आपेक्षिक गुरुत्व २.६५ या २.६९ से लेकर २.८४ व २.८९ तक। मोती की गणना प्राचीनोत्तर काल से बहुमूल्य रत्नों में होती आई है। यह भूमि से नहीं प्राप्त होता इसलिए इसे रत्न पत्थर नहीं कहा जा सकता। किन्तु नव रत्नों में इसकी गिनती अवश्य की जाती है। प्राचीन मान्यता के अनुसार मोती आठ प्रकार के होते हैं-

१. **अभ्रमुक्ता** यह मोती बादलों से उत्पन्न होता है। इसका रंग पीली आभा युक्त होता है।

२. **सर्पमुक्ता** इस प्रकार का मोती सर्प के फण में होती है। यह नीलाभ और बहुत चमकदार होता है।

३. **बांस मुक्ता** यह बांस से निकलता है। यह कुछ हरित आभा लिए हुए बेर के आकार का कुछ लंबा-सा होता है।

४. **शूकर मुक्ता**-इस प्रकार का मोती सूअर के सिर के भाग से निकलता है। यह कुछ पीलापन लिए हुए सरसों के तेल के सदृश कहा गया है।

५. **गजमुक्ता** यह ऐरावत वंशीय हाथी की कनपटी से उत्पन्न होता है। आकार में आंवले के समान होता है। इस प्रकार के मोती में चमक नहीं होती।

६. **शंख मुक्ता** यह मोती हल्का गेंहुआ या सफेद रंग का होता है। इस प्रकार के मोती में चमक बहुत कम होती है किन्तु चिकनापन बहुत होता है।

७. **मीन मुक्ता** यह मोती मछली के पेट से उत्पन्न होती है। यह कुछ हरापन लिए हुए मोतिया के फूल के समान या पाण्डु के समान रंग वाला होता है। कहा जाता है कि इस मोती को मुंह में रखकर पानी में प्रवेश करने से भीतर की सारी चीजें दिखाई पड़ जाती हैं।

८. **शुक्ति मुक्ता** यह मोती सीप के अन्दर से निकलता है। आजकल केवल सीप के गर्भ से प्राप्त मोतियों का प्रचलन है और ऊपर अन्य वर्गों के वर्णित मोती अप्राप्य हैं। वैज्ञानिक तो यह भी स्वीकार करने को तैयार नहीं हैं कि सीप के अतिरिक्त मोती कहीं और से भी प्राप्त हो सकता है।

जैसा कि हम ऊपर बता चुके हैं कि आजकल यह माना जाता है कि मोती का उत्पत्ति स्थान केवल सीप ही है। यद्यपि मोती जीव से उत्पन्न होता है परन्तु उसकी बनावट खनिज पदार्थ के सदृश है। अतः हम मोती को रत्नीय पत्थर तो नहीं कह सकते परन्तु वह मूल्यवान रत्न अवश्य है। मोती का जन्म एक अजीबो-गरीब कारण से होता है और उसका जन्मदाता एक जीव होता है जो सीप के अन्दर अपना घर बनाता है। मोती बनाने वाला घोंघा मुसेल Mussal जाति का एक जल में उत्पन्न होने वाला जीव है जो आकार में स्कलॅप (Scallop) से मिलता-जुलता होता है। उसके शरीर में मोटे धागों के समान कुछ अंग होते हैं जिनके द्वारा वह चट्टानों या अन्य जलीय स्थानों में अपने-आप को चिपका सकता है। जो घोंघे चट्टानों का अवलम्ब पा जाते हैं वे ही इस योग्य होते हैं कि उनमें मोती बन सके। घोंघा दो मांस के आवरणों के अन्दर होता है जिनको 'मैन्टल' कहते हैं। मेन्टल सूक्ष्म तत्त्वों से बना होता है जिसमें लाइम कार्बोनेट और अन्य कठोर पदार्थ के मिश्रण को निकालने की क्षमता होती है। यह मिश्रण जमकर धीरे-धीरे सीपी का रूप धारण कर लेता है। ये सीपियां हर घोंघे में एक ही आकार, लम्बाई-चौड़ाई और गोलाई के दो

टुकड़ों में होती हैं। वे एक ओर जुड़ी होती हैं और अच्छी तरह ढककर घोंघे की सुरक्षा करती हैं। घोंघा इन्हीं के पेट को आवश्यकतानुसार खोलकर अपना भोजन प्राप्त करता है।

सीपी में चार परतें होती हैं। प्रथम परत एक सींग के समान होती है जिसे कोंचलिन कहते हैं। दूसरी प्रिज्मेटिक होती है जो कैल्साइट या आरगोनाइट तथा कोचलिन और सीपी की सतह पर एक समान कोण. बनाती हुई जमती जाती है। कोचिलिन द्वारा एक ढांचा बन जाता है जिस पर कैल्शियम कार्बोनेट जमा हो जाता है। यह सब पदार्थ मेंटल से प्राप्त होते हैं। तीसरी परत मुक्ता जननी की होती है जो वास्तव में मैंटल की सम्पूर्ण सतह से निकलने वाला कैल्शिमयम कार्बोनेट होता है। इसके किनारे टेढ़े-मेढ़े और खुले होते हैं जिससे उस पर सुन्दर चमक होती हैं। चौथी परत जिसे 'हाइपोस्ट्रेकम' (Hypostracum) कहते हैं, घोंघे की मांस पेशियों और सीप की सतह के बीच में होती है। यह परत कैल्शियम कार्बोनेट की खानों (Columns) की होती है और सीप की सतह से समकोण होती है। ये परतें बहुत धीरे-धीरे बनती हैं और विभिन्न परतों के पड़ते हुए प्रकाश के प्रभाव से मोती आभायुक्त हो उठती है।

घोंघा जब उपर्युक्त रूप से अपना घर बना लेता है तो अपने को सुरक्षित महसूस करने लगता है किन्तु प्रकृति का ऐसा खेल होता है कि ऐसे कारण उत्पन्न हो जाते हैं कि घोंघा का सुरक्षा कवच ढीला पड़ जाता है और कोई विजातीय तत्त्व या पदार्थ, रेत के कण या कोई कीड़ा या चट्टान का कोई कण घोंघे के सुरक्षा कवच को लांघते हुए प्रवेश कर जाता है। यद्यपि घोंघा उससे पूर्ण प्रयास छुटकारा पाने का करता है और कभी-कभी बाहर निकालने में सफल भी हो जाता है। किन्तु अक्सर वे पदार्थ बाहर नहीं आ पाते तो घोंघा सीपी में उस विजातीय पदार्थ को अन्य पदार्थों की सहायता से परत दर परत ढंकने लगता है। यह परतें चक्करदार होती हैं। पदार्थ वही होता है जिससे सीपी बनी होती है। अततः यही परतें एक कांतिवान मोती का रूप धारण कर लेती हैं और मूल्यवान रत्न के रूप में प्राप्त होती हैं। मोती का कोई निश्चित आकार नहीं होता। यह किसी भी आकार का हो सकता है। इसी कारण विभिन्न आकार के मोती पाए जाते हैं। पूर्णतः गोल मोती या अंडाकार मोती बहुत अच्छा तथा मूल्यवान समझा जाता है।

एक पूर्ण मोती में जो परतें पड़ी होती हैं बनते समय कितनी परतें पड़ी हैं यह जानना असंभव है। ये परतें कितनी पतली होती हैं इसका पता सूक्ष्मदर्शी यंत्र से लगाया जा सकता है। इसकी सतह बहुत ही सूक्ष्म, अनियमित परन्तु सामान्यतः समानान्तर रेखाओं से घिरी होती है। कृत्रिम पर सुन्दर मोंती की जांच करने पर यह ज्ञात हो जाता है कि उसमें असली मोती की परतदार बनावट का अभाव होता है।

मोतियों की कठोरता एक दूसरे से भिन्न होती है। अलग-अलग समुद्रों में अलग-अलग प्रकार के मोती पाए जाते हैं। दक्ष जी०री मोती की आभा व चमक को देखकर यह पता लगा सकता है कि यह मोती कहां की उत्पत्ति है। मोती कई रंग की होती है-सफेद काली, लाल, नीले, भूरे, पीले, गुलाबी और श्याम आभा लिए हुए हरे। जिन मोतियों पर हल्की गुलाबी द्युति दिखाई देती है वे सर्वोत्तम माने जाते हैं। उत्तम वर्ण के मोती केवल परसिया की खाड़ी में ही मिलते हैं।

मोतियों की कटाई रत्नीय पत्थरों की तरह नहीं होती और न ही उनमें घिसाई या पॉलिश की जाती है। रंगाई अवश्य की जाती है वह भी केवल आभूषण में प्रयोग करने के लिए। मोती का प्रयोग अंगूठियों में, ईयर रिंगों में, हाथ के बटनों में तथा अन्य आभूषणों में अन्य रत्नों के साथ किया जाता है। माला में पिरोये मोती बहुत सुन्दर लगते हैं। इसी रूप में मोती बहुत मूल्यवान हो जाते हैं।

मोती अन्य रत्नों की अपेक्षा कठोर न होकर मुलायम होते हैं। अतः उनमें खरोंच आसानी से आ जाती है। टूटने की संभावना अधिक होती है। इन पर अम्ल आदि रासायनिक पदार्थों की रासायनिक प्रक्रिया भी बहुत तेजी से होती है। शरीर पर धारण करने से पसीने से भी ये खराब हो सकते हैं। बहुत सुरक्षित रखने पर भी मोती खराब होने लगते हैं।

मोती का प्राप्ति स्थान

फारस (ईरान) की खाड़ी, मनार की खाड़ी (श्री लंका), आस्ट्रेलिया के समुद्र तट, वेनिनज्यूला, जापान, लाल सागर, पनामा और पेसिफिक सागर के द्वीप मोती के उत्पत्ति स्थल हैं। सबसे उत्तम जाति का मोती फारस की खाड़ी (ईरान) में मिलते हैं। वहां मोतियों का उत्पादन एवं विनिमय का अधिकार व्यापारियों

के हाथ में है। वहां से प्राप्त मोती अधिकतर बम्बई लाए जाते हैं फिर वहीं से उनको लन्दन, पेरिस विक्री के लिए भेज दिया जाता है।

विभिन्न स्थानों के मोती और उनकी विशेषताएं

फारस की खाड़ी-यहां के मोती को बसरा का मोती कहते हैं। यह सबसे उत्तम जाति का माना जाता है। क्यों कि सबसे ज्यादा टिकाऊ होता है और चमक भी अच्छी होती है।

श्रीलंका यहां से प्राप्त मोती को 'काहिल का मोती' कहते हैं। यह

बहुत चमकदार होता है। बसरा के मोती की अपेक्षा यहां का मोती श्याम आभा लिए होता है। यहां के मोती का वजन भी बसरा के मोती से कुछ हल्का होता है।

वेनिनज्यूला (अमेरिका)- यहां से प्राप्त मोती भी बसरे के मोती के

समान होता है किन्तु आकार गोलाकार नहीं होता। यहां का मोती सफेद होता है।

मैक्सिको यहां का काले रंग का मोती बहुत सुन्दर होता है।

बंगाल की खाड़ी- यह मोती गुलाबी रंग का होता है। इसका आकार गोल होता है। यहां का मोती बसरा के मोती के रंग से कुछ हल्का होता है। शरीर पर धारण करने पर रंग और हल्का सफेद हो जाता है और सुन्दर लगने लगता है। धोने में जरा भी असावधानी होने से मोती नष्ट हो जाता है।

दरभंगा-यहां का मोती बंगाल की खाड़ी से मिलता-जुलता ही होता है किन्तु उससे घटिया जाति का होता है।

दक्षिण भारत-दक्षिण भारत में तमिलनाडु, मद्रास में भी मोती पाया जाता है। यहां का मोती उत्तम कोटि का एवं बसरे के मोती से मिलता-जुलता होता है। यहां का मोती तूतीकोरिन के नाम से प्रसिद्ध है।

आस्ट्रेलिया का मोती सफेद रंग का होता है। इनमें कठोरता बहुत होती है। इसमें दांते के आकार के चिह्न बहुत होते हैं।

भारत में दक्षिण भारत के समुद्र तट को देश-विदेश में मोती उत्पादन का विस्तृत क्षेत्र माना गया है। परिप्लस' नामक पुस्तक में भी इसका वर्णन आया

है। प्लिनी, और टोलेमी आदि प्राचीन विशेषज्ञों ने भी इस क्षेत्र को मुक्ता क्षेत्रों के भंडार के रूप में वर्णन किया है। इसी को मन्नार की खाड़ी के नाम से जाना जाता है। दक्षिण भारत से प्राप्त मोती भारत के व्यापार की प्रमुख वस्तुओं में से एक थे। पाण्डिचेरी से दक्षिण आरिकमेडु में पुरातत्त्व विभाग द्वारा उत्खनन से ज्ञात हुआ है कि भारत का रोम के साथ बहुत उन्नत व्यापार सम्बन्ध था। मिस्र, रोम, यूनान और चीन को यहां के मोती निर्यात किए जाते थे।

मोती में दोष

१. मोती में Crack या चिटक होना।

२. मोती में बारीक रेखा या लहर का होना।

३. जोड़ के समान दिखाई देना जैसे दो मोती एक साथ जुड़े हों।

४. रूखा या चमकहीन।

५. जैसे चेचक का दाग हो ऐसा मोती आदि दोष दिखाई देते हैं।

उत्कृष्ट मोतियों का एक संग्रह भूतपूर्व महाराजा गायकवाड़ के पास था। यह सात मुक्ता मालाओं के रूप में था। इसका मूल्य एक करोड़ रुपया आंका गया था।

कल्चर मोती

पहली बार सन् १९२१ में लन्दन की बाजारों में जब कल्चर मोती बिकने को आया तो लोग आश्चर्यचकित रह गए। यह मोती असली मोती के समान था, किंचित् अंतर भी नहीं दिखाई देता था। किन्तु बाद में असली का भेद ज्ञात हुआ। यह कैसे बनता है, इसकी जानकारी इस प्रकार है-एक कृत्रिम विजातीय पदार्थ मेंटल के अन्दर पहुंचा दिया जाता है। यह मुक्ता का एक छोटा-सा दाना होता है। घोंघा इसी पर परतें-दर-परतें डालता जाता है जैसे वह प्रकृति द्वारा पहुंचाए विजातीय पदार्थों पर परतें चढ़ाता जाता था। इस प्रकार जो मौती तैयार होता है वह ब्लिस्टर मोती बनता है। इसे ही कल्चर मोती कहते हैं।

इमीटेशन मोती

नकली मोती जिन्हें इमीटेशन या मोमिया मोती कहते हैं, पतले कांच के खोखले गोले होते हैं। ये मछली के शल्क (सेहरे) से तैयार किए गये पदार्थ से ढके होते हैं जिनसे इनमें मोती के सदृश चमक आ जाती है।

फिर शीशे के गोले को मोम से भर दिया जाता है। इन नकली मोतियों को निकट से देखने पर पहचाना जा सकता है। नकली मोतियों अर्थात इमीटेशन मोती दांत के नीचे रखने पर चिकने लगते हैं जबकि असली मोती दांत के नीचे रखने से रेतीले लगते हैं। लेंस से देखने पर असली या इमीटेशन मोती की पहचान हो जाती है। इनके आपेक्षिक गुरुत्व में भी अन्तर होता है। असली मोती की अपेक्षा नकली मोती का आपेक्षिक गुरुत्व अधिक होता है।

मोती का परीक्षण रांटजन किरणों या क्ष-किरणों के साथ-साथ कई प्रकार के परीक्षण की अन्य विधियां भी सुनिश्चित की गई हैं। इसमें एक विधि में ब्रोमोफार्म नामक रसायन द्वारा परीक्षण किया जाता है। यदि एक ही द्रव से परीक्षण करना हो तो ब्रोमोफार्म में बेंजीन, टोलुईन या मोनो ब्रोमो नेप्थलीन मिलाकर इतना हल्का कर लेना आवश्यक है कि इस प्रकार के द्रव में मोती तैरने लगे क्योंकि कैल्साइट जिसका आपेक्षिक गुरुत्व २.७१ है किन्तु हल्का करने पर २.७५ या २.७२ हो जाता है।

ऐसा औसतन ८०% मोतियों के साथ होता है। सच्चा मोती यदि द्रव में डूबता भी है तो बहुत धीरे-धीरे। जबकि कल्चर मोतियों के दाने द्रव में डालते ही डूब जाते हैं।

सच्चे मोती की सामान्यतः पहचान निम्न है:

१. कल्चर इसमें कांच के समान विजातीय पदार्थ की गोली होती है जो छिद्र करने पर सुराख द्वारा जाहिर हो जाती है।

२. सुराख में समानता नहीं होती। छिद्र करते समय गोली निकल भी जाती है जिससे छेद के आरम्भ का स्थान चौड़ा हो जाता है। अन्दर गोली दिखने लगती है। इसे सूक्ष्मदर्शी द्वारा देखा जाता है।

३. कल्चर मोती में ऊपर की चमड़ी कठोर होती है जबकि सच्चे मोती की चमड़ी में कोमलता होती है।

४. गो मूत्र में कल्चर मोती और असली मोती डालने पर असली मोती खराब नहीं होगा।

५. चावल के छिलके में मोती रगड़ने से उसमें और चमक बढ़ेगी। नकली मोती में कम हो जाएगी।

मोती के आकारों के नाम

१. किलका, २. सिरा, ३ चोखासिरा, ४ सुजनी, ५ तीर गामा, ६ गामा, ७ खड़ी कमर, ८ कमर, ९ वटला, १० सिमटा अंसार, ११ चिकना अंसार, १२ कड़कड़, १३ पाया, १४ तलिया, १५ बैठकी।

जब मोती का प्रयोग अधिक होता है तो उस पर धूल, पानी, पसीने के प्रभाव से उसकी आभा जाती रहती है। प्राचीन काल में इसको चमकाने की अनेक विधियां प्रचलित थीं। मैले मोती को कबूतर को खिला दिया जाता था और २० घंटे तक उसके पेट में रखा जाता था फिर पेट से निकालने पर मोती साफ हो जाता था। चावल के मांड से मोती को कुछ समय तक साफ करने पर भी चमक आ जाती थी। इसे अरीठे के पानी से भी साफ किया जाता था। मूली में बीच में जगह बनाकर उसमें मोती भर देते थे फिर उस पर शक्कर भर देते थे तो मोती साफ हो जाता था और खराब भी नहीं होता था। आधुनिक क्रिया में मोती को हाइड्रोजन पराक्साइड और ईथर से साफ करते हैं। इस प्रकार की विधि से मोती २४ घंटे में साफ हो जाता है किन्तु असावधानी से खराब भी हो सकता है।

औषधीय गुण

मोती, बल-वीर्य वर्द्धक एवं शीतल होता है। खांसी, तपेदिक (टी.बी.) नेत्ररोग, रक्तचाप, हृदयरोग, उन्माद, वायुविकार तथा जीवन तत्त्व (विटामिन ए) के अभाव में उत्पन्न रोग आदि में मोती का भस्म लाभदायक है।

१. मूत्र विकार एवं मूत्राशय की पथरी की बीमारी में शहद के साथ मोती भस्म सेवन करने से रोग दूर हो जाता है।

२. पेशाब में जलन होने पर केवड़े के रस में मोती भस्म का सेवन करना लाभकारी है।

३. शरीर में गर्मी की मात्रा बढ़ने पर मोती धारण करने से शीतलता का अनुभव होता है।

४. बवासीर में मोती का भस्म रामबाण औषधि है।

५. आधुनिक युग में सौन्दर्य प्रसाधन के रूप में मोती के चूरे से बना फेस पॉउडर प्रयोग में लाया जाता है।

६. दांतों का पीलापन दूर करने के लिए आजकल मुक्ता दंत मंजन जोकि मोतियों के चूरे से तैयार होता है, उपयोग में लाया जाता है।

मोती के दैवीय गुण

मोती व्याधि से निजात दिलाने वाला रत्न है-ऐसा अथर्वेद में कहा गया है। मोती धारण करने से सभी अनिष्ट दूर होकर वैभव, धन, प्रतिष्ठा और उत्तम गुणों की प्राप्ति होती है। इसके धारण करने से सभी पापों का क्षय हो जाता है। स्त्रियों में लज्जा, लावण्य आदि गुणों का विकास होता है एवं उनका सौभाग्य अखंड होता है। मोतियों से विद्ध नथनी स्त्रियों का सौभाग्य अलंकार माना जाता है। मोती धारण करने से प्रेम में सफलता प्राप्त होती है एवं धारणकर्ता यश प्राप्त करता है। जिन स्त्रियों को पेट का रोग हो उन्हें मोती रत्न अवश्य धारण करना चाहिए।

चन्द्ररत्न मोती और ज्योतिष

आप पिछले अध्यायों में पढ़ चुके हैं कि प्रत्येक ग्रह अपनी रश्मियों द्वारा पृथ्वी के जीव जन्तुओं, वनस्पतियों को प्रभावित करते हैं। ग्रह के अनुकूल जो पदार्थ होते हैं वे ग्रहों की रश्मियां अपने में समा लेते हैं। चन्द्रमा के अनुकूल शीतल पदार्थ मोती है जो समुद्र से प्राप्त होता है। इसीलिए मोती को चन्द्ररत्न की संज्ञा दी गई है। मोती के विषय. में ज्योतिषीय ज्ञान से पूर्व चन्द्रग्रह के कारक तत्त्व के विषय में परिचित होना जरूरी है जो निम्न है:

चन्द्रग्रह का कारक तत्त्व-मन, बुद्धि, राज्यकृपा, यश, मातृसुख संपत्ति, दूर-दूर के प्रवास, राज ऐश्वर्य, वाहन सुख, आराम की चीजें, स्त्रियां, आंखों की स्थिति, व्याधि, दवाइयां, न्याय, किराना वस्तुओं का व्यापार, पानी, नमक, आयात-निर्यात, कांच के कारखाने, रेलवे, जहाज, डेयरी, छाती, स्मरणशक्ति, सफेद रंग, चांदी, मोती, दार्थी आंख, कीर्ति, काव्यकला, प्रेम इत्यादि का कारक ग्रह चन्द्रमा है।

॥ जन्मांग के आधार पर मोती रत्न धारण

मोती चन्द्रमा से सम्बन्धित रत्न है। चन्द्र मानवीय इच्छाओं का कारक ग्रह है। मनुष्य के मन पर चन्द्र का अधिकार है। जिनकी जन्म कुंडली में निम्न प्रकार से चन्द्र का प्रभाव होगा उन्हें मोती धारण करना उचित होगा।

- जन्म कुण्डली में सूर्य के साथ चन्द्रमा हो या सूर्य जिस स्थान में बैठा हो उससे पांचवें स्थान में चन्द्र हो तो चन्द्र क्षीण होता है। ऐसे कुण्डली वाले जातक को मोती रत्त्न अवश्य धारण करना चाहिए।
- मिथुन लग्न में धन-स्थान का स्वामी चन्द्र होकर षष्ठ स्थान में बैठा हो तो ऐसे जातक को मोती रत्न अवश्य धारण करना चाहिए।
- लग्न में चतुर्थ, सप्तम एवं दसवें स्थान में चन्द्र स्थापित हो तो जातक को मोती रत्न अवश्य धारण करना चाहिए।
- जन्म कुण्डली में चन्द्र पंचमेश होकर व्यय स्थान में, सप्तमेश होकर धन स्थान में हो तथा नवमेश होकर चतुर्थ स्थान में, दशमेश होकर पंचम स्थान में, एकादशेश होकर षष्ठ स्थान में स्थित हो, ऐसे में किसी भी स्थिति में चन्द्र के होने पर जातक को मोती धारण करना लाभदायक है।
- जन्मांग में धनेश चन्द्र सप्तम स्थान में, चतुर्थेश चन्द्र नवम स्थान में, पंचमेश चन्द्र दशम स्थान में, सप्तमेश चन्द्र व्यय स्थान में, नवमेशचन्द्र द्वितीय स्थान में, दशमेश चन्द्र तृतीय स्थान में, एकादशेश चन्द्र चतुर्थ स्थान में, इसमें से चन्द्र किसी भी स्थिति में होने पर जातक को मोती रत्न धारण करना चाहिए।
- जन्म कुंडली में वृश्चिक राशि का चन्द्र किसी भी स्थान में होने पर जातक को मोती रत्न धारण करना चाहिए।

- जन्मांग में चन्द्र-राहु, चन्द्र-केतु, चन्द्र-मंगल, चन्द्र-शनि, चन्द्र-रवि हो तो जातक को चाहिए कि चन्द्र रत्न मोती धारण करे।
- जन्म कुण्डली में चन्द्र षष्ठ, अष्टम या व्यय स्थान में हो तो चन्द्र रत्न मोती अवश्य धारण करना चाहिए।
- जन्म कुण्डली में चन्द्र किसी भी स्थान में हो और उस पर राहु, केतु, मंगल या शनि की दृष्टि हो तो जातक चन्द्र रत्न मोती धारण करे।
- चन्द्र अपनी राशि से छठे या आठवें स्थान में हो तो जातक को मोती रत्न धारण करना चाहिए।
- चन्द्र राहु के साथ ग्रहण योग बनाता हो या चन्द्र असंगत हो तो मोती रत्न धारण करना चाहिए।
- विंशोत्तरी महादशा के अनुसार चन्द्र की महादशा या अन्तर्दशा शुरू हो तो मोती रत्न धारण करना चाहिए।
- अष्टकवर्ग के अनुसार चन्द्र को ०, १, २, ३, शुभ गुण प्राप्त हों तो जातक को मोती धारण करना चाहिए।

लग्न राशि के अनुसार मोती धारण

- मेष-लग्न की कुण्डली में चन्द्र चतुर्थ स्थान का स्वामी होता है। चतुर्थेश चन्द्र सप्तमेश मंगल का मित्र ग्रह है। मानसिक शांति, विद्यालाभ, मातृ-सुख, भूमि-भवन का लाभ इत्यादि के प्राप्त करने के लिए मोती रत्न धारण करना उचित है। चन्द्र की महादशा, अन्तर्दशा में लग्नेश मूंगा एवं चतुर्थेश चन्द्र के जातक मोती रत्न धारण करें।
- वृषभ लग्न की कुण्डली में चन्द्र तृतीय भाव का स्वामी है इसलिए जातक को मोती धारण करना अहितकर है।
- मिथुन-लग्न में चन्द्र धन का स्वामी होता है। चन्द्र की महादशा एवं अन्तर्दशा में मोती धारण करना आवश्यक होता है। मिथुन लग्न के लिए चन्द्र मारकेश भी होता है अतः मोती धारण करना आवश्यक नहीं। किन्तु कुण्डली में चन्द्र द्वितीय स्थान का स्वामी होकर नवम, दशम या एकादश स्थान में स्थित हो तो निर्माण स्थान तक सूर्य की गरमी पहुंचती है इसलिए मोती अवश्य धारण करना चाहिए।
- कर्क लग्न में चन्द्र लग्नेश है। इसलिए इस लग्न के जातक को आजीवन मोती लाभदायक रत्न है। मोती धारण करने से स्वास्थ्य

खराब नहीं होगा। आयु लम्बी बनाए रखेगा, आर्थिक संकट से मुक्ति मिलेगी। मोती विनम्रता, पवित्रता और शुद्धता का प्रतीक है।

- सिंह-लग्न में चन्द्र बारहवें भाव का स्वामी है इसलिए सिंह लग्न का जातक मोती धारण करें। यदि चन्द्र द्वादश स्थान में अपनी ही राशि कर्क में हो तो चन्द्र की महादशा और अन्तर्दशा में जातक को मोती धारण करना चाहिए।
- कन्या-लग्न में चन्द्र एकादश यानी लाभ स्थान का स्वामी होता है। चन्द्र की महादशा अन्तर्दशा में मोती धारण करने से अधिक यशलाभ तथा संतति सुख प्राप्त होगा।
- तुला-लग्न में चन्द्र दशम स्थान का स्वामी हो, लग्नेश शुक्र दशमेश चन्द्र आपस में मित्र ग्रह नहीं हैं फिर भी मोती धारण करने से तुला लग्न के जातक को यश, मान-प्रतिष्ठा, राज्य-कृपा प्राप्त होगी। चन्द्र महादशा या अन्तर्दशा में मोती धारण करना अधिक लाभप्रद होगा।
- वृश्चिक लग्न में चन्द्र नवम भाव का स्वामी होता है। ज्योतिष शास्त्र की दृष्टि से नवम भाव भाग्य स्थान होता है इसलिए शौर्य, यश, मान-प्रतिष्ठा, पितृ-सुख, धर्म-कर्म एवं भाग्य में बढ़ोत्तरी होती है। यदि इस लग्न में चन्द्र की महादशा अन्तर्दशा में हो तो मोती धारण करना लाभकारी होगा।
- धनु लग्न में चन्द्र अष्टम स्थान का स्वामी होता है। अष्टम स्थान मारक स्थान है इसलिए चन्द्र रत्न धारण करने से यह स्थान शक्तिशाली हो जाता है और स्वास्थ्य की हानि करेगा। अतः धनु लग्न वाले जातक को मोती धारण करना अति श्रेयस्कर होगा।
- मकर लग्न के जातक के सप्तम स्थान का स्वामी चन्द्र है। सप्तम भाव भी मारक है। मकर लग्न का स्वामी शनि है। शनि एवं चन्द्र एक दूसरे के शत्रु हैं इसलिए मोती नहीं धारण करना चाहिए।
- कुंभ-लग्न में चन्द्र छठे भाव का स्वामी होता है। कुंभ लग्न का लग्नेश शनि है। शनि एवं चन्द्र आपस में शत्रु हैं अतः मोती नहीं धारण करना चाहिए।
- मीन लग्न के लिए चन्द्र पंचम त्रिकोण का स्वामी होता है अतः जातक के मोती धारण करने से विद्या, बुद्धि एवं संतान का लाभहोता है। भाग्य भी बढ़ता है।

- मोती कम-से-कम ४ कैरट का धारण करना चाहिए। यह चांदी या सोने में धारण कर पहनना चाहिए।
- मोती रत्न धारण करने की विधि
- मोती को धारण करने से पूर्व रत्न की प्राण-प्रतिष्ठा अवश्य करनी चाहिए। जब तक ग्रह से सम्बन्धित रत्न की प्राण-प्रतिष्ठा नहीं होती तब तक रत्न प्रभावहीन होगा। अत: मोती धारणकर्ता को निम्न विधि से रत्न धारण करना चाहिए
- पुष्य नक्षत्र में गुरुवार या रविवार को सुबह सूर्योदय से लेकर मध्याह्न तक चांदी या सोने की अंगूठी बनवाकर उसमें मोती बैठलें। मोती हाथ की सबसे छोटी यानि कनिष्ठिका में जिसे बुध की अंगुली कहते हैं में धारण करनी चाहिए। यह ध्यान रहे कि रत्न का स्पर्श त्वचा से होता रहे।
- सुबह मध्यान्ह के समय चन्द्र प्रतिमा, चन्द्र यंत्र की प्रतिष्ठा करें एवं पूजन हवन करें। फिर अंगूठी की भी प्राण प्रतिष्ठा करें। प्राण प्रतिष्ठा का मंत्र इस पुस्तक के माणिक्य के प्रकरण में दिया गया है। प्राण प्रतिष्ठा के निम्न चन्द्र मंत्र से अभिषेक करना चाहिए:

ॐ इमं देवा ऽ असपत्वन ॐ सुवद्ध्वम्महते

क्षत्राय महतेज्ज्येष्ठाय महते

जान राज्यायेन्द्रस्येन्द्रियाय। इमम मुष्य पुत्र-ममुष्यै

पुत्रमस्यैविशऽ एपवोपि राजा सोमो स्म्माकम्ब्राह्मणाना

ॐ राजा॥

इस मंत्र से अभिषेक कर अंगूठी धारण करके हवन करें। पके चावल, घी, तेल, ढाक की समिधा का प्रयोग हवन के लिए करें। निम्न मंत्र से २८ या १०८ आहुतियां दें ऊं श्रां श्रीं, श्रौं सः चन्द्राय नमः।

पर्यायी रत्न-आर्थिक दृष्टि से मोती खरीदना जिनके लिए असंभव होगा वे चन्द्र रत्न का उपरत्न चन्द्रकांत मणि धारण करें।

१०

मंगल और इससे सम्बन्धित

रत्न: मूंगा (Coral)

मूंगा खनिज रत्न नहीं बल्कि जीव से उत्पन्न रत्न है। यह भी मोती की तरह समुद्र में पाया जाने वाला रत्न है। मूंगा मंगल ग्रह का रत्न है। मंगल रत्न को विविध भाषाओं में इस प्रकार जाना जाता है-

संस्कृत भाषा में प्रवाल, विद्रुम, लतामणि, रक्तांग, भौम रत्न, अंगारक, अंभोदि पल्लव, हिन्दी में मूंगा, उर्दू-फारसी-मिरजान, अंग्रेजी में Coral कहते हैं।

रंग केसरी, नारंगी, सिन्दूरी लाल, गहरा लाल।

समूह-आर्गेनिक, अपारदर्शक।

आकार गोल, लम्बा, त्रिकोण।

भौतिक गुण-कठिनता, ३.५ से ४.००।

विशिष्ट गुरुत्व ९.४८६ से १.६५८।

मूंगा प्राचीन काल से आभूषण के रूप में उपयोगी रहा है। रोम में रहने वाले इसका उपयोग ताबीज बनाने एवं आभूषण बनाने में प्रयोग करते थे। इसके दैवीय गुणों की अनेक किंवदन्तियां प्रचलित हैं। प्राचीन काल से मूंगा का महत्त्व भारत में भी रहा है और यह एक विशिष्ट रत्न के रूप में प्रसिद्ध रहा है। इसकी आकर्षक आभा एवं सुन्दर रंग के कारण मूंगा को नौ रत्नों में एक माना गया है। जबकि यह मूल्यवान रत्न नहीं है। मोती के समान मूंगा भी खनिज रत्न न होकर जैविक रत्न है। यह भी समुद्र में वनस्पतियों के योग से तैयार होता है। यह आकार में बेल की शाखाओं जैसा दिखाई पड़ता है। नवीन वैज्ञानिकों के अनुसार मूंगा जल जन्तु Coral Polip चूने की ठठरी (Calcareous skeleton like) के समान जमाव दिये रहता है और उसका अधिकांश भाग समुद्र से

प्राप्त कैल्शियम कार्बोनेट के द्वारा निर्मित होता है। मूंगा नाम का एक जन्तु जो जेली के समान लसलसा होता है, समुद्र में डूबी चट्टानों से चिपक जाता है। उचित समय एवं अवसर पर वह अपने बाहरी और नीचे के भाग पर कैल्शियम कार्बोनेट के कठोर जमाव को एकत्रित कर लेता है। बनावट से लाल मूंगा उन छोटी-छोटी नलिकाओं के सदृश होता है जो एक दूसरे से सम्बद्ध होती हैं। मूंगा बनाने वाले ये पदार्थ सभी समुद्रों में या समुद्र के सभी भागों में नहीं प्राप्त होते। इनके लिए एक निश्चित तापमान वाले जलवायु की आवश्यकता होती है। मूंगा का जमाव लगभग ९ से ९०० फुट की गहराई तक पाए जाते हैं परन्तु मिलने वाले स्थान की गहराई जितनी अधिक होती है, मूंगे का रंग उतना ही हलका होता है। मूंगा एक प्रकार के जल जन्तु से निर्मित होता है इस लिए जमाव को परिपक्व होने में काफी समय लगता है। जब तक जमाव परिपक्व नहीं होता, उसको स्पर्श करना उचित नहीं रहता है।

मूंगा जल जन्तु जो बिना पत्ती परन्तु शाखाओं वाले वृक्ष में होता है, वह वृक्ष मनुष्य के शरीर के समान होता है किन्तु इसकी उंचाई सामान्यतः एक फुट एवं तना एक इंच मोटा होता है। इसका रंग लाल एवं सुन्दर होता है। इसमें मधु के छत्ते के सदृश खाने बने होते हैं। इन्हीं खानों में मूंगा के जल जन्तु रहते हैं। तने के उपर जाली के समान एक झिल्ली चढ़ी रहती है। इन छत्तों में पल रहे जन्तु को सूक्ष्मदर्शी द्वारा देखने पर पता चलता है कि इनके मुंह पर नुकीले बाल होते हैं। इन जीवों के मूंछ सदृश बालों में स्पर्श अनुभूति की क्षमता प्रबल होती है। इनके द्वारा ही ये जन्तु अपना भोजन प्राप्त करते हैं। इनका भोजन सूक्ष्म समुद्री कीड़े या वनस्पति के छोटे-छोटे कण होते हैं। यही प्राणी समुद्र में अपना लसलसा ढांचा बनाते हैं अर्थात मूंगा बनाते हैं। मोती बनाने वाला घोंघा अपने अन्दर मोती का निर्माण करता है किन्तु मूंगे का जमाव तो एक प्रकार से जन्तु का ही घर होता है।

लिगोनाइस नामक एक व्यक्ति ने सन् १५०२ में मूंगे का वर्णन करते हुए स्पष्ट किया है कि मूंगा समुद्र में पेड़ की तरह वृद्धि करता है। उसमें पत्तियां नहीं होतीं। आभूषणों में जिस किस्म का मूंगा प्रयोग में लाया जाता है उसे कोरेलियम रुबरुम (Corallium Rubrum) कहते हैं। मूंगे कई रंग के होते हैं परन्तु लाल रंग की ही महत्ता है। यद्यपि सफेद और पीले रंग के भी मूंगे पाए जाते हैं किन्तु लाल रंग के ही मूंगे अधिक मिलते हैं।

गुलाबी एवं गहरे लाल रंग के मूंगे की मांग अधिक होती है। मूंगे को और सुन्दर एवं चमकदार बनाने के लिए रंगाई भी होती है। परन्तु ये रंग टिकाऊ नहीं होते। यों तो मूंगे में प्राकृतिक रंग किस प्रकार आता है-इसके विषय में निश्चित रूप से नहीं कहा जा सकता किन्तु अनुमान है कि उनको कैल्शियम मैगनीशियम कार्बोनेट तथा आयरन आक्साइड के मिश्रण से रंग प्राप्त होता है।

मूंगे का प्राप्तिस्थान

भूमध्य सागर के समुद्री तट पर मूंगे के जन्तु पाए जाते हैं। एल्जीरिया, ट्यूनीसिया, कारसिका, सारडीनिया और सिसली के समुद्र तटों पर भी मूंगा पाए जाते हैं। जापान के निकटवर्ती द्वीपों के समुद्र तट पर भी मूंगा पाए जाते हैं। मूंगे को समुद्र से निकालने का कार्य अधिकतर इटली निवासी ही करते हैं।

भौतिक गुण

मूंगा अर्धपारदर्शक होते हैं किन्तु अधिकतर अपारदर्शक भी होते हैं। मूंगा श्वेत, काले, गुलाबी, नारंगी, लाल रंगों के होते हैं। काला मूंगा प्रायः कैल्शियम कार्बोनेट का नहीं बल्कि सींग सदृश पदार्थों के योग से बने होते हैं। चूनेदार मूंगे के गुण Calcite (चूर्णाश्म) जैसा ही होता है। मूंगे का एक विशेष गुण यह है कि यह जिस चट्टान से जुड़ा होता है उसकी सतह पर यह लम्बा खड़ा होता है। इसके तन्तु प्रत्येक शाखा के केन्द्र से लम्ब रूप में सतह पर फैले होते हैं। सूक्ष्मदर्शी यंत्र से देखने पर प्रत्येक शाखा अपनी लम्बाई के समानान्तर एक धारी सदृश दिखाई देती है। मूंगा जहां से टूटता है वह स्थान तेजहीन दिखाई देता है। मूंगे का आपेक्षिक गुरुत्व २.६५ है। कठोरता ३.५-४. तक की होती है। इसका वर्तनांक १.४६८ तथा १.६५८ है। यह दुहरावर्तक अधिक होता है। काले मूंगे का वर्तनांक १.५६ तथा १.५७ है और दुहरावर्तन लगभग ०१ है। इसका आपेक्षिक घनत्व १.३८ तथा कठोरता ३ है। मूंगे पर हाइड्रोक्लोरिक एसिड डालने से झाग उठते हैं। काले मूंगे पर इसका प्रभाव नहीं पड़ता। काले मूंगे को तप्त तार से छुऐ जाने पर बाल जलने जैसी गन्ध उठती है।

जांच-परख

सात विशेषताओं वाला मूंगा आयुर्वेद के अनुसार उत्तम व शुभ होता है- (१) पके बिम्ब के फल समान, २. गोल मूंगा, ३. लम्बा, ४. सीधा, ५. चिकना, ६. खरोंच या गड्ढा रहित या उभार न हो अर्थात व्रण रहित, ७. मोटा। इन सातों विशेषताओं वाला मूंगा उत्तम मूंगा कहलाता है। मूंगे का रंग सिन्दूर, हिंगुल अथवा सिंगरफ से मिलता-जुलता होता है।

श्वेत रंग का भी मूंगा सुन्दर और कान्तियुक्त होता है। सफेद मूंगे को बंगाल में बहुत पसंद किया जाता है। इस रत्न का रंग ही अन्य रत्नों की अपेक्षा इसे आकर्षक बनाता है। इसी कारण इसे नौ रत्नों में जाना जाता है।

नकली मूंगा असली मूंगे से भारी होता है। इसको आई ग्लास से देखने पर मूंगे में बारीक एवं मोटे रवे दिखाई देते हैं। जैसे ढाले हुए शीशे में होते हैं। नकली मूंगे को घिसने पर शीशा घिसने जैसी आवाज आती है।

प्राचीन काल में मूंगे पर नक्काशी का बहुत प्रचलन था किन्तु आजकल नहीं है। बर्लिन में सन् १८८० में लगी एक प्रदर्शनी में एक मूंगे का हार ६,००० पाउण्ड में बिका था। इटली के शाही परिवार के पास एक नक्काशी किए काम की मूठ थी जिसका मूल्य ३६० पाउण्ड था। मूंगा का प्रयोग आभूषण में अंगूठी बनाने, इयररिंग, तथा नैकलेस या हार बनाने में होता है। पूजा करते समय जप करने के लिए मूंगे की माला का प्रयोग किया जाता है।

मूंगे के औषधीय गुण

मूंगा रत्न कीमत की दृष्टि से भले ही मूल्यवान न हो किन्तु इसके औषधीय गुण बहुत हैं। मूंगा भस्म एक रामबाण औषधि है। गर्भवती स्त्री के पेट पर मूंगे के भस्म का लेप करने पर गर्भपात नहीं होता। दमा, खांसी, वीर्य रोग, आंतों की जख्म, बवासीर जैसे रोग में मूंगा अत्यन्त गुणकारी एवं लाभदायक है। वात-पित्त-कफ, अम्लपित्त, उदर शूल, वात विकार आदि रोगों पर मूंगा के द्वारा उपचार लाभदायक होता है। पान के बीड़े में प्रवाल भस्म डालकर नियमित खाने से शरीर पुष्ट एवं सुन्दर होता है। छोटे बच्चों के गले में मूंगा पहनाने से पेट की बीमारियां, बाल अरिष्ट से बच्चों का संरक्षण होता है। आंखों में मूंगे का नेत्रांजन लगाने से आंखों की ज्योति बढ़ती है। रक्तचाप की शिकायत होने पर

शहद में मूंगा भस्म सेवन करने से कष्ट दूर होता है। मंदाग्नि में गुलाब जल में प्रवाल भस्म को डालकर सेवन करना लाभप्रद है। पीलिया में, पेट के दर्द में मूंगा भस्म दूध की मलाई के साथ सेवन करना लाभदायी होता है।

मिरगी, हृदय-रोग एवं वायुकंप की शिकायतें मूंगा भस्म दूध के साथ लेने से दूर होती हैं।

मंगल रत्न मूंगा और ज्योतिष

मंगल ग्रह कारकत्व

मंगल ग्रह मनुष्य की कुण्डली में प्रभावी होने पर निम्न प्रभाव डालता है। छोटे भाई का सुख, साहस, पराक्रम, धीरज, शत्रु कीर्ति, युद्ध, नेतागिरी, उदारता, शस्त्रविद्या, शूरता, शौर्य, उद्योग, ढाढ़स, लोहा, हथियार, शस्त्र, अग्नि या शस्त्र से घायल होना, चोरी, क्रोध, काम, लोभ, मोह मत्सर, निन्दा, झूठा लांछन, फौजदारी, मुकद्दमा, जेल जाना, कैद, मृत्यु, डॉक्टर, वैद्य, रसायन शास्त्र, सोवार, लोहार, मेकेनिकल इंजीनियर, रक्त-सम्बन्धी रोग, गर्भ, पित्त, वातजनक रोग, उष्णता के रोग, ज्वर, सिर-दर्द, अंडकोष, आदि का कारक ग्रह मंगल है।

मूंगे के दैवीय प्रभाव

मूंगा धारण करने पर ढाढ़स आता है एवं शत्रुनाश करता है। स्त्रियों को अखंड सौभाग्य प्राप्त होता है। मूंगा रत्न धारण करने से भूत-बाधा शान्त होती है। मूंगा बच्चे के गले में पहनाने से उसे टोना-नजर का प्रभाव नहीं पड़ता। पागलपन के झटके किसी को आते हों तो मूंगा धारण करना चाहिए। मूंगा धारण करने पर किसी प्रकार की विष-बाधा शान्त होती है।

मूंगा रत्न धारण

ज्योतिष के अनुसार मूंगा रत्न कौन धारण करे? इसके विषय में निम्न प्रकार से कहा गया है। मूंगा मंगल ग्रह से संबंधित रत्न है। जन्म कुण्डली में मंगल अनिष्ट कारक हो, या अस्त हो या प्रभावहीन हो तो ऐसा जातक यदि मूंगा रत्न धारण करे तो लाभ होता है। विवरण इस प्रकार है-

- जन्म कुण्डली में मंगल, राहु या शनि, किसी के साथ हो तो उस व्यक्ति को मूंगा अवश्य धारण करना चाहिए।
- जन्म कुण्डली में मंगल लग्न में हो तो उस जातक को मूंगा धारण करना चाहिए।
- जन्म कुण्डली में मंगल के तृतीय स्थान में होने पर भाई-भाई में मतैक्य का अभाव होता है और आपस में मन मोटाव व वैषम्यता बढ़ती है। उससे बचने के लिए जातक को मूंगा रत्न धारण करना चाहिए।
- जन्म कुण्डली में मंगल के चतुर्थ स्थान में होने पर जातक की पत्नी रोग ग्रस्त होती है। इस अनिष्ट को दूर करने के लिए जातक को मूंगा धारण करना चाहिए।
- जन्म कुंडली में मंगल के सप्तम स्थान में या व्यय स्थान में होने पर जातक की पत्नी मृत्यु का ग्रास बनती है। इस हानि से बचने के लिए मूंगा धारण करना लाभप्रद है।
- जन्मकुंडली में धनेश नौवें स्थान में, एकादश मंगल दशम स्थान में चतुर्थेश मंगल एकादश स्थान में या पंचमेश मंगल भाग्यस्थान में हो तो जातक को मूंगा अवश्य धारण करना चाहिए।
- जन्मकुंडली में नवमेश मंगल चतुर्थ स्थान में, दशमेश मंगल पंचम स्थान में या एकादशेश मंगल षष्ठ स्थान में हो तो जातक को अविलंब मूंगा धारण करने से अप्रत्याशित लाभ मिलता है।
- जन्मकुंडली में मंगल किसी भी स्थान में स्थित होकर सप्तम, नवम, दशम या एकादश स्थान पर दृष्टिपात करता हो तो ऐसे जातक को मूंगा रत्न अवश्य धारण करना चाहिए।
- जन्मकुंडली में मंगल लग्नेश होकर षष्ठ स्थान में बैठा हो या घनेश मंगल सप्तम स्थान में बैठा हो, चतुर्थेश मंगल नवम स्थान में हो, पंचमेश मंगल दशम स्थान में बैठा हो, दशमेश मंगल तृतीय स्थान में हो या एकादशेश मंगल चतुर्थ स्थान में हो तो ऐसे जातक को मंगल रत्न मूंगा अवश्य धारण करना चाहिए।
- जन्मकुंडली में ६, ८, १२ इनमें से किसी भी एक स्थान में मंगल हो तो मंगल रत्न मूंगा धारण करना लाभदायक है।

- जन्मकुंडली में मंगल सूर्य के साथ हो, या सूर्य की दृष्टि उस पर हो तो मंगल रत्न मूंगा धारण करना चाहिए।
- जन्मकुंडली में मंगल अष्टमेश या षष्ठेश के साथ हो या अष्टमेश या षष्ठेश की दृष्टि मंगल पर हो तो ऐसा जातक मंगल रत्न मूंगा अवश्य धारण करें।
- जन्मकुंडली में मंगल वक्री हो, अस्तगत हो या वेध युक्त हो तो जातक को मंगल रत्न मूंगा धारण करना लाभप्रद है।
- मंगल शुभ स्थान का स्वामी होकर शत्रु स्थान में स्थित हो तो उस जातक को मंगल रत्न मूंगा अवश्य धारण करना चाहिए।
- यदि मंगल की विंशोत्तरी महादशा या अन्तर्दशा हो तो भी जातक को मूंगा धारण करना आवश्यक है।
- लग्नराशि के अनुसार मंगल रत्न मूंगा की शुभता
- मेष लग्न में मंगल लग्नेश तथा अष्टमेश होता है। मेष लग्न के जातक को जीवनपर्यन्त मूंगा धारण करना चाहिए। मूंगा धारण करने से आयु में वृद्धि, स्वास्थ्य में प्रगति, यश, मान-प्रतिष्ठा में बढ़ोत्तरी तथा सर्व प्रकार का सुख मिलेगा।
- वृष लग्न में मंगल सप्तम तथा द्वादश स्थान का स्वामी बनता है इसलिए वृषलग्न के जातक को मंगल रत्न मूंगा नहीं पहनना चाहिए।
- मिथुन लग्न में मंगल षष्ठ एवं एकादश स्थान का स्वामी होता है। मिथुन लग्न में छठे या ग्यारहवें भाव में मंगल स्थित हो तो मूंगा रत्न मंगल की महादशा या अन्र्तदशा में धारण करना अहितकर होगा। मिथुन लग्न का स्वामी बुध और मंगल दोनों आपस में शत्रु भाव रखते हैं।
- कर्क लग्न में मंगल पंचम और दशम स्थान का स्वामी है। इसलिए कर्क लग्न वालों के लिए मंगल रत्न मूंगा बहुत ही लाभदायक रत्न है। कर्कलग्न के व्यक्ति को सदैव मूंगा धारण करना चाहिए। इसके धारण करने से उसे संतति सुख, बुद्धि, बल, भाग्योन्नति, यश, मान-प्रतिष्ठा, राज्य-कृपा आदि प्राप्त होती है। चन्द्र रत्न मोती के साथ मूंगा रत्न धारण करना लाभकारी है। स्त्रियों के लिए यह विशेष रूप से उत्तम है। मंगल की महादशा या अन्तर्दशा में मूंगा रत्न पहनना अधिक लाभदायक कहा गया है।

- सिंह लग्न में मंगल चतुर्थ एवं नवम भाव का स्वामी होता है। मंगल सिंह लग्न के लिए योग कारक ग्रह है। सिंह लग्न के जातक मूंगा धारण करें तो उन्हें मानसिक शांति, गृह-भूमि प्राप्ति, धन का अर्जन, माता का सुख, यश, मान-प्रतिष्ठा एवं भाग्य-वृद्धि को प्राप्त होंगे। माणिक्य के साथ मूंगा धारण करना ऐसे जातक को और लाभदायक सिद्ध होता है। कारण यह है कि सिंह लग्न का स्वामी सूर्य एवं मंगल मित्र ग्रह हैं।
- कन्या लग्न में मंगल तृतीय एवं अष्टम स्थान का स्वामी कहा गया है। दोनों ही स्थान अशुभदायक हैं इसलिए कन्या लग्न के जातक को कभी भी मूंगा धारण नहीं करना चाहिए।
- तुला लग्न में मंगल द्‌वितीय एवं सप्तम भाव का स्वामी कहा गया है। दोनों ही स्थान मारक हैं। इसलिए तुला लग्न के जातक को मूंगा धारण करना हानिप्रद है।
- यदि तुला लग्न में मंगल द्‌वितीय भाव अर्थात् वृश्चिक राशि में हो तो मंगल महादशा में मूंगा धारण करने से आर्थिक लाभ हो सकता है। किन्तु प्रायः तुला लग्न के जातक मंगल का रत्न मूंगा न धारण करें तो अच्छा है।
- वृश्चिक लग्न में मंगल लग्नेश होता है इसलिए वृश्चिक लग्न में जातक मूंगा अवश्य धारण करें।
- धनुलग्न में मंगल पंचम त्रिकोण, द्‌वादश भाव का स्वामी होता है। जन्मकुण्डली में पंचम एवं नवम स्थान त्रिकोण कहलाते हैं। घनु लग्न में पंचम भाव का स्वामी होने से मंगल शुभ माना गया है। इसलिए धनुलग्न के जातक को मूंगा धारण करना चाहिए। मूंगा धारण करने से संतान सुख, बुद्धि, बल, यश, मान प्रतिष्ठा में वृद्धि होगी। मंगल की महादशा या अर्न्तदशा में मंगल रत्न मूंगा अवश्य धारण करना चाहिए।
- मकर लग्न में मंगल चतुर्थ एवं एकादश स्थान का स्वामी होता है। मंगल की महादशा, अन्तर्दशा में मंगल रत्न धारण करने से भ्रातृभाव, भूमि-भवन सुख तथा वाहन सुख की उपलब्धि होगी।
- कुंभ लग्न में मंगल तृतीय एवं दशम स्थान का स्वामी बनता है। यदि मंगल दशम स्थान में वृश्चिक राशि में हो तो मंगल की दशा में

मंगल रत्न मूंगा पहनने से मान-प्रतिष्ठा, यश, व व्यवसाय में प्रगति होती है।

- मीन लग्न में मंगल द्वितीय भाव एवं नवम् त्रिकोण भाव का स्वामी कहा गया है। मीन लग्न के जातक के लिए मंगल शुभ है अतः मंगल रत्न मूंगा धारण करना उचित है। मीन लग्न के जातक मूंगा के साथ पुखराज (पीला) एवं मोती रत्न धारण करें तो अति लाभदायक होगा।
- मूंगा को धारण करते समय तौल-कम-से-कम आठ कैरेट वजन का मूंगा धारण करना आवश्यक है। यह मूंगा ६ रत्ती वजन के सोने या पंच धातु में जड़वाकर धारण करना चाहिए।

मूंगा रत्न धारण करने की विधि

- बिना दृढ़ इच्छा-शक्ति के सिद्धि प्राप्ति असंभव है। बिना प्राण-प्रतिष्ठा किए कोई वस्तु या रत्न प्रभावदायक नहीं होता। भगवान की मूर्ति भी बिना प्राण-प्रतिष्ठा के पत्थर ही होती है। जब तक किसी भी ग्रह का रत्न प्राण-प्रतिष्ठित नहीं होता तब तक वह रत्न प्रभाव शून्य ही होता है। इसलिए जिन्हें रत्न धारण करना हो वे निम्न नियमों का पालन करें:
- जब चन्द्र मेष या वृश्चिक राशि में हो और मंगलवार का दिन हो और मृगशीर्ष, चित्रा या धनिष्ठा नक्षत्र हो, उस दिन सवेरे सूर्योदय से मध्याह्न पूर्व ही सोने या पंच धातु की अंगूठी बनाकर उसमें मूंगा जड़वाएं। रत्न अंगूठी में इस तरह बैठाएं कि वह त्वचा का स्पर्श करती रहे।
- अंगूठी दाएं हाथ की अंगूठे से चौथी यानि सूर्य की उंगली में या अंगूठे के बाद की अंगुली यानी गुरु की अंगुली में धारण करें।
- मध्याह्न से पूर्व लगभग ग्यारह बजे मंगल के यज्ञ-पूजन का अनुष्ठान करें। मंगल का यंत्र तांबे का बनवा लें। मंगल यंत्र एवं मंगल रत्न जड़ित अंगूठी की प्राण-प्रतिष्ठा करें। प्राण-प्रतिष्ठा का मंत्र इसी पुस्तक के 'सूर्य-रत्न माणिक्य' वाले अध्याय के अंत में दिया गया है। उसी मंत्र द्वारा रत्न एवं यंत्र की प्राण-प्रतिष्ठा करें। अब निम्न मंत्र से मंगल का अभिषेक करें

ऊं अग्निमूर्द्धा दिवः ककुत्पतिः पृथिव्याऽ अयम।

अपा थं रेता ४ सिजिन्वति। भौमायै नमः।

विधि पूर्वक मंगल यंत्र व मंगल रत्न अंगूठी की पूजा-आराधना करें। प्राण प्रतिष्ठा करने के बाद हवन करें। पके चावल, शुद्ध घी, कत्थे की लकड़ी की समिधाओं का हवन के लिए प्रयोग करें। निम्न मंत्र से ९८ या १०८ आहुतियां देते हुए हवन करें-

ॐ क्रां क्रीं क्रौं सः भौमाय नमः।

रत्न का प्रभाव मूंगा धारण करने के तीन वर्ष तीन दिन तक यह रत्न प्रभावी रहता है। उसके बाद उसका प्रभाव क्षीण हो जाता है। इसका प्रभाव क्षीण होने पर दूसरा रत्न खरीद कर धारण करना चाहिए।

११

शुक्र और इससे सम्बन्धित रत्न-हीरा (Diamond)

हीरा शुक्रग्रह का प्रिय रत्न है। हीरा रत्नों का राजा कहा गया है। हीरा अपने अनुपम गुणों के कारण रत्नों में सर्वश्रेष्ठ रत्न कहा गया है। देवताधिपति इन्द्र की अजेय शक्ति को अक्षुण्ण बनाए रखने वाला अस्त्र वज्र है। यह अस्त्र अजेय, एवं अकाट्य है। वज्र को कहीं शूरवीर सेनापति के अजेय शस्त्रास्त्रों का समूह रूप में कहते हैं तो कहीं सूर्य की प्रखर किरणों को और विद्वान कहीं अज्ञानान्धकार को नष्ट करने वाली ज्ञान की जाज्वल्यमान ज्वाला शक्ति को भी वज्र कहते हैं। खनिज के रूप में पाये जाने वाले इस बहुमूल्य रत्न हीरे को भी विद्वत्जन देवभाषा संस्कृत में 'वज्र' ही कहा है। अंग्रेजी शब्द 'डायमंड भी' 'एडमास' से बना है जिसका अर्थ अजेय है। विभिन्न भाषाओं में इसे इस तरह जाना जाता है:

संस्कृत-वज्र, पवि, विद्युत, हीरक, अर्क, अभेद्य, कुलिश।

हिन्दी-पंजाबी हीरा।

उर्दू-फारसी-अल्मार।

अंग्रेजी-Diamond ।

भौतिक गुण-

कठोरता १०

आपेक्षिक गुरुत्व-३.१५-३.५३ तक

वर्तनांक-२.४१७-२.४६५ (लाल प्रकाश में २.४०२, पीले प्रकाश में-२.४१७, हरे प्रकाश में २.४२७ तया बैजनी प्रकाश में २.४६५)।

बनावट

यह शुद्ध रवेदार कोयले की जाति का है। इससे कठोर और कोई रत्न या पदार्थ नहीं होता। पूर्ण ज्वलन के पश्चात कार्बन डाईऑक्साइड गैस बन जाती है।

खानों से प्राप्त होने वाले पदार्थों में जिसमें तीन गुण सौन्दर्य, टिकाऊपन और दुर्लभता पाए जाते हैं उन्हें रत्न कहा गया है। नेत्र को प्रिय एवं आकर्षक लगने वाला पार्थ सौन्दर्य का बोधक है। किन्तु जो पदार्थ सौन्दर्य युक्त होने पर भी टूट-फूटकर, घिसकर बिखर जाय वह कितना भी सुन्दर हो, संग्रहणीय नहीं होता। इसलिए सौन्दर्य के साथ टिकाऊ होना भी आवश्यक है यदि पदार्थ सौन्दर्यवान व टिकाऊ होने पर भी सर्व सुलभ हो या आसानी से प्राप्त हो जाता हो तो भी उसके संग्रह की इच्छा नहीं होती अतः दुर्लभ होना भी आवश्यक है।

हीरा रत्न स्वयं तो उच्च कोटि का है ही, धारण करने पर धारणकर्ता को भी उच्चकोटि का महान बना देता है। यह जिस किसी को छू देता है उसको भी अधिक सुन्दर एवं आकर्षक बना देता है। पानी में बहती हुई लकड़ी पर पन्ना या पुखराज को रखिए तो पन्ना स्वयं दहक उठेगा और पुखराज प्रकाशमान हो जाएगा किन्तु यदि हीरा रख दिया जाय तो वह लकड़ी अधिक श्वेत, मनमोहक, रवेदार और विशुद्ध दिखाई देगी। निस्तेज, शक्तिहीन व्यक्ति के पास हीरा होने से वह साहसी हो जाता है। हीरों के साथ जड़ित अन्य रत्नों को हीरा और प्रकाशमान कर देता है।

सुन्दर दिखाई देने वाला हीरा जहां अन्य साथ के रत्नों की शोभा द्विगुणित कर देता है वहीं जब वह खानों से पाया जाता है तो वह अपनी ही जाति के एक पदार्थ की झिल्ली में अष्टकोण या षट्कोण खरड़ के रूप में पाया जाता है। हीरे की जाति (आवरण) को पहचान करने के लिए उस आवरण को हटाना पड़ता है। फिर हीरे को पॉलिश कर चमकाया जाता है।

सर्वप्रथम हीरे की पॉलिश करने के लिए जिस पदार्थ की आवश्यकता होती है उसकी खोज भारत में ही हुई। हीरे की पॉलिश के लिए उसी जाति के पदार्थ के कणों जिनकी कठोरता हीरे के समान थी, प्रयोग में लाया गया। सर्वप्रथम तेरहवीं शती में भारतीय रत्न निर्माताओं ने हीरे के टुकड़ों से ही हीरे को घिसकर अच्छी बनावट के नग बनाने की पद्धति का आविष्कार किया। फ्रांसीसी जौहरी ट्वेनियर

ने व्यक्त किया 'भारत में दोष रहित हीरों को नहीं कांटा जाता था। दोष युक्त हीरों को ही काट कर उनके अनीक बनाए जाते थे।› भारत को इस बात का गर्व होना चाहिए कि जब पाश्चात्य देशों में आधुनिक सभ्यता का उदय भी नहीं हुआ था उससे अधिक समय पूर्व से ही भारत में हीरों का उद्योग विकसित था। इस प्रकार से शोधित हीरों का यहां से विदेशों को निर्यात होता था। मध्यकाल में यह उद्योग भारत में अपने उत्कर्ष पर था। इस काल में मुगल बादशाहों का हीरों के प्रति आकर्षण बहुत अधिक था।

चन्द्रगुप्त के महामंत्री आचार्य चाणक्य ने अपने प्रसिद्ध ग्रन्थ 'अर्थ-शास्त्र' में हीरों के विषय में विस्तृत वर्णन किया है। उस समय हीरों के विपणन व्यवस्था पर भी उन्होंने प्रकाश डाला है। हीरों की उत्पति, उनके रंग के अनुसार हीरों के विभिन्न नामों का वर्णन अर्थशास्त्र में किया गया है।

चाणक्य ने हीरे-मोती आदि प्रमुख रत्नों को राजकोष अथवा दूसरे शब्दों में राज्य के विकास एवं अर्थ-स्वतंत्रता का प्रमुख आधार बताया है। अपने अर्थशास्त्र में उन्होंने लिखा है:

आकार प्रभवः कोषः कोषाद् दंण्डः प्रजायते।

पृथिवि कोष दण्डाभ्यां प्राप्यते कोष भूषणम॥

अर्थात राजा का कोष खनिजों से समृद्ध होता है, राजकोष से ही सेना की व्यवस्था ठीक होगी और सेना के शक्तिशाली होने पर राज्य की रक्षा एवं प्रप्ति होगी।

'बृहत्संहिता' में भी रत्नों का वर्णन आया है जिसमें हीरे का नाम भी आया है। वीणा नदी के किनारे पर शुद्ध हीरा मिलता है। काले रंग का हीरा सूरपारक देश में उत्पन्न होता है। शिरीष पुष्प के समान हीरा कौशल देश में मिलता है। हिमालय पर्वत पर उपलब्ध हीरा कुछ लालिमा लिए रहता है। हलका लाल रंग का हीरा सौराष्ट्र देश में मिलता है। हलके पीले रंग का हीरा कलिंग देश में मिलता है। श्याम (काला) हीरा पौण्ड्र देश में मिलने का वर्णन है। षट्कोण हीरों का देवता इन्द्र है। शुक्ल वर्ण हीरे का देवता यम है। स्त्री के योनि के सदृश हीरा वारुण होता है। सर्पाकार मुख वाले काले, पीले और नीले रंग वाले हीरे के देवता विष्णु हैं। सिंहाड़े या व्याघ्र के समान हीरे के देवता अग्नि हैं।

अशोक के पुष्प सद्दश रंग वाले या जव के समान हीरे का नाम वायव्य है। नदी आदि की धाराएं, खानें और इधर-उधर के क्षेत्र यही तीन स्थान हीरे के प्राप्त होने के माने गए हैं।

जो हीरा साधारण जल में किरणों के सद्दश तैरता रहे, मुलायम, बिजली, अग्नि या इन्द्रधनुष के समान रंग वाला एवं किसी वस्तु से न टूटने वाला हो वह शुभतादायक और हितकारी होता है। जिन हीरों में कौवे के पैर, मक्खी, बालों सद्दश, या चोट के चिह्न हों अथवा जो रवेदार न हों, एवं प्रत्येक कोने में सूत सद्दश धारियां हों, जो दग्ध, मलिन, आभाहीन एवं जर्जर हों वे हीरे शुभदायक नहीं माने गए हैं। जो हीरे पानी के बुलबुले के समान, आगे से फटे हुए, चपटे, वासी फल के समान लंबे हों वे भी शुभदायक नहीं होते।

बनावट

हीरा रासायनिक पदार्थ शुद्ध कार्बन है। इसमें किसी दूसरे तत्त्व की मिलावट नहीं है। इसे ताप पर रखने पर सारा-का-सारा कार्बनडॉईआक्साइड गैस बनकर उड़ जाता है। शेष कुछ नहीं बचता। रंगीन हीरों को जलाने पर कुछ अवशेष बचता है। हीरे पर अम्लों का कोई प्रभाव नहीं पड़ता।

प्रकृति प्रदत्त हीरे का रूप

खानों से हीरे घनाकार, षट्कोण, अष्टानीकों में या बारह अनीक युक्त रूप में मिलते हैं। भारत में प्राप्त हीरे आठ तिकोने अनीकों में प्राप्त होते हैं और ब्राजील से प्राप्त हीरे द्वादशानीक, समानान्तर, असमान चौकोर रूप वाले होते हैं। ये तिकोन चिह्न तिकोने आनीकों पर सूक्ष्मदर्शी यंत्र से देखने पर ही गड्ढ़े रूप में दिखाई देते हैं और इनके किनारे और शिखर उस अनीकों के किनारे व शिखर से उलटी दिशा में मिलते हैं जिसपर ये स्थित होते हैं। चौकोर अनीकों के कर्ण के सामान्तर धारियां होती हैं। ये अनीक ऊपर को कुछ उभार (उन्नतोदर) लिए होते हैं तथा इसके किनारे पैने होकर कुछ-कुछ गोल होते हैं। यह विशेषता हीरे के पहचान में बहुत सहायता करती है। हीरे अधिकतर विद्युत के कुचालक होते हैं। इनको रगड़ने पर धन विद्युत आवेश उत्पन्न होता है। किन्तु हीरा ऊष्मा (ताप) का सुचालक होता है। इसका स्पर्श करने पर यह ठंडा प्रतीत होता है क्योंकि अंगुली की ऊर्जा को यह आगे बढ़ा देता है।

हीरा अत्यन्त ही कठोर रत्न है। इतना कठोर कोई भी खनिज नहीं होता। यह इतना कठोर होता है कि इस पर दूसरे पदार्थों से रगड़ने पर खरोंच नहीं आती। हीरे में कठोरता एक समान नहीं रहती। अलग-अलग स्थानों में कठोरता अलग-अलग कम अधिक होती है। बोर्नियो तथा आस्ट्रेलिया में प्राप्त हीरे अफीकी हीरों से अधिक कठोर होते हैं। अफ्रीका से कुछ ऐसे भी हीरे प्राप्त हुए है जो हवा लगने से कठोर हो गए। हीरे का एक गुण यह भी है कि एक ही हीरा कहीं से अधिक कठोर होता है कहीं से कम।

हीरा अत्यधिक कठोर होने पर भी अनीकों के समानान्तर तल पर आसानी से चिर जाता है। यद्यपि इसके अत्यधिक कठोर गुण होने के कारण लोग यह धारणा बना लेते हैं कि हीरा तोड़ा नहीं जा सकता किन्तु हीरा फर्श पर गिर जाने पर भी टूट जाता है। कहने का तात्पर्य यह है कि हीरा अत्यंत भंगुर होता है। दक्षिण अफ्रीका में एक लोहार ने यह विश्वास करते हुए कि यह टूट नहीं सकता, हथौड़े की चोट कर के एक हीरे को नष्ट कर दिया।

प्राचीन मान्यता के अनुसार यदि हीरे को बकरी के ताजे गरम दूध में डुबोकर रखा जाय तो यह सहज ही टूट जाता है।

आक्सीजन भरे शीशे के जार में हीरा रखकर यदि उस पर अग्नि पैदा करने वाले शीशे द्वारा सूर्य की किरणें केन्द्रित की जांय तो वह जल जाता है। सन् १८१६ ई० में सर हम्फी डेवी ने इस विधि से परीक्षण करके यह प्रमाणित किया था कि हीरा विशुद्ध कार्बन है।

रंग-हीरे का रंग प्रकृति के अनुसार सर्वथा निर्मल तथा पारदर्शक होता है। इसकी सतह पर ज्वलंत चमक होती है जिसे हीरक द्युति कहते | हैं। बिलकुल पारदर्शक हीरा दोष रहित कहलाता है और बहुमूल्य होता। है। यदि इसमें कुछ पीलापन हो तो उसकी कीमत कम हो जाती है। यदि थोड़ा-सा पीलापन लिए रंगहीन तथा पारदर्शक हीरा हो तो वह सबसे कीमती हो जाता है। हीरे हरे रंग के भी प्राप्त होते हैं। दक्षिण अफ्रीका के हीरे भूरे एवं बादामी रंग के होते हैं। मणिक्य या नीलम के समान गहरे रंग के हीरे नहीं मिलते। प्राचीन ग्रन्थों की मान्यता के अनुसार रंग की दृष्टि से हीरे आठ प्रकार के कहे गए हैं- (१) अत्यंत सफेद, (२) वानस्पतिक हरे रंग के, (३) गेंदा के समान बसंती रंग के, (४) कमल के रंग के, (५) नीले रंग के, (६) श्यामल, (७) तेलिया, (८) पीत हरा।

यदि हीरे को अधिक तापमान पर गर्म किया जाय तो हीरे का रंग उतर जाता है किन्तु ठंडा होने पर वह अपने पुराने रंग में आ जाता है। यदि हीरे को सूर्य की तेज किरणों में रखकर अंधेरे में ले जाया जाय तो उसमें से इंन्द्रधनुषी किरणें निकलती है। यह भी हीरे का एक आकर्षक गुण है।

एक परखनली में हीरा रखकर वायु निस्सारक यंत्र द्वारा उसकी वायु निकाल दें एवं परखनली में विद्युत धारा प्रवाहित करें। अब उस हीरे में से इतना अधिक प्रकाश निःसृत होगा जिससे पुस्तक आसानी से पढ़ी जा सके।

हीरे के भिन्न भेदों के अनुसार आपेक्षिक गुरुत्व ३.१५ से ३.५३ त्तक होता है। शुद्ध और स्वक्ष मणिभ का आपेक्षिक गुरुत्व ३.५२ होता है।

हीरे ही रत्न की श्रेणी में गिने जाते हैं। कटे रत्न में ज्वलंत हीरक द्युति पायी जाती है। औद्योगिक हीरों की चमक मंदी होती है। हीरे का वर्तनांक बहुत अधिक होता है। कम वर्तनांक वाले पदार्थों में प्रविष्ट प्रकाश किरणें पार हो जाती हैं किन्तु हीरे में प्रवेश करने वाली किरणें परावर्तित होकर वापस लौट आती हैं। इसीलिए हीरे में युति बहुत अधिक होती है। हीरे में अपकीर्णन भी बहुत अधिक होता है। प्रकाश की श्वेत किरण पदार्थ में से निकलते समय सतरंगी किरणों में बंट जाती है।

क्ष-किरणों में हीरा पारदर्शक दिखाई देता है। नकली हीरे पारदर्शक नहीं होते। क्ष-किरण के प्रयोग से असली-नकली हीरे की पहचान करना सुगम होता है।

शुक्र नीति, गरुण पुराण आदि प्राचीन ग्रन्थों के अनुसार जो हीरा जल में तैरता है वह सर्वश्रेष्ठ हीरा माना जाता है। जल में डूबने पर भी हीरे की दमक-चमक उतनी ही रहती है जितनी वायु में रखने पर थी। जल, ब्रोमोफार्म, मिथाइलीन आयोडाइड में डुबाने पर उत्कृष्ट एवं उत्तम हीरा तली से ऊपर उठा हुआ तैरता दिखाई देता है।

मंगलमय हीरे-जो हीरा बहुत हलकी नीली झाई लिए रंगहीन एवं स्वक्ष हो अथवा नीली और लाल किरण छोड़ता हुआ रंगीन हो, काले बिन्दुओं से रहित हो, वह शुभ, मंगलकर्ता एवं उत्कृष्ट कोटि का हीरा माना गया है। शंख के समान सफेद, बिल्लौर के समान चमकता, चन्द्र के समान रोचक हीरा सर्वोत्तम माना जाता है। चारों ओर लाल किरणें बिखेरता हुआ सफेद अयवा लाल-पीला-सफेद अथवा

खरगोश की आखों के रंग के समान रंग वाला हीरा दूसरी श्रेणी या क्षत्रिय हीरा माना जाता है। जो हीरा पीलापन लिए श्वेत हो, सान पर तेल या पानी से बुझाई हुई तलवार की-सी चमक वाला हीरा तीसरे दर्जे (वैश्य) का हीरा होता है। काला झाई युक्त सफेद हीरा शूद्र वर्ग का माना जाता है। वैसे ये सभी। हीरे असली होते हैं।

हीरे में दोष

हीरे में निम्नलिखित दोष होते हैं:

१. **छींटा या बिन्दु-**हीरे पर जल के समान विन्दु या छींटा होने पर वह दोषी हीरा कहा जाता है। यदि छींटा ताल दिखाई दे तो वह सर्वधा त्याज्य है। यदि यह छींटा अयवा सफेद रंग का दिले तो भी दोष युक्त होता है।

२. **कौए के पैर के समान** काले बिन्दु हीरे पर हों तो वह काक पद दोष कहलाता है। इस प्रकार के हीरे धारण करने से मृत्यु प्राप्त होती है।

३. **यव दोष-**यदि हीरे पर यव जैसी आकृति दिखाई दे और उस पर चार रंगों श्वेत, पीला, लाल और काला-इन चार रंगों में से वे यवयुक्त बिन्दु यदि सफेद वर्ण के दिखाई पड़ें तो वे मंगल कारक होते हैं।

बाकी तीन रंग के यव सद्दश बिन्दु वाले हीरे अमांगलिक कहे गए है। मल दोष हीरे की धार, कोना तया बीच में इन तीन स्थानों पर मल होना सम्भव होता है। ऐसे हीरे अशुभ होते हैं।

रेखा दोष-हीरे पर चार प्रकार की रेखाएं हो सकती हैं १ बाएं भाग से जाने वाली रेखाएं, २. दक्षिण भाग से जाने वाली रेखाएं, ३ रेखा क्रास करती रेखाएं, ४ रेखा को पार कर ऊपर की ओर जाने वाली रेखाएं। इनमें से पहली तरह का रेखायुक्त हीरा उत्तम कहा जाता है। इसके अतिरिक्त तेलियापन, जर्दी, भूरापन, खड्डा, चीर, चमक की कमी और ज्यादा कड़ापन भी हीरे के दोष माने गए हैं।

आकर्षक हीरे की काट, बनावट- यह पहले से ही स्पष्ट किया जा चुका है कि हीरा जैसा आकर्षक दिखाई देता है वैसा ही आकर्षक खानों से निकलने पर नहीं होता। कई बार मणिभ (Crystal) का थोड़ा-सा ही भाग पारदर्शक, निर्मल तथा अच्छे रंग का होता है। ऐसे रत्नों को ठीक प्रकार से काटकर अनीक निर्मित

करने पर उसका मूल्य कई गुना बढ़ जाता है। हीरे को काटने के लिए आजकल ज्वलंत काट का प्रयोग होता है। इससे पहले पलट काट, गुलाबी काट, खदान काट आदि में काटा जाता था। ज्वलंत काट से हीरे में अनोखी चमक और दमक उत्पन्न होती है।

कृत्रिम हीरा

आजकल कृत्रिम रत्नों को तैयार किया जाता है। आजकल कृत्रिम रंग, उपचार, ताप तथा दाब, रेडियम द्वारा रश्मि विकिरण आदि विधियों से उच्चकोटि के दिखाई पड़ने वाले कृत्रिम रत्न तैयार होते हैं। इमीटेशन भी बनाए जाते हैं। गरुण पुराण के ६८ वें अध्याय में कृत्रिम हीरे का उल्लेख करते हुए बताया गया है:

अयसा पुष्परागेण तथा गोमेदकेन च।

वैदूर्य स्फटिकाभ्यां च कावैश्य पृथग् विधैः।

प्रतिरूपाणि कुर्वन्ति वजस्य कुशलाजनाः॥

अर्थात चालाक लोग लोहा, पुखराज, गोमेद, वैदूर्य, स्फटिक तथा कांच से नकली हीरे तैयार करते हैं।

कृत्रिम हीरे चार प्रकार के हो सकते हैं-१. संश्लिष्ट, २. पुनर्निर्मित, ३. इमीटेशन (अनुकृत), ४ द्विक एवं त्रिक।

संश्लिष्ट प्रकार का ऐसा कोई हीरा अभी तक नहीं बन पाया है जो व्यापारिक दृष्टि से लाभदायक हो। सन् १९५५ में सर्वप्रथम ग्रेफाइट के कणों पर अथवा खण्ड पर एक लाख वायु मंडल के दबाव से अधिक दबाव पर ३७३०० तापमान पर संश्लिष्ट हीरा बनाया गया था। यह कहा जा रहा है कि रूस के वैज्ञानिकों ने नकली हीरा तैयार करने का कोई यंत्र ईजाद किया है किन्तु अभी संश्लिष्ट या रासायनिक विधि से कोई हीरा तैयार नहीं हो सका है जो असली हीरे से बराबरी कर सके। पुनर्निर्मित हीरा भी अभी तक नहीं बनाया जा सका है। संश्लिष्ट स्टाइल तथा संश्लिष्ट नीलम से द्विक हीरे बनते हैं। कांच और बिल्लौर से तैयार किए हीरे अनुकृत हीरे कहलाते हैं।

असली हीरे का प्रयोग शोभा के लिए तो होता ही है इसके साथ-ही-साथ असली हीरे का प्रयोग उद्योगों में भी होता है। जिन हीरों के रंग निखारे नहीं जा सकते

या जिन हीरों में चमक नहीं आ पाती ऐसे हीरे उद्योगों के प्रयोग में आ जाते हैं। ये हीरे पारदर्शक और अपारदर्शक दोनों होते हैं। इस प्रकार के हीरे प्रायः सभी उद्योगों में होते हैं। बड़ी-बड़ी इमारतों, सड़कों के पुल बनाने एवं पहाड़ियों को तोड़ने में जिस ड्रिल मशीन का प्रयोग किया जाता है या तेल निकालने के लिए कुओं की खुदाई में प्रयुक्त होने वाली ड्रिल मशीनों में इन्हीं हीरों का प्रयोग किया जाता है। जिस कार्य को करने में महीनों का समय लग जाता था आज इन मशीनों की सहायता से कुछ ही घंटों या दिनों में कर डालते हैं। हीरे से जड़ित मशीनों से यह कार्य सुगम हो गया है।

हीरा रत्न की यह सबसे बड़ी विशेषता है कि यह चिरकाल तक न तो घिसते हैं और न खराब होते हैं। किन्तु औद्योगिक हीरे घिस जाते हैं। औद्योगिक हीरों को भी चार श्रेणियों में बांटा गया है:

१. **सूक्ष्म औद्योगिक हीरे** ये हीरे औजार बनाने में प्रयुक्त होते हैं। ये हीरे आकर्षक नहीं होते।

२. **रुक्ष या बोर्ट हीरे**-ये हीरे अनियमित आकार के एवं शुद्ध नहीं होते। आभूषण बनाने में इनका प्रयोग कदापि नहीं किया जा सकता। अच्छे और छोटे हीरे एक कैरेट की तौल के २० हीरे मिलाकर उनसे ड्रिल मशीन के फल को बनाया जाता है। काटने वाले हीरे सबसे निम्न प्रकार के होते हैं। कांच काटने के हीरे यही होते हैं। इमारती पत्थर को तोड़ने व अन्य हीरों से निर्मित औजारों में इन्हीं हीरों का प्रयोग होता है।

गोल हीरे-इस प्रकार के हीरे बहुत ही कठोर तथा दृढ़ होते हैं। हीरे से बनी बहुत छोटे-छोटे रवों की गोल आकृति को गोल हीरे या बैलास कहते हैं। खुदाई या औद्योगिक कार्य में इनका प्रयोग किया जाता है।

काले हीरे या कार्बनेडो-हीरे का यह विभेद अपारदर्शक, काला या स्लेटी तथा खूब दृढ़ एवं मजबूत एवं सघन होता है। इस प्रकार के हीरे का आपेक्षिक गुरुत्व असली हीरे से कुछ कम यानी ३.१५ से ३.२९ होता है। इनका प्रयोग गहरे कुओं की खुदाई एवं लेथ मशीनों में उपयोगी हीरकमय औजारों में किया जाता है।

प्राप्ति स्थान

हीरे का उत्पादक स्थान अफ्रीका है। यद्‌यपि वहां की पुरानी खानें बन्द हो गयी हैं। किन्तु नयी खानों से भी हीरे मिलने लगे हैं। अफ्रीका में बार्कली वेस्ट, किम्बरली, बोशप, जेगरस फान्टीन, ब्रनस्टेड की हीरे की खानें प्रसिद्ध हैं। आजकल विश्व का ९५% से अधिक हीरे दक्षिण अफ्रीका से ही प्राप्त होते हैं। दक्षिण अफ्रीका के अतिरिक्त पश्चिमी अफ्रीका में भी हीरे के पत्थर प्राप्त होते हैं। यहां पृथ्वी की सतह से एक-दो फुट नीचे ही हीरे प्राप्त हो जाते हैं। यहां से प्राप्त हीरे के पत्थर छोटे और कुछ पीला रंग लिए होते हैं और अधिक मूल्यवान नहीं होते।

रोडेशिया में सोमाबुल जंगल में खेलों नामक क्षेत्र के पुरानी नदियों की सूखी तलहटी में भी हीरे के पत्थर मिलते हैं। यहां से हीरे के पत्यर, टोपाज, क्राइसोबेरिल, नीलम पत्थरों के साथ प्राप्त होते हैं। पश्चिमी अफ्रीका में गोल्ड कोस्ट, कांगो और अंगोला में भी हीरे के पत्थर मिलते हैं। यहां से प्राप्त पत्थर अच्छे किस्म के बहुत ही आबदार किन्तु छोटे होते हैं।

आस्ट्रेलिया में न्यूसाउथवेल्स में भी हीरे के पत्थर पाए जाते हैं। किन्तु अब वहां की खानों से हीरे की आमद कम हो गयी है। बोर्नियो में भी हीरे के पत्थर (१० से १५ कैरेट तक के) मिलते हैं। सियरालियोन एवं टैंगानिका में भी अच्छे एवं उच्च कोटि के पत्थर पाए जाते हैं। आस्ट्रेलिया में दक्षिणी क्वींसलैण्ड और संयुक्त राष्ट्र अमेरिका में अराकानास, इण्डियाना और कैलीफोर्निया में भी हीरा पत्थरों की खानें हैं। परन्तु उनकी संख्या सीमित है।

भारत में भी हीरा पत्थर का प्राप्ति स्थान मध्यप्रदेश में पन्ना नगर में है। मध्यप्रदेश में चरवारी, कोठी आदि क्षेत्रों से भी हीरा उपलब्ध होते हैं। दक्षिण भारत में गोलकुंडा में भी हीरा पाया गया। किसी समय गोलकुण्डा की खानें हीरा एवं रत्न उत्पादन के लिए जगत प्रसिद्ध थीं किन्तु वह खानें अब बन्द हो चुकी हैं। छोटे-छोटे हीरे मद्रास में अब भी पाए जाते हैं। दक्षिण भारत में अनन्तपुर, बेल्लारी, बेलपल्ली, कोठ पेटा, कडापा, गुरुपुर, गुंटूर, मड़गल, मुलवरम, पोलीलट, गोटपिल्ली, मालपिल्ली, पेटियाल, उस्टपल्लि, कुर्नूर, बन्नूर, गुरुमफोट, देवनूर, गजेट पिल्ली, गुडियाद, अदवरम और पोलुर आदि स्थानों में पाए जाते हैं।

भारत में ही उड़ीसा में काला हंडी, पलामू, रिवमा एवं बिहार में सम्बलपुर के निकट भी हीरे की खानें हैं। किन्तु अफ्रीका की अपेक्षा भारत का उत्पादन बहुत कम है। गोलकुंडा से प्राप्त हीरा लोचदार एवं अत्यन्त आकर्षक होता है। दक्षिण अफ्रीका से प्राप्त हीरा इतना आकर्षक एवं लोचदार नहीं होता।

छींटे की जांच

हीरे के समान ही दूसरे रत्न संश्लिष्ट, स्टाइल, स्टैशियमटिटनेट, संश्लिष्ट हीरा, कांच या स्फटिक का बना इमीटेशन (अनुकृति हीरा), विलेपित हीरा, गोमेद, संश्लिष्ट श्वेत नीलम एवं स्पाइनल, सीसा या कांच का बना इमीटेशन, पीला या भूरा स्फीन, हरा डेमानटाइड, तामड़ा है जिनसे हीरे का भ्रम हो सकता है या हीरे के नाम पर धोखा देकर जौहरी बेच लेते हैं।

असली हीरे की पहचान की जांच इस प्रकार की जाती है

१. यदि जांच के लिए प्रयुक्त हीरा असली है तो उस चमकदार हीरे के टुकड़े की ऊपरी सतह जिसकी पॉलिश नहीं हुई है, सतह पर अद्वितीय तंतु या रेशे के समान बनावट होगी। क्योंकि हीरे के टुकड़े को गोलाकार आकृति में करने के लिए खरीदते समय हीरे की सतह की आकृति जैसी बनती है वैसी किसी अन्य रत्न की नहीं होती।

२. काटे हुए एवं सुन्दरीकृत हीरे की सतह के ऊपर या इसके निकट मूल आवरण पर कुछ-न-कुछ प्राकृतिक अंश अवश्य बचे रहते हैं। इन बचे प्राकृतिक अंशों पर हलके गड्ढे या त्रिकोणाकार आकृतियां दिखाई पड़ती हैं जो सामान्यतः हीरे की सामानान्तर असमान चतुर्भुज अनीकों पर एवं त्रिभुजाकार अनीकों पर प्राप्त होती हैं। किन्तु ये चिह्न किसी भी नकली हीरों पर नहीं प्राप्त हो सकते।

३. सुन्दर कटे हीरे की अपनी एक विशेष चमक होती है। जिसे हीरक द्युति कहते हैं। ऐसी दमक किसी और रत्न में नहीं पायी जाती। गोमेद जो हीरा कह कर भी व्यापारी धोखे से बेच लेते हैं, उनकी दमक हीरे के सदृश कभी नहीं हो सकती बल्कि गोमेद में विरोजा जैसी चमक होती है।

४. हीरा रत्नों में सबसे कठोर रत्न है। यदि हीरे से नीलम, माणिक्य आदि रत्नों पर रगड़ने से खरोंच पड़ जाए तो असली हीरा समझना चाहिए। हीरा हाथ से नीचे गिरने पर भी टूट सकता है। यह भंगुर रत्न है।

५. असली हीरे में प्रविष्ट प्रकाश हीरे के अन्दर से परावर्तित होकर लौटकर हीरे की द्युति में वृद्धि करते हैं। प्रकाश पार नहीं जाता। इसके परीक्षण के लिए जिस हीरे के खण्ड का परीक्षण करना हो उसके पीछे अंगुली लगाकर सामने से अंगुली देखने का प्रयास करिए। यदि वह हीरे का टुकड़ा असली होगा तो अंगुली दिखाई नहीं देगी।

६. हीरे से प्रकाश की किरण का अपर्वतन (सप्तरंगों का बिखराव) अत्यधिक मात्रा में निःसृत होता है। यदि हीरा असली होगा तो उसकी चोटी वाले हिस्से (फलक) में से भीतर देखने पर प्रकाश की इन्द्रधनुषी चमक दिखाई नहीं देगी। रंगहीन रत्नों में से गोमेद में ही यह स्थिति पायी जाती है परन्तु श्वेत गोमेद में दुहरावर्तन होता। है। इसलिए उसके पृष्ठ भाग के अनीक दोहरे दिखते हैं। कठोरता का परीक्षण करने पर गोमेद और हीरे का अन्तर स्पष्ट हो जाता है।

अन्य कुछ ऐसे रत्न हैं जो देखने में एवं उनके गुण भी हीरे के समान दिखाई देते हैं। इसमें एक रत्न है- स्ट्रांशियम टिटनेट। यह रंग रहित, घनाकार, इकहरा, वर्तनांक २.४ एवं प्रकाशीय अपवर्तन हीरे से चार गुना, हीरे के समान इन्द्रधनुषी रंग बिखेरने वाला श्वेत भी हीरे से अधिक होता है। इसकी घनता ५.१३ होती है किन्तु इसकी कठोरता ५.५ है। केवल इस कठोरता की ही कमी से हीरा और इसकी पहचान हो जाती है। स्टील की सूई से इस रत्न पर खरोच डालने से यदि खरोच बन जाती है तो यह उपर्युक्त गुणों के होते हुए भी स्ट्रेशियम टिटेनेट है। यदि खरोंच नहीं आती तो वह हीरा है। दूसरी पहचान यह है कि यदि इस रत्न पर क्ष-किरणें या अल्ट्रावायलेट किरणें डालने पर प्रतिदीप्ति नहीं दिखाई देगी। क्ष-किरणों से यह अपारदर्शक रहता है जब कि असली हीरे में इसके विपरीत प्रतिदीप्ति (florescence) दिखाई देगी एवं घेरा पारदर्शक होगा।

संश्लिष्ट हीरे यह हीरे अभी तक केवल औद्योगिक ही या उद्योगों में काम आने के लिए बन सके हैं। अभी तक इस श्रेणी के हीरे रत्न नहीं बने हैं।

अनुकृत या इमीटेशन (कांच के हीरे) - चमक में कांच के हीरे भी असली हीरे के समान लगते हैं किन्तु असली हीरे की अपेक्षा इनका वर्तनांक निम्न स्तर का होता है। असली हीरे एवं शीशे से बने हीरे का वर्तनांक का अन्तर रिफैक्टोमीटर द्वारा ही होता है। असली हीरा रत्न की कठोरता अधिक होती है जबकि नकली की कम। असली हीरे को रेती से रगड़ने पर खरोंच जल्दी नहीं आती। कांच का अनुकृत हीरा छूने पर असली हीरे की अपेक्षा अधिक गर्म लगेगा क्योंकि हीरे की अपेक्षा कांच ऊष्मा का कम सुचालक है। जीभ की त्वचा अधिक पतली होने के कारण ताप की परीक्षा और अधिक विश्वसनीय होती है। यह ध्यान रखना चाहिए कि दोनों नमूनों को हाथ से नहीं बल्कि चिमटी से पकड़ना चाहिए जिससे हाथ की ऊष्मा नमूने को प्रभावित न करे। कांच द्वारा निर्मित हीरे में एक या इससे अधिक बुलबुले हो सकते हैं। शीशे की अनुकृति में प्रायः धारियां होती हैं क्योंकि घटकों का मिश्रण अधूरा रह जाता है। कांच की अनुकृति में प्रकाश का अपवर्तन कभी भी नहीं होता।

द्विक या दो जुड़े हुए हीरे

द्विक के तीन वर्ग होते हैं- १. वास्तविक द्विक वह हीरे होते हैं जिनके शीर्ष और आधार दोनों एक ही प्रकार के पत्थर के होते हैं। २. दूसरे वर्ग के द्विकों में आधार और शीर्ष दोनों एक ही पत्थर के होते हुए भी उनके बीच शीशे की एक कठोर सतह चिपकी होती है और दोनों पत्थरों का वास्तविक रंग उसमें आ जाता है। इन्हें कभी-कभी त्रिक या त्रिपद कहते हैं।

३. तीसरे वर्ग के द्विक में सामने का हिस्सा तो असली हीरे का होता है और आधार उसी के अनुरूप रंग के शीशे के होते हैं। यही वर्ग सबसे अधिक प्रचलित है।

परीक्षा-लेंस द्वारा देखने पर जोड़ने वाली रेखा स्पष्ट दिखाई दे जाती है। यदि टुकड़े ताप पर गलाकर नहीं जोड़े गए हैं बल्कि किसी अन्य पदार्थ सीमेंट- आदि से जोड़े गए हैं तो अल्कोहल में डालने पर वे अलग हो जाएंगे। रिफैक्टोमीटर से देखने पर जोड़ की पहचान सुगमता से हो जाती है। यही हीरे का शीर्ष स्फटिक के आधार से जुड़कर बना हो तो चमकदार होने पर भी उसमें जाज्वल्यता

नहीं होगी। पत्थर को तिरछा करके देखने पर जुड़े हुए स्थान का चिह्न स्पष्ट दिखता है।

हीरे के गुणों का सही स्पष्टीकरण करने के लिए उसके भौतिक गुण-कठोरता, आपेक्षिक गुरुत्व, वर्तनांक, अपवर्तन आदि को मापने के लिए रिफैक्टो मीटर आदि यंत्रों एवं आर्वतक लेंसों आदि कुछ कारणों को प्रयोग में लाते हैं।

विसवविख्यात

१. **कोहिनूर हीरा** यद्यपि संसार में समय-समय पर अनेक ऐसे हीरे मिले हैं जो अपने भौतिक गुणों एवं परिमाण के कारण विश्व में ख्याति अर्जित किए। कुछ हीरे ऐसे अशुभ एवं मनहूस दुर्बल गुणों के लिए भी प्रसिद्ध हुए जो सदैव आंसू देने वाले थे। कुछ हीरे अपने प्रभाव के कारण रक्तपात में योगदान देने के कारण भी प्रसिद्ध हुए। किन्तु भारत से प्राप्त इतिहास प्रसिद्ध साथ ही विश्वप्रसिद्ध हीरे प्राप्त हुए जिसमें पहले स्थान पर कोहिनूर हीरा है।

यह जगत प्रसिद्ध कोहिनूर हीरा दक्षिण भारत में गोलकुण्डा की खान से सन् १३०४ में प्राप्त हुआ था। नादिरशाह के भारत पर आक्रमण तक यह हीरा मुगलों के आधिपत्य में रहा। नादिरशाह भारत विजय कर यह हीरा अपने साथ ले गया। बाद में नादिरशाह से यह हीरा महाराजा रणजीत सिंह के पास गया। आज यह हीरा ब्रिटिश राजा के राज मुकुट की शोभा बढ़ा रहा है। इस हीरे का वजन १८६.५ कैरट था। उसको और तराशकर अब वजन घटकर १०६.१ कैरट रह गया।

पिट या रीजंट हीरा सन् १७०१ ई० यह हीरा गोलकुण्डा से लगभग १५० मील दूर प्राप्त हुआ। विलियम पिट ने उस समय इस हीरे को जिसकी तौल ४१० कैरेट थी, २०,००० पौण्ड में खरीदा। बाद में यह हीरा कटकर एवं तराश कर १३६.९ कैरेट रह गया। इस समय यह हीरा पेरिस के लूबर अपोलो गैलरी में रखा गया है।

होप-कोलार (भारत) की खान से प्राप्त ४४.५ कैरेट का रंगीन हीरों में सबसे बड़ा यह हीरा जिसका रंग हरापन लिये नीला था, १६४२ ई० में एक फ्रांसीसी जौहरी ट्रावर्नियर ने प्राप्त किया। यह हीरा फेचन्सुजा के मुकुट के रत्नों के साथ सन् १७९२ में चोरी हो गया। १८३० में होप नामक लंदन के एक व्यापारी ने इस

हीरे को खरीदा जो कुछ कटा हुआ था। यह हीरा अमरीका, फ्रांस से होता हुआ इस समय इंगलैण्ड में है। इस हीरे का विशेष गुण जिसके कारण इसे प्रसिद्धि मिली, अपने स्वामी के लिए अशुभ होना है।

आर्लोफ-कोलार की खानों से प्राप्त यह हीरा सन् १६५० ई० में मुगलों द्वारा मैसूर में स्थित एक मंदिर में बह्माजी की मूर्ति की आंखों से चुरा लिया गया जिसका वजन १९४.८ कैरेट था। यह हीरा इस समय रूस के शाही राज दंड के ऊपरी सिरे पर लगा हुआ है।

नासक-८९.७५ कैरेट का नासपाती के आकार का यह हीरा

दक्षिण भारत की एक लूट में अंग्रेजों को मिला था। अब घटकर ७८. ६ कैरट का यह तिकोना हीरा संभवतः वेस्ट मिस्टर के ड्यूक के वंशजों के अधिकारों में है।

इसके अलावा ग्रेट मोगल २४० कैरेट, एक्सलसीयर २३९ कैरेट, दरियानूर १८६ कैरेट, निजामतूर १८० कैरेट, फ्लोरेंटाइन १३३ कैरेट, जॉकर १७० कैरेट, कोलेसो १३० कैरेट, शाह ८८.७० कैरेट, सेंती-५३ ७५ कैरेट, टोफ-१२५ केरेट आदि जगत प्रसिद्ध हीरे हैं।

हीरे के औषधीय गुण

तेज ज्वर के होने में ज्वर का वेग कम होने के लिए, बुद्धि की प्रखरता के लिए, साहस एवं संतुष्टि प्राप्ति के लिए, धैर्य में वृद्धि के लिए, वीर्य वृद्धि के लिए, शरीर की पुष्टता में वृद्धि आदि औषधीय गुण हीरे में हैं। जलोदर, तपेदिक, भगंदर, मधुमेह, अतिसार, अजीर्ण, वायुप्रकोप आदि रोगों में भी हीरा औषधि का कार्य करता है।

मंदाग्नि रोग होने पर हीरे का भस्म शहद के साथ सेवन करने से तत्काल आराम मिलता है। भूख में वृद्धि होती है। वीर्यहीन होने या शीघ्रपतन में एवं वीर्य पतला होने के कारण संतति उत्पादन क्षमता न होने की स्थिति में हीरा की भस्म दूध की मलाई के साथ सेवन करने से लाभ मिलता है।

नपुंसकत्व, शारीरिक दुर्बलता, अतिसार, अजीर्ण, वायु प्रकोप आदि रोग मात्र हीरा धारण करने से ही समाप्त हो जाते हैं।

हीरे में दैवीय शक्ति

हीरे में चमत्कारिक गुण एवं कठोरता के कारण महर्षियों ने हीरे को वज्र की संज्ञा दी। देवाधिदेव इंद्र जब किसी भी शस्त्र से वृत्तासुर का वध करने में अक्षम रहे तो महर्षि दधीचि की अस्थियों से वज्र का निर्माण कर उसका वध किया था। इसी प्रकार के गुण होने के कारण हीरे को भी 'वज्र' शब्द प्रदान किया गया। हीरा स्वयं अजेय एवं अमूल्य रत्त्न है इसलिए इसको धारण करने वाला भी अजेय बन जाता है। इस रत्न के अजेय गुण होने के कारण प्राचीन युद्धों में रथियों, महारथियों ने सदैव हीरा धारण कर ही युद्ध किया।

हीरा शुक्र ग्रह का रत्त्न है। इसे 'भार्गव प्रिय' ऐसा भी कहा जाता है। शुक्र का रत्न होने के कारण हीरा धारणकर्ता व्यक्ति वीर्य दोष से पीड़ित होने पर भी काम शक्ति को प्रज्वलित कर उसकी स्तंभन शक्ति को बढ़ाने का कार्य हीरा करता है। हीरे में अद्भुत वशीकरण क्षमता है। हीरा मुंह में धारण कर संभोग करने से अद्भुत स्तम्भन शक्ति बढ़ती है और अत्यधिक काम सुख प्राप्त होता है। हीरा धाराण करने वाले को जादू-टोना, भूत-पिशाच, मारण-मोहन आदि तंत्र-मंत्र का भय नहीं रहता। विष-बाधा दूर करने में भी हीरा लाभदायक है।

शुक्राचार्य के कथनानुसार स्त्रियों के लिए हीरा धारण करने का निषेध है।

'न धारयेत पुत्रकामा नारी वज्रं कदाचन।'

हीरा धारण करना

ज्योतिष के अनुसार हीरा शुक्र से सम्बन्धित रत्न है। शुक्र ग्रह की रश्मियों का प्रभाव हीरे पर पड़ता है। हीरा किसे धारण करना चाहिए उससे पूर्व हमें शुक्र के कारकत्त्व की भी जानकारी करनी आवश्यक होती है:

शुक्र के कारक तत्त्व-रत्न, सुगन्धित पदार्थ, स्त्री, सुंदरता, कला, सौख्य, विषय-वासना, श्वास रुचि, आभूषण, इंजीनियरिंग, साहित्य, शास्त्र, प्रकाशन का कार्य, वाहन सुख, सुख-सन्तोष, हीरा-मोती आदि रत्नों का व्यवसाय, कपास की खेती, विवाह, शुक्र, धातु, कामेच्छा, संगीत, वाद्य, नाट्य कला, सट्टा-लाटरी, रेस, जुआ, व्यभिचार, मद्य, प्रेम-व्यवहार, स्त्रियों के माध्यम से लाभ, कवि, अभिनेता, अभिनेत्री, शयनस्थान, फर्नीचर, इंद्रजाल, आंखें, रक्त, कफ, वात,

स्त्री एवं स्त्री संबन्धी रोग, प्रमेह, मेदावृद्धि, वीर्यविकार, मधुमेह, कान के रोग, अण्डाशय, टांसिल, पेट की जलन, स्त्रियों का ऋतु-धर्म, कन्या, संतति इत्यादि का कारक शुक्र ग्रह है।

हीरा धारण करने के लिए उपयुक्त पात्र:

- जिस स्त्री या पुरुष को प्रेत-बाधा हो उसे हीरा धारण करना चाहिए।
- हीरे में विष को नाश करने की शक्ति है। जंगल आदि में रहने वाले जिनका सामना विषैले जन्तुओं से हो सकता है, उन्हें अपने पास हीरा अवश्य रखना चाहिए।
- वृषभ एवं तुला लग्न के जातक को हीरा धारण करना चाहिए।
- जिसकी जन्मकुंडली में शुक्र २, ४, ५, ७, ९, १०, ११ इनमें से किसी भी स्थान का स्वामी हो एवं वह षष्ठ एवं अष्टम में स्थित हो तो ऐसे जातक को हीरा धारण करना चाहिए।
- जन्म कुण्डली में शुक्र छठे या आठवें स्थान में हो तो जातक हीरा रत्न धारण करे।
- जन्म कुण्डली में शुक्र वक्री, नीच, अस्तगत, या पाप ग्रह के साथ हो तो हीरा रत्न अवश्य धारण करें।
- किसी ग्रह की विंशोत्तरी महदशा में शुक्र की अन्तर्दशा हो तो हीरा रत्न धारण करना चाहिए।
- काम-क्रीड़ा में अक्षम व्यक्ति को हीरा धारण करना चाहिए।
- पति-पत्नी में मतभेद एवं कलह होता हो तो दोनों ही हीरा रत्न धारण करें।
- जिनका दिन भर में अनके व्यक्तियों से सम्पर्क होता हो ऐसे व्यक्ति अवश्य हीरा धारण करें।
- प्रेमी-प्रेमिका एक दूसरे को वश में रखने के लिए भी हीरा धारण करें।
- बल, वीर्य, कामशक्ति को बढ़ाने के लिए हीरा धारण करना चाहिए।

लग्न राशि के अनुसार हीरा धारण करना

- मेष लग्न में शुक्र द्वितीय एवं सप्तम स्थान का स्वामी होकर प्रबल मारकेश है। इसके अतिरिक्त मेष लग्न का स्वामी मंगल एवं

शुक्र में आपस में शत्रुता है। इसलिए मेष लग्न वाले जातक को हीरा नहीं धारण करना चाहिए। किन्तु यदि कुण्डली में शुक्र स्वगृही हो या अपनी उच्च राशि में हो या शुभ स्थिति में हो तो शुक्र की महादशा में हीरा धारण करने से धन प्राप्ति, दाम्पत्य-सुख, विवाह-सुख, वाहन-सुख हो सकता है किन्तु साथ-ही-साथ मारक प्रभाव भी दे सकता है। अतः उचित यही है कि यदि मेष राशि वाले हीरा न ही धारण करें तो उत्तम है।

- वृष लग्न के जातक का वृषभ लग्न का लग्नेश शुक्र है। अतः इस लग्न के जातक स्वास्थ्यलाभ, आयु-वृद्धि, वृद्धि तथा जीवन में उन्नति प्राप्ति के लिए सदा हीरा धारण कर सकते हैं। शुक्र की महादशा में हीरा धारण करने से विशेष रूप से फल प्राप्त होगा।
- मिथुन लग्न में शुक्र व्ययेश तथा पंचमेश बनता है। मिथुन का लग्नेश बुध एवं शुक्र में इनकी गहरी मित्रता है। अतः मिथुन लग्न के जातक सदैव हीरा धारण करें।
- कर्क लग्न का चतुर्थेश एवं लग्नेश शुक्र है। ज्योतिष के विद्वानों ने कर्क लग्न वालों के लिए शुक्र अशुभ फल देने वाला कहा है। अतः कर्क लग्न के जातक को हीरा धारण नहीं करना चाहिए।
- सिंह लग्न के लिए तृतीयेश एवं दशमेश शुक्र होता है। दोनों में षडाष्टक योग बनता है। इसलिए सिंह लग्न के जातक को हीरा नहीं धारण करना चाहिए।
- कन्या लग्न में शुक्र धनेश तथा भाग्येश होता है अतः इस लग्न के लिए शुक्र अत्यंत शुभ माना जाता है। लग्नेश बुध एवं शुक्र में गहरी मित्रता है इसलिए कन्या लग्न के जातक को अवश्य ही हीरा धारण करना चाहिए। साथ में पन्ना धारण करना चाहिए।
- तुला लग्न के लिए शुक लग्नेश तथा अष्टमेश होता है। तुला लग्न के जातकों के लिए हीरा कवच की तरह सहायक होता है। अतः हीरा अवश्य धारण करें।
- वृश्चिक लग्न के लिए शुक्र सप्तम एवं व्यय स्थान का मालिक है। लग्नेश मंगल की शुक्र से शत्रुता है। सप्तमेश मारक भी होता है। अतः इस लग्न के जातक को हीरा नहीं पहनना चाहिए।

- धनु लग्न के लिए शुक्र छठे या ग्यारहवें स्थान का स्वामी होता है। लग्नेश गुरु और शुक्र परस्पर शत्रु हैं। अतः धनु लग्न के व्यक्ति को हीरा नहीं धारण करना चाहिए।
- मकर लग्न के लिए पंचमेश एवं दशमेश शुक्र होता है। इस लग्न के जातक के लिए शुक्र लाभकारी ग्रह कहा गया है। इस लग्न के जातक को हीरा अवश्य धारण करना चाहिए।
- कुंभ लग्न के लिए शुक्र चतुर्थेश एवं नवमेश होता है। शुक्र कुम्भलग्न का योग का ग्रह है अतः कुम्भ राशि के व्यक्ति को अवश्य हीरा धारण करना चाहिए।
- मीन लग्न के जातक के लिए शुक्र तृतीय तथा अष्टम स्थान का स्वामी होता है। मीन लग्न के लिए शुक्र अति अशुभ ग्रह है। अतः मीन लग्न के जातक हीरा न धारण करें।
- कम-से-कम २.५ सेंट या १.५ रत्ती से कम वजन का हीरा नहीं धारण करना चाहिए। इससे अधिक वजन का हीरा धारण करना और अच्छा है।

धारण करने की विधि

हीरे को चांदी की अंगूठी में जड़वाकर धारण करना चाहिए। संकल्प और इच्छा शक्ति की दृढ़ता के अभाव में कोई भी कार्य पूरा नहीं होता। इसी प्रकार पत्थर या अन्य वस्तु से बनी देव-प्रतिमा भी बिना प्राण-प्रतिष्ठा के शक्तिहीन और प्रभाव हीन होती है। इसी प्रकार रत्न धारण करते समय बिना रत्न की प्राण-प्रतिष्ठा किए धारण करना फलदायक नहीं होगा। अतः रत्न की प्राण-प्रतिष्ठा करके ही रत्न को धारण करना चाहिए।

विधि-सोने या चांदी या प्लेटिनम धातु में शुक्रवार के दिन जब वृषभ या तुला या मीन राशि में चन्द्र स्थित हो और पूर्वाफाल्गुनी, पूर्वाषाढ़ा या भरणी नक्षत्र में सूर्योदय से पूर्वाह्न के पूर्व ही मुद्रिका बनवाएं। यह ध्यान रहे कि हीरे का रत्न अंगुली की त्वचा को स्पर्श करता रहे। यह अंगूठी बुध की अंगुली में धारण करने का विधान है। अब मुद्रिका बनवा कर दोपहर के समय पूजन विधि सम्पन्न करने के लिए शुक्र यंत्र एवं रत्न जड़ित मुद्रिका को यंत्र पर मुद्रिका रखकर प्राण प्रतिष्ठा एवं अभिषेक करें।

ध्यान रहे-शुक्र यंत्र चांदी का बना होना चाहिए। इस प्राण प्रतिष्ठा के योग में षोडशोविधि पूजन विधान सम्पन्न करते हुए निम्न मंत्र का उच्चारण करें:

ॐ अन्नत्परिश्रुतो रस ब्रह्मणा व्यपि वत्क्षत्रम्पयः सोमम् प्रजापतिः।
ऋतेन सत्यमिन्द्रिय ॐ शुक्रमन्धस इन्द्रस्येन्द्रिय मिदम्पयोमृतम्मधु॥

उपर्युक्त मंत्र से प्राण प्रतिष्ठा करने के पश्चात निम्न मंत्र का उच्चारण करते हुए अंगूठी धारण करनी चाहिए।

ॐ द्रां द्रीं द्रौं सः शुक्राय नमः।

अंगूठी धारण करने के पश्चात इसी मंत्र का २८ या १०८ बार जाप करते हुए पके चावल, शुद्ध भी, तिल, उदुम्बर के पेड़ की समिधा की आहुति देते हुए हवन करें। यदि आप यह क्रिया-विधि स्वयं सम्पन्न न कर सकें तो किसी योग्य ब्राहाण को बुलाकर पूजन-हवन करावें।

फिर मुद्रिका धारण करने के पश्चात निम्न श्लोक से शुक्र को नमस्कार करें:

हिम कुन्द मृणालाभं दैत्यानां परमं गुरुम।
सर्वशास्त्र प्रवक्तारं भार्गवं प्रणमाम्यहम्॥

हीरे का उपरत्न-अर्थाभाव वश जातक को यदि हीरा रत्न धारण करने में कठिनाई हो, वे हीरे के पर्यायी रत्न सफेद पुखराज या सफेद जिरकान उपर्युक्त विधि-विधान से धारण करें। यदि यह भी संभव न हो तो हीरे के अभाव में सर पोरवा वृक्ष की जड़ सफेद धागे में बांधकर शुक्रवार को धारण करनी चाहिए।

१२

शनि और इससे सम्बन्धित रत्ननीलम (Sapphire)

नीलम शनि ग्रह का रत्न है:

नीलाश्मा नील रत्नं च शनि रत्नं शनि प्रियम्। सैफायरं कबूदाख्य याकूतं चतदुच्यते॥

नीलम कुरुंदम समूह का माणिक्य पुखराज की श्रेणी का रत्न है। सच्चाई यह है कि लाल कुरुंदम पत्थर तो माणिक्य बन जाता है, शेष अन्य रंगों के पत्थर नीलम कहलाते हैं या पुखराज कहलाते हैं। जैसे-स्वेत, पीला, हरा, बैगनी, नीला। वैसे नीलम नाम के अनुरूप उसी रत्न को कहना उचित है जो नीले, असमानी, बैगनी आदि रंग के हों चाहे वे रंग में हलके हों या गहरे। हल्के रंग या गहरे रंग के होने में कोई अन्तर नहीं मानना चाहिए। हम सफेद नीलम को भले ही नीलम की संज्ञा दे दें किन्तु रत्नों के बजार में वह सफेद पुखराज के ही नाम से विकते हैं।

नीलम के अन्य भाषाओं में अलग-अलग नाम हैं जो इस प्रकार हैं:

संस्कृत इंद्रनील, शौरी रत्न, नीलमणि, महानील, वाचिनाम, तृणग्राही।

हिन्दी नीलम।

उर्दू-फारसी-याकू सेकवाद, जफीट, याकूत, कबूद।

अंग्रेजी-ब्ल्यू सैफायर।

भौतिक गुण-

समूह-कुरुंदम, विद्युत आवेशमय।

कठोरता-९।

आपेक्षिक गुरुत्व - ४.०३।

वर्तनांक १.७६, १.७७ (दुहरा वर्तन-०.००८)।

द्विवर्णिता अतिस्पष्ट।

गुण-भंगुर।

नीलम का अपकिरणन हीरे की अपेक्षा कम होता है इसलिए दमक तथा जाज्वल्यता हीरे से कम होती है। इसी आधार पर सफेद नीलम और हीरे में अन्तर किया जा सकता है। रासायनिक बनावट में नीलम एल्यूमिनियम और ऑक्सीजन का यौगिक है। इसमें कोबाल्ट की थोड़ी मात्रा मिली होने के कारण इसमें नीलापन आ जाता है।

नीलम कुरुंदम समूह का माणिक्य या पुखराज रत्नों का समूह है। लाल रंग का इस समूह का पत्थर माणिक्य कहा जाता है एवं जिन पत्थरों का रंग नीला, पीला, सफेद, हरा या बैगनी हो जाता है वे नीलम और पुखराज की श्रेणी में आ जाते हैं। नीलम पीला भी होता है किन्तु वास्तव में यह बाजार में पीले पुखराज के नाम से बिकता है किन्तु वास्तविकता यह है कि यह कुरुंदम समूह के पीले पुखराज के समान शुद्ध नहीं होता। हरे रंग का कुरुंदम समूह का पत्थर कभी हरा नीलम नाम से नहीं जाना जाता। हरे रंग का कुरुन्दम समूह के रत्न पन्ना के नाम से जाने जाते हैं। प्राचीन पाश्चात्य लेखकों के ग्रन्थों में हरा नीलम प्राच्य पन्ना (Orient Emerald) के नाम से जाना जाता था।

स्टार माणिक्य के समान स्टार नीलम भी होते हैं जिन्हें Star sapphire कहते हैं। केबीकोन काट में काटे जाने पर इन रत्नों के शीर्ष पर छह किरणों वाला तारा सदृश प्रकाश दिखाई देता है। यह तारे के सदृश निःसृत प्रकाश ऐसा लगता है जैसे नीले आकाश में प्रकाश की किरणों का फौआरा छूट रहा हो। Star Ruby स्टार माणिक्य बहुत कम मिलते हैं किन्तु Star sapphire अधिक मिलते हैं।

नीलम माणिक्य से भी अधिक बड़े आकार में पाए जाते हैं। सन् १९३० में १००० (एक हजार कैरेट) का एक नीलम प्राप्त हुआ था। किन्तु माणिक अधिक दुर्लभ या अप्राप्य होने के कारण अधिक मूल्यवान होते हैं और नीलम से १० गुना अधिक मूल्य के होते हैं। दोनों में एक विशेष अन्तर यह भी है कि यद्यपि ये दोनों रत्न भंगुर हैं इसलिए उनको धारण करने में प्रत्येक समय सावधानी बरतने की जरूरत होती है। माणिक्य नीलम से कम कठोर होता है। एक बात और है कि भिन्न-भिन्न स्थानों से प्राप्त नीलम की कठोरता भिन्न होती है। कुरुंदम समूह के सभी रत्नों का आपेक्षिक गुरुत्व लगभग एक समान होता है। श्रीलंका में प्राप्त नीलम कश्मीर से प्राप्त नीलम से अधिक कठोर होते हैं। इन कुरुन्दम समूह के पत्यरों की द्विवर्णिता इतनी स्पष्ट होती है कि बिना सूक्ष्मदर्शी के भी यह देखा जा सकता है। रंग का छितराव कम होता है इसलिए उसमें प्रोज्वलता कम होती है। केवल यही एक गुण के कारण श्वेत पुखराज और हीरे में अन्तर होता है।

नीलम प्रायः ज्वलंत (Brilliant) काट, मिश्रित, स्टेप तथा केबीकोन काट में ही कटे दिखाई देते हैं। केबीकोन काट में अधिकतर स्टार सैफायर ही काटे जाते हैं। श्रीलंका के नीलम इस प्रकार काटे जाते हैं कि उसमें से निकलने वाला प्रकाश **रत्न के तल में नीले रंग के धब्बे से गुजर जाता है।**

नीलम के प्राप्ति स्थान

यह माना जाता है कि सबसे अच्छे माणिक्य बर्मा से एवं नीलम श्रीलंका से प्राप्त होते हैं और वह भी प्रचुर मात्रा में। किन्तु सच्चाई यह है कि न तो बर्मा से प्राप्त सभी माणिक्य अच्छे होते हैं और न श्रीलंका से प्राप्त सभी नीलम अच्छे होते हैं। कश्मीर (भारत) के प्राप्त नीलम सर्वोत्तम माने जाते हैं। थाईलैण्ड में गहरे नीले रंग के नीलम पत्थर पाए जाते हैं। गहरे नीले तथा हरे नीलम आस्ट्रेलिया में भी पाए जाते हैं। श्रीलंका में नीलम विभिन्न पत्थर की शिलाओं में पाए जाते हैं। यहां के नाइस शिला में नीलम तामड़े (Garnet) के साथ पाए जाते हैं। श्रीलंका के बलान गोड़ा, रकवाना तथा रतनपुरा में नीलम की खानें हैं। यह प्रदेश लंका के दक्षिणी मध्य भाग में है। रतनपुरा रत्नों की प्रसिद्ध मंडी है। यहाँ घाटियों में कहीं-कहीं संकीर्ण नालों के आसपास जलोढ़ निक्षेप बन जाते हैं। उन्हें गहराई तक खोदने पर उसमें से 'इलाम' (रत्न से मिले-जुले कंकड़) मिलते

हैं। ये 'इलाम' पृथ्वी में ५ फुट से ३० फुट तक पाए जाते हैं या शिलाओं पर भी विखरे रहते हैं। इलाम को खोदकर निकालने के बाद बड़ी छननी में रखकर इस नाले में धोया जाता है।

घोने से मिट्टी वगैरह घुलकर छननी से नीचे बह जाती है। साफ कंकड़ बचते हैं। अब साफ कंकड़ों को छांटकर निकाल देते हैं एवं रत्नों को चुन लेते हैं।

इस इलाके में कुरुन्दम समूह के नीलम के अतिरिक्त अन्य रत्न भी पाए जाते हैं। यहां सोना भी मिलता है। यहां रत्नों तथा सोने को बहते हुए नालों के पानी में लोहे के चौखटे लगाकर उस पर जाल लगा देते हैं एवं उससे छान लेते हैं। उन संकरी घाटियों के साथ लगे ऊंचाई पर स्थित कंकड़ों से भी रत्न प्राप्त किए जाते हैं।

भारत में कश्मीर प्रदेश में नीलम की खान १४,९४० फुट की ऊंचाई पर सूमजाम नामक गांव के निकट है। नीलम का उपरत्न तुर्मली है। कश्मीर के प्राप्त नीलम के विषय में एक मनोरंजक कहानी है। कहा जाता है कि नीलम की खान का ज्ञान संयोग से कुछ यात्रियों द्वारा प्राप्त हुआ था जो अफगानिस्तान से दिल्ली आए थे। रास्ते में एक पहाड़ की कुछ चट्टानें वर्षा के जोर से गिर पड़ीं। उन बिखरी चट्टानों में कुछ आकर्षक नीले रंग के पत्थर दिखाई दिए। उन लोगों ने उन रंगीन खूबसूरत पत्थरों को बोरे में भरकर ले गए और आगे जाकर उन पत्थरों के बदले नमक ले लिया।

काफी दिनों बाद उन पत्थरों की नीलम के रूप में पहचान की गयी।

ये पत्थर कितने हाथों में घूम कर उस समय के कश्मीर नरेश के हाथों में पहुंचे और उनके खजानों की शोभा बने।

नीलम क्वीनलैण्ड और न्यू साउथ वेल्स (आस्ट्रेलिया) और रोडेशिया में भी मिलता है। भारत में कश्मीर के अतिरिक्त दक्षिण भारत में सलेम जिले से भी नीलम प्राप्त होता है। रूस और संयुक्त राष्ट्र आस्ट्रेलिया में भी नीलम की खानें हैं।

कश्मीर का नीलम सर्वश्रेष्ठ होता है, यह आप को पहले से ही ज्ञात है। यहां के उत्तम नीलम को मयूर नीलम कहते हैं। इसका रंग मोर की गर्दन के रंग का होता है। यदि पूरे नग में एक ही बिन्दु बराबर रंग हो तो वह सम्पूर्ण नग को

रंगीन रखता है। यदि नीलम में इंक सदृश चिह्न एवं बीच में पोल न हो, तथा दुरंगे पन से रहित हो तभी सुन्दर नग कहलाता है।

कश्मीर का नीलम बिजली के प्रकाश में अपना रंग नहीं बदलता जब कि अन्य स्थानों से प्राप्त नीलम बिजली के प्रकाश में नेवी ब्लू रंग के दिखाई देते हैं।

बर्मा के नीलम में हरापन कम तथा सुन्दर नीला रंग होता है। विजातीय पदार्थ न चिपका होने के कारण यह काला दिखाई देता है। इसमें कठोरता और चिकनाई सबसे अधिक होती है।

श्रीलंका के नीलम उपर्युक्त दोनों जगह पाए जाने वाले नीलम से घटिया दर्जे के होते हैं। इसमें लाल रंग की आभा होती है। कभी-कभी श्याम आभा भी दिखाई देती है।

श्याम देश के नीलम काले वर्ण की आभा से युक्त तथा हरापन लिए होता है। रंग गहरा होने के कारण यह काला दिखाई देता है। इसमें कठोरता और चिकनाई सबसे अधिक होती है। सलेम (दक्षिण भारत) के नीलम में हरापन श्याम के नीलम से अधिक होती है। यहां के नीलम में पीला और नीला रंग मिश्रित होता है।

आस्ट्रेलिया के नीलम गाढ़े नीले रंग के होते हैं। रोडेशिया तथा रूस में पाए जाने वाले नीलम घटिया किस्म के होते हैं।

पुखराज (White and Yellow Sapphire), नीलम, पुखराज (Sapphire) और माणिक्य (Ruby) प्रायः एक ही क्षेत्र में पाए जाते हैं यही कारण है कि इन पत्थरों के रंगों से आपस में मिश्रण हो जाता है। इसीलिए स्वभावतः पुखराज का श्वेत एवं पीला रंग, नीलम का नीला रंग, माणिक्य का लाल रंग होने के ये रत्नीय पत्थर एक साथ होने के कारण एक दूसरे के रंग का प्रभाव आ जाने से पुखराज में नीली या लाल आभा आ जाती है, नीलम में रक्ताभा आ जाती है। यह रत्न रक्त-मुस्ली नीलम कहलाता है। कभी-कभी एक ही पत्थर में तीनों रंगों की आभा अलग-अलग से दिखाई पड़ती है। किन्तु इतनी समानता होने पर भी इन तीनों पत्थरों की कठोरता में विभिन्नता होती है। पुखराज की अपेक्षा नीलम और नीलम की अपेक्षा माणिक्य अधिक कठोर होते हैं।

गहरे नीले रंग के नीलम प्रायः अप्राप्य (दुर्लभ) होते हैं इसी कारण ये अत्यधिक मूल्यवान होते हैं। नारंगी रंग के भी सैफायर होते हैं जो सूर्य के समान चमकीले दिखाई पड़ते हैं। हरे, स्वर्णाभ एवं बैगनी रंग के सैफायर या नीलम भ्रमवश पन्ना, पुखराज और एमीथीस्ट मान लिए जाते हैं जब कि इनके भौतिक गुण नीलम के होते हैं। हरा नीलम वस्तुतः न तो पन्ना से मेल खाता है न हरे रंग के पेरीडॉट या टूर्मेलीन से मिलता है। वह हरे रंग का एवं अत्यधिक कठोर होने से पॉलिश करने पर अत्यधिक चमकीला हो जाता है। इसकी अपनी एक निराली छटा होती है। अच्छी काट होने पर और हीरे के साथ जड़े जाने पर वह अद्वितीय आभा से युक्त हो शोभायमान होता है। बैगनी सैफायर जब निर्मल और बढ़िया काट के रूप में हो तो एमीथीस्ट उसके सामने फीका दिखाई देता है। Golden Sapphire एकदम पुखराज के सदृश दिखाई देता है किन्तु अधिक कठोरता का गुण होने के कारण वह नीलम की श्रेणी में आ जाता है और इस पर बहुत सुन्दर पालिश की जा सकती है। ऐसे पॉलिश हुए सुनहले नीलम के समक्ष पुखराज फीका लगता है। नीलम पारदर्शक भी होते हैं, पारभासक एवं अपारदर्शक भी होते हैं।

नीलम की परख

जिस नीलम रत्न में हरति आभा, धागे के समान रेखाएं, दूधिया, चिरा हुआ, दो रंग युक्त, अन्दर जाला दिखाई दे, गड्ढा हो, पोल हो, गंदा हो वह दोष युक्त नीलम होता है। श्रेष्ठ नीलम सात विशेषताएं लिए होता है:

(१) दूसरे पदार्थों की चमक या प्रतिछाया न ग्रहण करते हुए अपनी आभा से उसे द्युतिमान करने वाला हो या एक रंग का दिखाई देता हो।

(२) दड़कदार हो, (३) चिकना हो, (४) पारदर्शक चमक हो, (५) ठोस हो, (६) स्पर्श करने पर मखमल के समान मुलायम हो। (७) जिसके अन्दर से किरणें निकलती-सी प्रतीत होती हों।

शुभ्र रश्मि बिखेरती हुई पूर्णिमा रात्रि में जब चन्द्र का प्रकाश अपने पूर्ण यौवन पर हो, गौरवर्णा सुन्दर स्त्री के हाथ में दूध से भरा कटोरा लिए हो और उस पर नीलम की आभा प्रवाहित करने पर यदि नीलम सुन्दर स्त्री पर और दूध पर अपनी आभा फैला दे तो नीलम को उत्तम जाति का होना मानना चाहिए।

उत्तम नीलम की एक अन्य विशेषता यह है कि उसके समीप तृण लाया जाय तो तृण उस पर चिपक जाता है।

नकली नीलम असली नीलम के नाम पर माणिक्य की तरह संश्लिष्ट नीलम, नीले रंग की कंटकिज मणि तथा कांच के निर्मित (अनुकृत) रत्न बेचे जाते हैं। इनका परीक्षण माणिक्य के परीक्षण की भांति करना चाहिए। बनावटी नीलम में रंगों की मुड़ी हुई (वक्र) धारियां होती हैं। ये धारियां असली नीलम में सीधी होती हैं।

असली-नकली की पहचान-नीलम के स्थान पर संश्लिष्ट नीलम, शीशे का बना अनुकृत नीलम, और नीले रंग की संश्लिष्ट कंटकिज मणि को बेचने का यत्न करते हैं। इनकी जांच करने पर ही इनके असली-नकली होने का पता चल जाता है। मोनोब्रोमो नेफ्थलीन द्रव में डुबाकर रत्न को सफेद कागज या कपड़े के पीछे से देखिए। संश्लिष्ट में रंगों की वक्र धारियां दिखाई देंगी। असली पत्थर में ये सीधी दिखाई देंगी या षड्भुजीय प्रिज्म के faces के सामानान्तर।

ऐतिहासिक नीलम

सम्भवतः उच्चकोटि के नीलम कश्मीर के सानों में ही प्राप्त होते हैं। सन् १८२७ में रीवां (मध्य प्रदेश) राज्य के सजाने में जो नीलम था यह विश्व का सबसे बड़ा नीलम या जिसका वजन ९५१ कैरेट था। जार्जेन डेस प्लांटीन के संग्रहालय में भी दो उत्तम किस्म के नीलम रखे गए हैं। इनमें से एक १२२ कैरेट का रास्पली नाम का नीलम अत्यन्त खूबसूरत और विशुद्ध है। दूसरा नीलम २ इंच लम्बा और १५ इंच चौड़ा है। डैवेनशायर (ब्रिटेन) के ड्यूक के पास एक बहुत ही सुन्दर ज्वलंत काट में कटा १०० कैरट वजन का एक नीलम है। ब्रिटिश म्यूजियम के उत्खनन विभाग में सोने की पिन पर रखी भगवान बुद्ध की एक मूर्ति एक ही नीलम को काटकर बनाई गयी है। ३१२ कैरेट तौल का भूरे रंग का एक नीलम पेरिस के सनिज संग्रहालय में रखा गया है। यह रत्न बंगाल में किसी लकड़हारे को लकड़ी काटते समय मिला था। यह नीलम पत्यर पहले स्कॉच की रानी मेरी के पति डार्नले के पास था। एक हृदय की आकृति का नीलम आज भी ब्रिटिश शाही ताज में जड़ित है। यह रत्न १५७५ ई० में प्राप्त हुआ था। दो नीलम के रत्न नैपोलियन को एक पादरी ने ताबीज के रूप में दिए थे।

जलनील और इन्द्रनील

प्राचीन भारतीय ग्रन्थों में नीलम के दो भेद कहे गए हैं-जल नील और इन्द्रनील। जिस नीलम के भीतर सफेदी हो और उसके चारों ओर नीलिमा हो, और आकार में छोटा हो, वह जल नील कहलाता है। जिस नीलम के भीतर श्याम आभा हो, बाहर नीली आभा हो व आकार में बड़ा एवं वजनदार हो-वह इन्द्रनील नीलम कहलाता है। इनका रंग लाल और नीला मिला हुआ बैगनी होता है।

शनि रत्न नीलम के औषधीय गुण

नीलम शोभा बढ़ाने के साथ-साथ मनुष्य के अनेक शारीरिक एवं मानसिक रोगों का उपचार भी करने में मदद करता है। इसका औषधि के रूप में प्रयोग विषम ज्वर, उन्माद, हिचकी, टी.बी., दमा जैसे दीर्घ प्रभावी रोग; घुटने, पैर की नसों से सम्बन्धित रोग, वात, संधिवात, खांसी आदि विकारों का शमन करने का औषधीय गुण नीलम रत्न में पाया जाता है।

आंखों से पानी गिरना, मोतियाबिन्द एवं अन्य नेत्र रोगों के लिए केवड़े के रस में नीलम उबालकर उसका अंजन आंखों में डालने से रोग ठीक हो जाते हैं। उन्माद एवं पागलपन के झटके आने पर उस पर नीलम का भस्म रामबाण औषधि का कार्य करता है। नीलम धारण करने से उलटी, रक्तविकार, विषम ज्वर आदि रोगों का नाश हो जाता है।

नीलम की दैवीय शक्ति

नीलम में अनेक दैवी शक्ति भी है। यह धारण करने से आर्थिक परेशानी दूर होकर सुख-संपत्ति, शान्ति, ऐश्वर्य उपलब्ध करा देने की सामर्थ्य नीलम में है। यह संकट का निवारण करके मानसिक शान्ति प्रदान करता है। ऐश्वयं एवं सत्तासीन बनाने की दैवीय शक्ति नीलम में है। ग्रीक में यह मान्यता है कि यदि नीलम पत्थर स्त्रियां धारण करें तो उनमें दुराचरण या अनैतिकता का उदय नहीं हो सकता। सेंट जेरोम के मत से नीलम धारणकर्ता अपयश का भागी कभी भी नहीं हो सकता। पोप ने कहा है कि नीलम धारण करने से मनुष्य के विचारों में नैतिकता की वृद्धि होती है। इसके धारण करने से

विश्वासघात, षड्यंत्र का शिकार आदमी नहीं बनता। बौद्ध धर्म मतावलम्बियों ने यह कहा है कि नीलम के धारण करने से हृदय के विकार दूर होकर मन हमेशा प्रसन्नचित्त रहता है।

ज्योतिष एवं शनि रत्न नीलम

नीलम शनि का रत्न है। ‹जातक पारिजात' में कहा गया है-

शनेः नीलं निर्मलम् यानी शनि का रत्न निर्मल नीलम है। शनि का रत्न होने के कारण शनि से प्रभावित व्यक्तियों पर शुभाशुभ प्रभाव डालने वाला रत्न है। नीलम के ज्योतिषीय प्रभाव को ज्ञात करने से पूर्व शनि मनुष्य के जीवन के किन पहलुओं पर अपना स्वामित्व रखता है या कौन-से ऐसे कारक तत्त्व हैं जो शनि से सम्बन्धित होते हैं उन्हें जानना आवश्यक है।

शनि ग्रह के कारक तत्त्व

मजदूर, शारीरिक परिश्रम करने वाले, खदानें एवं खनिज, परेशानी पूर्वक जिन्दगी, बीमारियां, मृत्यु, दरिद्रता, लोभ, मोह, रोग, कानून में रुचि, विलंब, असुविधा, अड़चनें, गरीबी, दोषीपन, पराधीनता, बेइज्जती, मुसीबतें, राजकारण, जनता का नेता, साधु-संन्यासी, गरीबों के लिए त्याग करने वाला जनता के सुख के लिए काम करने वाला, लोकशाही, नौकर, पति-पत्नी में तनाव, तलाक, दीर्घ बीमारियां, घुटने, पैर की नसों से उत्पन्न रोग, संधिवात, खांसी, आदि का कारक ग्रह शनि है।

शनि रत्न धारण करना

नीलम शनि का रत्न है। जिस कुण्डली में शनि शुभ भाव या भावों का स्वामी होगा उसे नीलम धारण करना शुभ होगा।

ज्योतिष विधि से शनि रत्न नीलम कौन धारण करे- इसके विषय में निम्न विवरण दिया जाता रहा है:

मेष, वृषभ, तुला, वृश्चिक लग्न के जातकों को नीलम रत्न धारण करना लाभप्रद होगा।

- जिसकी जन्म कुण्डली में शनि चतुर्थ, पंचम, दशम एवं एकादश- इनमें से किसी भी स्थान में हो तो ऐसे जातक को नीलम रत्न धारण करना चाहिए।
- यदि जन्मकुण्डली में शनि षष्ठेश या अष्टमेश के साथ हो तो जातक को नीलम रत्न धारण करना चाहिए।
- जन्मकुण्डली में शनि यदि मकर या कुंभ राशि से आठवें स्थान में हो तो जातक को नीलम रत्न धारण करना चाहिए
- । शनि मकर एवं कुंभ राशि का स्वामी है। इसमें से किसी एक राशि में शुभ भाव आता हो एवं दूसरी राशि में अशुभ भाव आता हो तो नीलम धारण न करें किन्तु यदि दोनों राशियां शुभ स्थानों का प्रतिनिधित्व करती हों तो अवश्य ही नीलम धारण करना चाहिए।
- यदि जातक की कुण्डली में शनि की साढ़ेसाती शुरू हुई हो तो नीलम रत्न धारण करना चाहिए।
- किसी भी ग्रह की विंशोत्तरी महादशा में शनि की अन्तर्दशा चल रही हो तो नीलम धारण करना चाहिए।
- यदि जन्म कुण्डली में शनि के साथ रवि किसी भी स्थान में हो, रवि की राशि में शनि और शनि की राशि में रवि हो या शनि पर रवि की दृष्टि हो तो नीलम न धारण करें।
- जन्मकुण्डली में मेष राशि में शनि हो तो नीलम रत्न धारण करें।
- जन्मकुण्डली में शनि वकी, अस्तगत या दुर्बल हो तो नीलम धारण करें।
- कूर कर्म करने वाले को नीलम धारण करना चाहिए।
- शनि से प्रभावित व्यक्ति को नीलम धारण करना चाहिए।
- लग्न राशि के अनुसार नीलम धारण करना
- मेष लग्न की कुण्डली में शनि दशम एवं एकादश स्थान का स्वामी है। दोनों ही भाव शुभ हैं। फिर भी एकादश भाव का स्वामी होने के कारण शनि को इस लग्न के लिए शुभ नहीं माना गया है। किन्तु यदि मेष लग्न में शनि प्रथम, द्वितीय, चतुर्थ, पंचम, नवम एवं दशम स्थानों में से किसी एक स्थान में स्थित हो तो शनि की महादशा में नीलम धारण करने से प्रत्येक क्षेत्र में लाभ होगा।

- वृष लग्न की कुण्डली में शनि नवम एवं दशम स्थान का स्वामी बनता है। वृष लग्न के जातक के नीलम धारण करने से उन्हें सुख-संपदा, धन-ऐश्वर्य, मान-प्रतिष्ठा, राज्य कृपा की प्राप्ति होगी (शनि की महादशा में) वृषभ लग्न के लग्नेश शुक का रत्न हीरा के साथ नीलम धारण करना और लाभदायक होगा।
- मिथुन लग्न के लिए शनि अष्टम एवं नवम भावों का स्वामी है। नवम त्रिकोणक स्वामी होने के कारण नीलम रत्न धारण करना लाभप्रद होगा। यदि नीलम को लग्नेश के रत्न पन्ना के साथ धारण किया जाय तो और भी लाभदायक होगा।
- कर्क लग्न में शनि सप्तम (मारक स्थान) और अष्टम (दुःखस्थान) का स्वामी है। यह दोनों भाव कर्क लग्न के लिए अशुभ हैं। शनि लग्नेश का मित्र भी है। अतः इस लग्न के जातक को नीलम कभी नहीं धारण करना चाहिए।
- सिंह लग्न के लिए शनि षष्ठ एवं सप्तम स्थान का स्वामी है। इस लग्न के लिए ये दोनों स्थान अशुभ माने गए हैं। शनि लग्नेश का शत्रु भी है अतः इस लग्न के जातक को नीलम भूलकर भी नहीं धारण करना चाहिए।
- कन्या लग्न की जन्मकुण्डली में शनि पंचम एवं षष्ठ भावों का स्वामी है। पंचम त्रिकोण का स्वामी होने के कारण शनि को अशुभग्रह नहीं माना गया है। अतः शनि की महादशा में इस लग्न का जातक नीलम धारण कर लाभान्वित हो सकता है।
- तुला लग्न की जन्मकुण्डली में शनि चतुर्व और पंचम का स्वामी होने के कारण अत्यंत शुभ योग प्रदान करने वाला ग्रह माना गया है। यह लग्नेश शुक का अभिन्न मित्र भी है। अतः इस लग्न में जन्मे जातक नीलम रत्न धारण करके सब प्रकार के सुख प्राप्त कर सकता है। शनि की महादशा में यह विशेष रूप से फलदायक है। लग्नेश शुक का रत्न हीरा या नवम भाव के स्वामी बुध के रत्न पन्ना के साथ नीलम धारण किया जाय तो और भी अधिक अच्छा फल प्राप्त होता है।
- वृश्चिक लग्न की जन्म कुण्डली में शनि तृतीय और चतुर्थ भावों का स्वामी है। ज्योतिष के नियमानुसार शनि इस लग्न के लिए शुभ ग्रह नहीं होता। फिर भी यदि चतुर्थ का स्वामी होकर पंचम, नवम्, दशम

और एकादश में हो तो शनि की महादशा में नीलम धारण करना चाहिए। शनि और लग्नेश मंगल परस्पर मित्र नहीं हैं। एक आग है तो दूसरा पानी अतः यही उचित होगा कि इस लग्न के जातक नीलम के धारण करने से परहेज करें तो उत्तम होगा।

- धनु-लग्न की जन्म कुण्डली में शनि द्वितीय (मारक स्थान) और तृतीय स्थान का स्वामी होने के कारण इस लग्न का अशुभ ग्रह है। इसके अतिरिक्त शनि लग्नेश बृहस्पति का शत्रु है अतः इस लग्न के जातक को नीलम नहीं धारण करना चाहिए।
- मकर लग्न की जन्मकुण्डली में शनि द्वितीय या धन भाव का स्वामी है। इस लग्न के व्यक्ति नीलम धारण कर सदैव सुख और सम्पन्नता प्राप्त कर सकते हैं।
- कुंभ लग्न की जन्मकुण्डली में शनि द्वादश भाव का स्वामी होते हुए भी लग्नेश है। उसकी मूल त्रिकोण राशि लग्न में पड़ती है। अतः मकर लग्न में पैदा व्यक्ति को नीलम धारण करना उचित है।
- मीन लग्न की जन्मकुण्डली में शनि एकादश और द्वादश भाव का स्वामी होने के कारण इस लग्न के लिए अशुभ ग्रह माना गया है। इसके अतिरिक्त शनि द्वितीय, चौथे, पांचवें, नवें या लग्न में बैठा हो तो शनि की महादशा में नीलम धारण करने से धन लाभ संभव है। किन्तु उचित यही है कि इस लग्न के जातक नीलम न धारण करें तो उत्तम होगा।

धारण करने की विधि

नीलम धारण करने से पूर्व उसकी परीक्षा

इस रत्न के विषय में यह प्रसिद्ध है कि नीलम जहाँ लाभदायक एवं शुभ फलदायक रत्न है वहां जब हानि करने पर उतर जाए तो धारणकर्ता का एक दम सत्यानाश कर देता है। कभी-कभी ऐसा देखा गया है कि किसी कुण्डली के लिए उपयुक्त होने पर भी नीलम धारण करने से हानि हुई है। यह भी प्रसिद्ध है कि नीलम अपना लाभ या हानि दो या तीन दिनों में स्पष्ट कर देता है या कभी-कभी कुछ घंटों में ही अपना शुभ या अशुभ फल दिखा देता है। अतः यह सावधानी अवश्य बरतनी चाहिए कि नीलम की अंगूठी जड़वाने से पूर्व उसकी

परीक्षा कर लेना अत्यन्त आवश्यक है। परीक्षण के लिए नीलम को किसी शनिवार को खरीद कर गंगा जल या कच्चे दूध और फिर पानी से धोकर रत्न की विधि पूर्वक पूजन करें फिर शनि के मंत्र का जप कर रत्न को एक पीले वस्त्र में ऐसे बांधें की वह शरीर का स्पर्श न करे। यदि रत्न के धारण करने से भयानक स्वप्न आए या मन में अशान्ति न हो या किसी प्रकार की दुर्घटना का सामना न करना पड़े या कोई व्याधि बाधा न उपस्थित हो तो यह समझ लेना चाहिए कि यह रत्न आपके अनुकूल है। किन्तु यह परीक्षण एक सप्ताह तक करना चाहिए।

वजन

कम-से-कम ४ कैरेट वजन का नीलम रत्न धारण करना चाहिए।

इससे ज्यादा वजन का नीलम धारण करना और उत्तम है।

धारण-विधि

दृढ़ धारणा शक्ति से ही संकल्पित कार्य की सिद्धि संभव है। संकल्प सिद्धि के होने में प्रयुक्त होने वाले विधि-विधान, देवार्चन एवं वस्तुओं की प्राण-प्रतिष्ठा करनी आवश्यक होती है। बिना प्राण-प्रतिष्ठा किए देव प्रतिमा भी पत्थर होती है। उसी तरह कोई भी रत्न संकल्प सिद्धि के निमित्त धारण करने के लिए उसकी प्राण-प्रतिष्ठा, ग्रह-पूजन आदि करके ही धारण करनी चाहिए। अतः नीलम, जो शनि का रत्न है, धारण करने से पूर्व निम्न नियमों का पालन करें-

सर्वप्रथम कम-से-कम सवा चार रत्ती नीलम स्वर्ण, चांदी एवं तांबा आदि किसी भी त्रिधातु की अंगूठी या पंचधातु की मुद्रिका बनवाकर उसमें जड़वाएं। केवल सोना या केवल चांदी की मुद्रिका कभी न बनवाएं क्योंकि स्वर्ण में नीलम प्रताड़ित रहता है एवं चांदी में चन्द्र के साथ विषयोग बनाता है। यह पंच धातु या त्रिधातु की मुद्रिका जिस समय शनि गोचर भ्रमण से कुंभ या मकर राशि में हो या उत्तराषाढ़ा, श्रवण, धनिष्ठा, शत तारका, पूर्वाभाद्रपद, चित्रा, स्वाति, विशाखा इनमें से किसी भी नक्षत्र में हो, उस शनिवार के दिन प्रातः से मध्याहन पूर्व में तैयार करवा लें।

यह ध्यान रहे कि मुद्रिका ऐसी बने जिससे रत्न त्वचा से स्पर्श करता रहे। अब दो पहर के समय मंडप निर्मित कर शनि यंत्र (लोहे के पत्र पर बना हुआ) का पूजन एवं शनि ग्रह की शान्ति पाठ करें। अब ग्रह शान्ति कर अंगूठी को यंत्र पर रखकर षोडशोपचार विधि से प्राण-प्रतिष्ठा एवं पूजन करना चाहिए। फिर निम्न मंत्र से अभिषेक करें

ऊं शन्नो देवी रभिष्टय आपो भवंतु पीतये।

शंय्योरभिस्रवंतुनः।

रत्न जड़ित अंगूठी को अभिषेक मंत्र से अभिषिक्त कर एवं प्राण प्रतिष्ठित कर शमी की लकड़ी, तिल, पके चावल की समिधा से निम्न मंत्र का १०८ बार उच्चारण करते हुए आहुति दें-

ऊं प्रां प्रीं प्रौं सः शनैश्चराय नमः।

यदि यह विधान स्वयं न संम्पन्न कर सकें तो किसी योग्य बाह्मण से क्रिया सम्पन्न कराएं।

नीलम के उपरत्न

जो व्यक्ति नीलम खरीद कर धारण करने में अक्षम हों उन्हें नीलम के स्थान पर उनके उपरत्न फिरोजा, नीली, लाजावर्त, कटैला आदि रत्न उपर्युक्त विधि-विधान का अनुसरण करते हुए धारण करना चाहिए। पूजन विधि-विधान से पालन कर शनि रत्न की मुद्रिका धारण करते समय निम्न प्रकार से नमस्कार करें नीलांजन समाभासं रवि पुत्रं यमाग्रजम। छाया मार्तण्ड सम्भूतं तन्नमामि शनैश्चरम॥

रत्न के आभाव में जड़ी नीलम के या उसके उपरत्न भी खरीदने में यदि व्यक्ति अक्षम हो तो वह विच्छूड़े की जड़ काले धागे में बांधकर शनिवार को धारण करे। पांच नक्षत्रों का स्वामी होने के कारण उत्तरा पाढ़ा में जन्मे व्यक्ति को प्लक्ष, श्रवण नक्षत्र में जन्में व्यक्ति को अर्क वृक्ष, धनिष्ठा में जन्मे व्यक्ति को शम वृक्ष, शतभिषा में जन्म लेने वाले को कदम्बवृक्ष, पूर्वाभाद्रपद में जन्म लेने वाले को निम्ब वृक्ष की जड़ या टहनी अभिमंत्रित कर धारण करनी चाहिए।

१३

राहु और इससे सम्बन्धित रत्न गोमेद (Zircon)

गोमेद (Zircon or Heassonite) राहु रत्न है। यह एक ऐसा आकर्षक और मन को लुभाने वाला पत्थर है जो लगभग सभी रंगों में प्राप्त होता है। प्रत्येक रंग के जिरकान को गोमेद कहना उचित नहीं है। उसी जिरकान को गोमेद कहना उचित है जो मधु, गोमूत्र अथवा आग के अंगारे के सदृश हो। इसके प्रमाण स्वरूप 'रत्न प्रकाश' में लिखा है:

सुस्वच्छदं मोजलच्छायं, स्वच्छं स्निग्धं समं गुरुः।
निर्मलं मसृणं दीप्तं गोमेदं शुभमष्टधा॥
विच्छायं लघु रुखांगं चिषिटं पटलान्वितम।
निफाभं पीत की चाभं गोमेदं न शुभावहम॥

- अर्थात जो दूर से स्वच्छ गोमूत्र के रंग वाला प्रतीत हो, पारदर्शी हो, स्निग्ध वर्ण का हो, समगात्र हो, ऊंचा-नीचा और टेढ़ा-मेढ़ा न हो, वजनी व दड़कदार हो, जो पर्त रहित हो, जो स्पर्श में कोमल हो और चमकदार हो-इन आठ गुणों वाला गोमेद उत्तम होता है। दूर से चमक न देता हुआ, दड़क दार न हो, रूखापन युक्त हो, चिपटे अंग वाला, दबा हुआ प्रतीत हो, परतदार हो, चमकविहीन अर्थात जो वर्ण को प्रकाशित करने वाली चमक वाला न हो और पीले कांच के टुकड़े के समान दिखाई दे वह गोमेद उत्तम नहीं होता।

गोमेद के विषय में विस्तृत जानकारी देने से पूर्व इसका सामान्य परिचय जानना आवश्यक है। गोमेद को भिन्न भाषाओं में इस प्रकार जाना जाता है:

संस्कृत में गोमेदकः पिंगस्फटिकः पीत रक्तस्त गोमणिः।
सिनोमन राहु रत्नञ्च हेसोनाइट तदुच्यते॥

अर्थात् गोमेदक, पिंगस्फटिक, पीत रक्तमणि, तमोमणि, राहुरत्न, त्रणवर कहते हैं।

हिन्दी गोमेद।

उर्दू-फारसी-जरकूनिया या जागरगुन।

अरबी-जारकुन।

अंग्रेजी-Zircon or Heassonite ।

भौतिक गुण

कठोरता-७.५ तक।

आपेक्षिक गुरुत्व-४.६५ से ४.७१।

वर्तनांक-१.९३ से १.९८ (दुहरावर्तन ०.०६)।

अपकिरणन-०.०४८ (काफी ज्यादा)।

पारदर्शिता अद्‌विवर्णिता।

यह पारदर्शक, पारभासक और अपारदर्शक भी होता है।

हीरे जैसी चमक

आजकल इस धोखा-फरेब के युग में जिस प्रकार सब प्रकार के सैफायर को नीलम के नाम से जाना जाने लगा है उसी प्रकार प्रत्येक जिरकान को गोमेद कहने लगे हैं। हमने ऊपर जिसके विषय में परिचय दिया है वह राहुरत्न गोमेद ही है जिसका वर्णन हमने 'रत्नप्रकाश' के श्लोक में ऊपर दिया है।

पूर्वविदित है कि जिरकान अनेक रंगों में पाया जाता है और धीरे-धीरे आभूषणों में एक विशेष स्थान प्राप्त करता जा रहा है। रासायनिक बनावट में वह जिर्कोनियम का सिलीकेट है और इसके मणिभ चतुर्पाश्वी प्रिज्म जैसे होते हैं जिसका अन्त चारपार्श्वी स्तूपों के रूप में होता है। जब ये पानी से घिरे हुए कंकड़ों के रूप में होते हैं तो इनके पार्श्व मिट जाते हैं। ये चतुष्कोणीय पत्थर की श्रेणी में आते हैं। जिरकान गोलाकार या कोणीय टुकड़ों के रूप में प्राप्त होते

हैं तथा इस प्रकार के कणों में भी प्राप्त होते हैं। जिरकान की कठोरता अलग-अलग रत्नों में अलग-अलग होती है। पर ७.५ से अधिक नहीं होती।

जिरकान पारदर्शक, पारभासक एवं अपादर्शक सभी तरह के होते हैं। इनमें हीरे के समान द्युति मिलती है। तेज दुहरे वर्तन के कारण जिरकान को विभिन्न दिशाओं से देखने पर पृष्ठ भाग के अनीक साफ-साफ दोहरे दिखाई देते हैं। प्रायः जिरकान एकाक्षीय तथा धनात्मक प्रकाशीय गुणों का प्रदर्शन करते हैं और ये द्विअक्षीय होते हैं। जिरकान प्रायः मिलते तो अनेक रंगों में हैं किन्तु इनके मुख्य रंग-हरा, पीला, नारंगी, भूरा है। जो रत्नीय पत्थर लाल या लाल भूरे होते हैं वे हाई पेन्थिस या जेन्थिस कहलाते हैं। जिन पत्थरों में पीलापन है वे जारगून कहलाते हैं। रंगहीन जिरकान प्रायः मिलते ही नहीं और जो बाजार में मिलते हैं वास्तव में पीले या भूरे रत्नीय पत्थर होते हैं जिनको तपाकर रंग उतार दिया गया होता है। इन श्वेत जिरकानों में बड़ी आश्चर्ययुक्त दमक होती है। हीरे के समान चमक-दमक वाला यदि कोई पत्थर है तो वह जिरकान ही है। कई प्रकार के जिरकान धुंधले और अपारदर्शक होते हैं तब भी दमक उनमें भी होती है। विभिन्न रंगों में होने के कारण जिरकान विभिन्न रत्न पत्थरों से मिलता-जुलता होता है। किन्तु उनकी पहचान आपेक्षिक गुरुत्व की विभिन्नता के कारण होती है। जिस प्रकार जिरकान के विभिन्न पत्थरों का गुरुत्व अलग-अलग होता है उसी प्रकार वर्तनांक भी भिन्न-भिन्न होता है। कुछ पत्थरों में एकावर्तन एवं कुछ में दोहरावर्तन होता है। द्विवर्णिता केवल नीले रंग के रत्नीय पत्थर में होती है।

जिरकान रत्नों के गुण एक दूसरे से इतने भिन्न होते हैं कि इन्हें तीन भागों में बांटा जा सकता है: (१) उच्चवर्ग, (२) मध्यवर्ग, (३) निम्नवर्ग। तीनों प्रकार के पत्थरों की कठोरता, आपेक्षिक गुरुत्व एवं वर्तनांक भी अलग-अलग होते हैं। इनका प्रकाशीयगुण भी अलग-अलग होते हैं। ताप-व्यवहार भी अलग होते हैं।

(१) उच्चवर्ग इस श्रेणी का जिरकान ही गोमेद कहा गया है जिसकी विशेषता 'रत्न प्रकाश' के उपर्युक्त दिए गये श्लोक में वर्णित है। इस अध्याय में गोमेद के दिए गये भौतिक गुण इसी श्रेणी के गोमेद की है। इस श्रेणी के रत्नों की द्विवर्णिता इतनी अधिक होती है कि बिना किसी यंत्र के ही आंखों से दिखाई दे जाती है। इसमें दो रंग दिखाई देते हैं-नीला और सफेद। यह रत्न पत्थर आसानी से चिरता नहीं। अप-किरणन भी इसका हीरे से

थोड़ा कम ०.३८ होता है। इसलिए इसमें आश्चर्यचकित कर देने वाली दमक होती है।

(२) मध्यमवर्ग-इस श्रेणी का जिरकान गहरे लाल रंग का एवं भूरापन लिए हुए लाल रंग का होता है। गरम करने पर इस श्रेणी के रत्नों का दोहरावर्तन, वर्तनांक तथा दड़क में कुछ परिवर्तन होकर यह उच्च वर्ग का बन जाता है।

(३) निम्नवर्ग-इस श्रेणी के जिरकान का रूप रवे के समान नहीं होता। यह हरे रंग की झाइयों में मिलता है। यह भूरे और नारंगी रंग में भी मिलता है। इसकी द्विवर्णिता भी कम होती है।

जिरकान का अनोखा गुण

इस रत्न का अनोखा गुण यह है कि यह कभी-कभी स्पेक्ट्रोस्कोप यंत्र में शोषण धारियां स्पष्ट करता है।

जिरकान तरह-तरह की काट में काटे जाते हैं परन्तु इसकी ज्वलंत काट ही अधिक की जाती है।

मिलने का स्थान

उत्तम कोटि के जिरकान का उत्पत्ति केन्द्र श्रीलंका में प्राप्त होते हैं।

यहां जिरकान अन्य रत्न पत्थरों के साथ पाए जाते हैं। ये बहुत सुन्दर एवं नीले और हरे रंग में पाए जाते हैं। श्रीलंका में सर्वप्रथम इन्हें हीरा समझा गया था और इन्हें मतुरा हीरे के नाम से जाना जाता था क्योंकि ये मतुरा नामक स्थान में पाए जाते हैं। इस प्रकार के विशेष लाल रंग के पत्थर आस्ट्रेलिया में न्यू साउथ वेल्स के मडगी स्थान से, फ्रांस और रूस से भी प्राप्त होते हैं। जिरकान पत्थर भारत में भी पाया जाता है जो नीला और हरा होता है। भारत में जिरकान कश्मीर, कुल्लू, शिमला, बिहार में हजारी बाग के निकट, ट्रावनकोर, कोयम्बटूर में पाये जाते हैं।

श्वेत एवं नीले जिरकान कभी थाईलैण्ड से भी आते थे। ये जिरकान वहां की नीलम की खानों से प्राप्त होते थे। किन्तु सन् १९२१ से ये पत्थर उन खानों

से निकलना बंद हो गए। अब जो वहां से निकलते हैं और निर्यात किए जाते हैं वे कम्बोडिया की खानों से निकाले जाते हैं। मेडागास्कर में भी जिरकान के रत्न प्राप्त होते हैं। दक्षिण अफ्रीका से पीले या भूरे जिरकान प्राप्त होते हैं जो यहां की हीरे की खान किम्बरली से प्राप्त होते हैं। 'रत्न प्रकाश' में कहा गया है कि बर्मा के भगोक नाम के स्थान से भी जिरकान पाया जाता है। इसमें पानी और लोच अधिक पाया जाता है और इसमें श्याम आभा न्यूनमात्रा में होती है। यहां का माल भी सर्वोत्तम माना जाता है किन्तु इसकी आमद बहुत कम है।

जिरकान की जांच और परख

श्वेत गोमेद रंग रहित होता है और दमक में हीरे के बराबर होता है इसलिए कम जानकार लोग इसे हीरा समझने का धोखा खा जाते हैं।

हीरे की मुद्रिका के रूप में यह धोखा बहुत चलता है। जिरकान की असली पहचान यह है कि इसमें दुहरावर्तन होता है और इस कारण पीछे के अनीकों के किनारे सामने से देखने पर दुहरे दिखाई देते हैं जब कि हीरे में ऐसा नहीं दिखाई देता।

गोमेद के बराबरी का दूसरा पत्थर स्फीनी है किन्तु उसकी कठोरता बहुत ही कम ५.५ है। कठोरता की तुलना करने पर दोनों को अलग-अलग पहचाना जा सकता है। स्फीनी का आपेक्षिक गुरुत्व बहुत अधिक होने से इसका और हीरे का अन्तर निकाला जाता है।

अभी तक सबसे बड़ा एवं भारी जिरकान २५ पौंड का मिला है। इसका आकार लंबाई-चौड़ाई ऊँचाई एक समान होती है।

राहु-रत्न गोमेद के औषधीय गुण

चर्म रोग, बवासीर, कफ, वायुशूल, अजीर्ण, मानसिक दुर्बलता आदि रोगों को मिटाने का औषधि गुण गोमेद में निहित है। गोमेद का नियमित सेवन करने से बल, बुद्धि और वीर्य में बढ़ोत्तरी होती है। मिरगी, बवासीर, इन व्याधियों के लिए गोमेद भस्म दूध के साथ लेने से लाभमिलता है। गोमेद रत्न धारण करने से प्लीहा, गर्मी, ज्वर आदि रोगों का नाश होता है।

गोमेद में दैवीय शक्ति

गोमेद रत्न धारण करने से शत्रु पराजित होते हैं। इसके धारण करने से सुख-सम्पत्ति एवं वैभव की प्राप्ति होती है। इसके धारण करने से हिंसक प्राणी निकट नहीं आते। गोमेद धारण करने से शरीर का रक्तस्राव नहीं होता। पूर्वार्जित पापों के नाश करने की अद्भुत दैवीय शक्ति गोमेद से प्राप्त होती है। पूर्वजन्म में किए अपराध के कारण यदि किसी कन्या के विवाह में अड़चन होती है, उन्हें गोमेद धारण करने पर उन पापों से मुक्ति मिलती है और विवाह संपन्न हो जाता है। विदेश यात्रा का योग होने पर भी यदि बाधा आती है तो गोमेद धारण करने से बाधा दूर होती है। रहने वाले मकान में यदि किसी प्रकार का दोष होता है, गोमेद के दैवीय प्रभाव से दोष दूर हो जाता है अतः गोमेद धारण करना चाहिए। बुरे स्वप्नों का परिहार करने की दैवीय शक्ति गोमेद में है। बंध्या स्त्रियां के गोमेद धारण करने से पुत्र-प्राप्ति होती है।

राहु रत्न गोमेद एवं ज्योतिष

गोमेद राहु का रत्न है। राहु एक छाया ग्रह है। इसकी अपनी कोई स्वराशि नहीं है। राहु रत्न गोमेद का ज्योतिषीय गुण जानने से पूर्व राहु के कारक तत्त्व कौन से हैं, यह जानना आवश्यक है। अतः उसे जानें-राहु का कारक तत्त्व- अनिद्रा, तर्क शक्ति, छिद्रान्वेषण वृत्ति, जिला परिषद, विधानसभा, लोकसभा, कमीशन एजेंट, रबर, भांग, गांजा, अफीम, उन्मादावस्था, हिस्टीरिया, मेस्मेरिज्म, सर्कस, वाचालता, उच्छृंखलता, भ्रम, भूतबाधा, आजा (पितामह की स्थिति), अफवाह, प्रचार विभाग, पूर्वजों का गुणगान, आश्चर्यचकित करने वाले काम, गुत्थम-गुत्थी के कार्य, आध्यात्मिक प्रगति, कैरम, शब्द प्रतियोगिता, गंजी पत्ते, शापित मकान, विदेश यात्रा, बुरे काम, बुरा स्वप्न, कर्म विपाक, विचित्र रोग, मूत्रविकार, बंध्यत्व, पैथालॉजी, इत्यादि का कारकत्व राहु के अधीन है।

गोमेद रत्न धारण करना

जब जन्मकुण्डली में राहु, लग्न, केन्द्र, त्रिकोण तथा तृतीय, षष्ठ और एकादश भावों में स्थित हो तो राहु की महादशा में गोमेद धारण करना लाभप्रद होता है।

यदि राहु द्वितीय, सप्तम, अष्टम तथा द्वादश भाव में स्थित हो तो गोमेद धारण नहीं करना चाहिए। अन्य प्रभाव इस प्रकार हैं:

- वृषभ, मिथुन, तुला, मकर, एवं कुंभ लग्न के जातक को गोमेद रत्न धारण करना चाहिए।
- जन्मकुंडली में १, ४, ७, १० या ११- इन स्थानों में से किसी एक स्थान में राहु हो तो ऐसे व्यक्ति को राहु रत्न गोमेद धारण करना चाहिए।
- जन्मकुण्डली में २, ३, ९, ११- इनमें से किसी स्थान में राहु हो तो ऐसे जातक राहु रत्न गोमेद धारण करें।
- जन्मकुण्डली में राहु राशि से छठे या आठवें स्थान में हो तो ऐसा जातक गोमेद धारण करे।
- जन्मकुण्डली में राहु शुभ स्थान का अधिपति बनकर वह अपने स्थान से छठे या आठवें स्थान में हो तो जातक को गोमेद धारण करना चाहिए।
- कुण्डली में धनुराशि में राहु हो तो ऐसे जातक को गोमेद धाराण करने से लाभ होगा।
- कुण्डली में राहु शुभ स्थान का अधिपति बनकर किसी भी स्थान में स्थित हो गां रवि दृष्ट हो तो ऐसे जातक गोमेद धारण करें।
- जन्मकुंडली में राहु शुक्र या बुध के साथ हो तो गोमेद धारण करना शुभ होता है।
- चोरी करने वाले, जुआ खेलने वाले, स्मगलिंग का व्यापार करने वालों को गोमेद धारण करना चाहिए।
- न्यायाधीश, वकील भी यदि गोमेद धारण करें तो लाभ होगा।
- किसी भी ग्रह की विंशोत्तरी महादशा में राहु की अन्तर्दशा प्रारम्भहो तो ऐसे जातक गोगेद धारण करें।

लग्न राशि के अनुसार राहु रत्न धारण करना

लग्न में, चतुर्थ में, सप्तम में, अष्टम में या व्यय स्थान में राहु हो तो गोमेद धारण करना लाभदायक है।

- मेष से मीन लग्न की जन्म कुण्डलियों में यदि राहु लग्न, चतुर्थ, सप्तम, अष्टम या व्यय स्थान में हो तो राहु रत्न गोमेद धारण करें।

गोमेद कम-से-कम ४.२५ कैरेट का धारण करना चाहिए। इससे ज्यादा सवा छः कैरेट, ११ कैरेट, १३ कैरेट का या ७ या १० कैरेट का विलोह धातु Alloy में मुद्रिका बनवाकर पहनें। सोने, चांदी में गोमेद कभी भी न धारण करें अन्यथा ग्रहण योग की अंगूठी हो जाएगी। गोमेद शनि की अंगुली मध्यमा में पहनें।

धारण विधि

सर्वप्रथम स्वाति, शतभिषा, या आर्द्रा- इन तीन नक्षत्रों में से किसी भी नक्षत्र में बुधवार के दिन प्रातः से मध्याह्न से पूर्व त्रिधातु की मुद्रिका बनवाकर उसमें ४.२५ कैरेट का रत्न जड़वा लें। लौहपत्र पर ही राहु का यंत्र बनवा लें।

अब राहु यंत्र एवं गोमेद जड़ित मुद्रिका की प्राण-प्रतिष्ठा पूजन करें। उसमें निम्न राहु मंत्र से अभिषेक करें। बिना प्राण प्रतिष्ठा के रत्न में प्रभावोत्पादक शक्ति नहीं आएगी-

मंत्र-ॐ कयानाश्चित्रऽ आभूववृती, सदा बुधः सखा।

कयाशचिष्ठयावृता॥

इसके बाद रत्न जड़ित अंगूठी अंगुली में धारण कर निम्न मंत्र से २८ या १०८ आहुतियां दें-

भ्रां भ्रीं भ्रौं सः राहवे नमः।

आहुतियों में पके चावल, शुद्ध घी, तेल एवं दूर्वा को समिधा के रूप में इस्तेमाल करें।

गोमेद के उपरत्न-तुरसाव, जिरकान, तुस्सा, साफी, तृणकान्त आदि। जो व्यक्ति गोमेद न खरीद सकें वे इन उपरत्नों की मुद्रिका उपयुक्त विधि-विधान से धारण करें।

रत्नाभावे जड़ी-राहु आर्द्रा, स्वाति एवं शतभिषा नक्षत्रों का स्वामी है। अतः आर्द्राका कृष्ण वृक्ष, स्वाती का अर्जुनवृक्ष, एवं शतभिषा का कदाक्र वृक्ष होता है। अपने जन्म-नक्षत्र के वृक्ष की जड़ या शाखा अभि-पंत्रित कर ताबीज में डालकर

पहनी जाय तो राहुजनित दोष दूर होता है या रत्न के अभाव में सफेद चंदन नीले धागे में बांधकर गले में धारण करना चाहिए।

राहु के जप-पूजन हवन के उपरान्त निम्न मंत्र से नमस्कार करना चाहिए।

अर्धकाय महावीरं चन्द्रादित्य विमर्दनम्।
सिंहिका गर्भ सम्भूतं तं राहु प्रणयाम्यहम्॥

१४

केतु और इससे सम्बन्धित रत्न-वैदूर्य या लहसुनिया (Cat's Eye)

यह केतु ग्रह का रत्न है। इसे विभिन्न भाषाओं में निम्न नाम से जाना जाता है-

वैदूर्य हेम वैदूर्य केतु रत्नं विदूरजनम्।

कैट्स आई, विडालाक्षं एनुलहरा तदुच्यते॥

वैदूर्य को हिन्दी में लहसुनिया कहते हैं।

संस्कृत में वैदूर्य, हेम वैदूर्य, केतु रत्न, विदूरज और विडालाक्ष, अभ्ररोह कहते हैं।

अरबी में एनुलहरा।

बंगला में-सूत्र मणि।

फारसी में-वैडूर्य।

मारवाड़ी बिल्लौर।

अंग्रेजी-Cats Eyel

भौतिक गुण-

रंग-लहसुनिया बिल्ली की आंखों जैसा चमकीला व पारदर्शक रत्न होता है। बिल्ली की आंख के सदृश चंचल एवं चमकीले डोरे इसमें घूमते दिखाई देते हैं। सफेद, पीलापन लिए सफेद, हरा-सफेद, श्याम वर्ण शहद जैसा इसका रंग होता है।

कठोरता-८.५०।

आपेक्षिक गुरुत्व-३.६८ से ३.७८ तक।

वर्तनांक १७५० से १.७५७ तक।

दुहरावर्तन- ०.०१०।

अपकिरणन- ०.०१५।

आकार धनात्मक।

समूह-क्रेसोबरिल (Chrysoberyl)।

लहसुनिया या Cats eye जो क्रसोबेरिल (Chrysoberyl) समूह का एक रत्न है। हेम वैदूर्य पीले रंग का एक रत्न है। अंधकार में लहसुनिया अनेक रंगों की छटा बिखेरता है। यह तन्तुमय पत्थरों में से काटकर प्राप्त होता है। हेम वैदूर्य की रासायनिक बनावट बेरिलियम का एल्यूमिनेट है। हेम वैदूर्य हल्के पीले रंग का, भूरा तथा हरा होता है। शुद्ध हेम वैदूर्य बर्मा की मागोक की खानों से तथा पश्चिमी अफ्रीका के घाना राज्य की खानों से प्राप्त होते हैं। जौहरियों ने इन रत्नों का नाम क्राइसोलाइट रखा है। लहसुनिया (विडालाक्ष) का रंग प्रायः भूरापन लिए होता है। विडालाक्ष को केबीकोन काट में संवारा जाता है। हेम वैदूर्य कुरुन्दम समूह के रत्नों के बाद अन्य सभी रत्नों से कठोर गुण लिए होता है। विडालाक्ष में रेशम के समान द्युति होती है। हेम वैदूर्य पारभासक तथा पारदर्शक होता है।

विडालाक्ष में भी अनेक रंगों की छटा देखने को मिलती है, जब वह अन्धकार में देखा जाय। बिल्ली की आंखों को रात्रि के अन्धकार में देखने से जैसे चमक आती है ठीक वैसी ही चमक इस रत्न से भी मिलती है। इस रत्न में रेशम के सदृश द्युति तथा हरा रंग भी होता है।

केबीकोन काट में काटने पर प्रकाश एक रेखा या पट्टी में केन्द्रित होता दिखाई पड़ता है और रत्न की सतह पर बिखरता दिखता है। रत्न को घुमाने पर जो प्रकाश की रेखा एक सूत्र के समान दिखाई देती थी बदल जाती है और इस प्रकार रेखाओं के चलने से बिल्ली की आंखों की याद आती है। इस गतिशील रेखाओं के कारण ही इस रत्न का नाम सूत्रमणि पड़ा है। यह इसलिए होता है कि यह रत्न तन्तुमय बनावट का होता है। विडालाक्ष रत्न अब बहुत प्रसिद्धि प्राप्त कर लिया है। इसका एक मात्र कारण इसके आकर्षक रंग जो लुभ्य होने से एक कौतुक से लगते हैं और इसका टिकाऊपन है।

विडालाक्ष रत्न प्रायः पेग्माइट, नाइस तथा अभ्रकमय परतदार शिलाओं में पाये जाते हैं। ये नाली की तलहटी में भी प्राप्त होते हैं। श्रीलंका, ब्राजील तथा चीन इनके मुख्य प्राप्ति स्थल हैं। पहले ही बताया जा चुका है कि बर्मा की खानों से प्राप्त विडालाक्ष रत्न सर्वोत्तम माना गया है। यह रत्न त्रिवेन्द्रम में भी मिलता है। ब्रिटिश म्यूजियम में क्राइसोलाइट के साथ ३५५ मिली मीटर लम्बा तथा ३५ मिली मीटर चौड़ा एक खूबसूरत विडालाक्ष रत्न रखा गया है।

इस रत्न के विषय में श्रीलंका में एक विश्वास है कि जो व्यक्ति लहसुनिया धारण करता है वह भूत-प्रेत बाधाओं या बुरी आत्माओं (ill soul) से प्रभावित नहीं हो सकता। अतः श्रीलंका निवासी इस रत्न को सबसे अधिक पहनते हैं।

रत्न-परीक्षा

पीली आभा युक्त विडालाक्ष (लहसुनिया) जिसमें सफेद धागे जैसी धारी हो, सर्वोत्तम माना जाता है। यह सफेद तंतु जितना चमकदार एवं सीधी रेखा सदृश हो वह रत्न उतना ही उत्तम माना जाता है। यदि तंतु रेखा के समान न होकर फैला हुआ हो तो वह चद्दर कहलाता है। जिस रत्न में यह सफेद रेखाएं (सूत के समान) न हों उसे Chrysolite कहते हैं।

प्राचीन मतों से जो लहसुनिया काली और सफेद मिश्रित झाई लिए हो, समगात्र हो, स्वच्छ हो, दड़कदार हो, खिलता हुआ प्रतीत होता हो, शरद कालीन मेघ के समान दुपट्टे में गर्भित हो अर्थात जिसमें दो किनारे स्पष्ट गले में पड़े हुए दुपट्टे के समान जिसकी गोलाई में सफेद रंग की डोरी दिखाई दे वह सर्वोत्तम माना जाता है। इसके अतिरिक्त लहसुनिया के विभेद हैं-व्याघ्राक्ष लहसुनिया (Tiger Eye) इसका रंग पीत मिश्रित श्याम होता है और इसी रंग में गहरे रंग का सूत होता है।

स्फटिक वर्ग का लहसुनिया

यह भी प्रकाशय प्रभाव में हेम वैदूर्य के विभेद विडालाक्ष के समान होता है। यह बहुत नरम होता है। यह प्रायः केबीकोन काट में काटा हुआ पाया जाता है। इसके बहुत से पत्थरों की रंगाई होती है किन्तु ये रंग स्थायी नहीं होते। इसका असली प्राकृतिक रंग हरी आभा या हरी-भूरी आभावाला होता

है। इसका प्रयोग सस्ते आभूषण बनाने एवं छतरी की मूठ आदि बनाने में किया जाता है।

लहसुनिया के विषय में एक धारणा यह है कि यदि इस रत्न को दोनों भौंहों के बीच ललाट के मध्य बिन्दु पर जोर से दबाकर लगाया जाय तो आदमी को भविष्य में होने वाली घटनाओं के विषय में जानकारी हो सकती है।

लहसुनिया के उपरत्न हैं- अलक्षेन्द्र (Alexandrite), कर्केतक (chrystolite), श्येनाक्षवैदूर्य, चन्द्रास आदि।

केतु रत्न लहसुनिया के औषधीय गुण

केतु रत्न लहसुनिया रत्न के अनेक व्याधियों में दवा का काम भी करता है। इसमें कफ नष्ट करने की क्षमता होती है। यह रत्न बवासीर शामक, बुद्धि वर्द्धक, विरेचक, पित्तनाशक, नेत्ररोग निवारक एवं वीर्यवर्द्धक है। दूध के साथ लहसुनिया भस्म के सेवन करने से शारीरिक गर्मी एवं सूजन दूर होती है।

घी में घोलकर वैदूर्य या लहसुनिया भस्म के सेवन करने से शरीर की गर्मी और नपुंसकता दूर होकर वीर्य गाढ़ा होता है। शहद के साथ वैदूर्य भस्म सेवन करने से पेचिश आदि रोग दूर होते हैं। पीपल की राख में लहसुनिया भस्म मिलाकर सेवन करने से सभी प्रकार के नेत्र-रोग दूर होते हैं। लहसुनिया रत्न धारण करने से अजीर्ण, आमवात, मधुमेह आदि रोगों में राहत मिलती है।

केतुरत्न लहसुनिया या वैदूर्य में दैवी शक्ति

लहसुनिया रत्न में मनुष्य के जीवन में सदैव सफलता पूर्व-कार्य करने की दैवीय शक्ति निहित है। वैदूर्य धारण करने से संतान सुख एवं पारिवारिक सुख प्राप्त होता है। लक्ष्मी स्थिर रहती है। भूत-प्रेत का भय नहीं रहता। मनुष्य का ओज जागृत होकर वीर भाव से वह भर जाता है और शत्रु को पराजित करने में समर्थ हो जाता है।

केतुरत्न लहसुनिया एवं ज्योतिष

केतु ग्रह का इसके रत्न से ज्योतिषीय सम्बन्ध निरूपित करने से पूर्व हमें राहु के कारक तत्त्व के विषय में भी जान लेना आवश्यक है।

राहु के कारक तत्त्व

अशक्तता, दुष्टता, पाप, बलात्कार, दुर्घटना, भूख-प्यास, कठिन कार्य नीच या हल्के काम, चर्मरोग, संतानहीनता, हाय-पैर के रोग, जंतु, फोड़े-फुसियां, शत्रु-बाधा, पिशाच-बाधा, मंत्र-तंत्र इत्यादि का कारक ग्रह केतु है।

केतु रत्न वैदूर्य धारण करना

वैदूर्य या लहसुनिया केतु का रत्न है। केतु भी एक छायाग्रह है और उसकी अपनी कोई राशि नहीं है। अतः जब केतु लग्न, केन्द्र, त्रिकोण या तृतीय, षष्ठ तथा एकादश भाव में स्थित हो तो केतु की महादशा में वैदूर्य धारण करने से लाभ होता है। यदि केतु, द्वितीय, सप्तम, अष्टम और द्वादश भाव में हो तो यह रत्न नहीं धारण करना चाहिए। अन्य विवरण इस प्रकार हैं:

- लहसुनिया केतु ग्रह का रत्न होने के कारण यदि जन्मांग में केतु अनिष्ट दुर्बल एवं अस्तगत हो तो वह जातक केतु रत्न लहसुनिया धारण करे।
- जन्मकुण्डली में केतु, चन्द्र, मंगल, गुरु या शुक्र के साथ किसी भी स्थान में हो तो जातक लहसुनिया धारण करे।
- जन्मकुण्डली में द्वितीय, तृतीय, चतुर्थ, पंचम, नवम, दशम इन स्थानों में से किसी भी स्थान में होने पर जातक को लहसुनिया रत्न धारण करना चाहिए।
- जन्मकुण्डली में रवि के साथ केतु हो तो या केतु रवि से दृष्ट हो तो जातक को लहसुनिया रत्न धारण करना चाहिए।
- केतु जन्मकुण्डली के शुभ स्थान का अधिपति होकर उससे छठे या आठवें स्थान में स्थित हो तो ऐसा जातक लहसुनिया रत्न धारण करे।
- कुण्डली में केतु पंचमेश या भाग्येश के साथ किसी भी स्थान में होने पर जातक को लहसुनिया रत्न धारण करना चाहिए।
- धनेश, चतुर्थेश, भाग्येश, दशमेश, एकादशेश इनमें से किसी के साथ केतु का योग हो तो लहसुनिया रत्न धारण करना चाहिए।

- किसी की दशा का आरम्भ हो और केतु की अन्तर्दशा चल रही हो तो जातक को लहसुनिया रत्न धारण करना चाहिए।
- भूत-प्रेतादि बाधा हो तो लहसुनिया धारण करना ठीक होता है।
- केतु जिस बात का कारक है उस विषय की प्रगति के लिए लहसुनिया रत्न धारण करना चाहिए।

लहसुनिया की धारण विधि

- लहसुनिया रत्न जो धारण करता है वह तीन रत्ती से कम वजन का नहीं होना चाहिए।
- लहसुनिया को त्रिलोह धातु में ही बनी मुद्रिका में जड़वाना चाहिए नहीं तो सोने-चांदी में बनवाने पर ग्रहण दोष लगता है।
- इस रत्न की अंगूठी के बजाय इसे केतु के यंत्र में जड़वा कर धारण करना अति उत्तम रहता है।
- **विधि** अश्विनी, मघा, मूला इन तीन नक्षन्त्रों में से किसी एक नक्षत्र में, मेष, घनु या सिंह राशि में चन्द्र हो और दिन बुधवार को शाम के समय त्रिधातु या पंच धातु की अंगूठी बनवाकर उसमें लहसुनिया जड़ावें।
- यह ध्यान रहे कि रत्न अंगुली की त्वचा से स्पर्श करता रहे।
- अब दूसरे दिन प्रातःकाल की बेला में एक केतु मंडप की स्थापना करें। त्रिधातु के पत्र पर केतु यंत्र बनवाकर अंगूठी उसपर रख कर यंत्र सहित अंगूठी की षोडशोपचार विधि से पूजन करें। अब निम्न केतु मंत्र से अभिषेक करते हुए यंत्र और मुद्रिका का पूजन करें एवं प्राण-प्रतिष्ठा करें-

ॐ केतुङ्‌ कृणवन्न केतवे पेशोमर्या अपेशसे।

समुषद्भिर जायथाः॥

इसके बाद अंगूठी धारण करें और निम्न मंत्र से १०८ बार पके चावल, शुद्ध घी, तिल, दर्भ की समिधाओं से आहुति दें। यदि आप स्वयं यह कार्य न कर सकें तो किसी योग्य ब्राहमण से यह कार्य सम्पन्न करवाएं।

कां क्रीं क्रौं केतवे नमः।

रत्नाभावे जड़ी-लहसुनिया रत्न न उपलब्ध हो तो असगन्ध की जड़ को आसमानी रंग के डोरे में गुरुवार को धारण करना लाभप्रद होता है। अश्विनी, मघा और मूल नक्षत्र-ये तीनों नक्षत्र केतु के अधीन हैं।

इन नक्षत्रों से सम्बन्धित हाथों की जड़ या शाखा को मंन्त्रित कर पहनने से केतु जनित बाधा दूर हो जाती है।

लहसुनिया मध्यमा या अनामिका अंगुली में धारण करनी चाहिए। रत्न जड़ित अंगूठी धारण करने के बाद एवं पूजन-हवन के बाद निम्न श्लोक का उच्चारण कर केतु को प्रणाम करें-

पलाश पुष्प संकाशं तारका ग्रह मस्तकम्।
रौद्र रौद्रात्मकं छोरं तंकेतु प्रणमाम्यहम॥

सावधानी-केतु रत्न के साथ माणिक्य, मूंगा, मोती और पीला पुखराज धारण नहीं करना चाहिए।

१५

बहुमूल्य अल्पमोली रत्न (Semi-Precious Gems)

(१) एक्वामेरीन

विभिन्न भाषाओं में नाम-

संस्कृत हरित नील मणि।

हिन्दी-बैरुंज।

अंग्रेजीसी-ग्रीन।

रंग-आसमानी, फीका नीला, फीका हरा, गुलाबी छटावाला, पी समुद्र के जल के समान।

आकार-षड्भुज।

भौतिक गुण

कठोरता-७.५० से ८.००।

विशिष्ट गुरुत्व-२६९ से २.७०।

वर्तनांक १५६ से १.५८।

पारदर्शिता द्विवर्णिता-स्पष्ट।

बहुत ही सुन्दर दिखने वाला अनुपम यह रत्न पन्ना का उपरत्न है। अपने मनभावन नीले रंग के कारण वह देखने वाले के मन को मोहित कर लेता है। यह उपरत्न पन्ना के सदृश गुणों वाला एवं मूल्यवान होने पर भी स्वयं की निर्मलता एवं नेत्राकर्षकता एवं नीले रंग के कारण कीमती उपरत्न है। नीला टोपाज, नीला जिरकान आदि भी एक्वामेरीन सरीखे ही उपरत्न हैं। आपस के

अन्तर को रत्न पारखी ही पहचान सकते हैं। एक्वामैरीन अतिआकर्षक, निर्दोष और आबदार उप रत्न है।

औषधिगुण पेट की बीमारियां, नेत्र रोग, मुख की दुर्गन्ध आदि रोगों का नाश करता है।

दैवीय शक्ति-यह उपरत्न धारण करने से आलस्य दूर होकर उत्साह का संचार होता है। बुद्धि तीक्षण होकर मान-सम्मान में वृद्धि होती है। विवाहित स्त्री-पुरुषों के लिए तो यह उपरत्न एक वरदान ही है। नवपरिणीता स्त्री को यह उपहार देने योग्य रत्न है। उसके द्वारा यह रत्न धारण करते ही उसका दाम्पत्य जीवन सुख-शान्ति, उल्लास, आनन्द, समृद्धि में यह उपरत्न सहायक होगा। प्रवास में यह उपरत्न संरक्षक का काम करता है।

यह उपरत्न धारण करने के लिए सुयोग्य पात्र

- जिनका जन्म १५ जून से १४ जुलाई के बीच हुआ है, वे जातक इस रत्न को धारण करने के योग्य हैं।
- जिस व्यक्ति का मार्च के महीने में जन्म हुआ है ऐसे जातक इस उपरत्न को धारण करें।
- जिनका भाग्यांक ५ है वे जातक इस उपरत्न को धारण कर सकते हैं।
- बुध रत्न पन्ना का यह पर्यायी रत्न है। बुध ग्रह जिनके जीवन पर बुरा प्रभाव डालते हैं ऐसे जातक यह उपरत्न धारण करें।

पेरीडोट (जबरजद्द) (Peridot)

परीडोट के भिन्न भाषाओं में निम्न नाम हैं-

संस्कृत घृतमणि, हरित मणि, हरितोपल।

हिन्दी-जबरजद्द।

अंग्रेजी अलवाइन, केसोलाइट।

मराठी-हरित मणि।

रंग-गहरा हरा, पीलापन लिए हुए हरा, श्याम आभा लिए हरा।

भौतिक गुण

कठोरता-७.००१।

विशिष्ट गुरुत्व-३.५० से ३.६०१।

वर्तनांक १६५ से १.६९।

पारदर्शक द्विवर्णिता स्पष्ट।

पैरिडाट का हरा रंग अपनी सुन्दर आभा से चित्त को आकर्षित कर लेता है। यह दो प्रकार के होते हैं- गहरे रंग के उपरत्नों को अलपाइन कहते हैं। पोपटी रंग के उपरत्नों को कोसोलाइट कहते हैं। पाश्चात्य देशों में इस रत्न की बड़ी महत्ता है।

औषधीय गुण

इस उपरत्न को शराब में डालकर शराब पीने से बुढ़ापा नहीं आता है। पागलपन में यह उपरत्न धारण करने से अत्यधिक लाभ होता है। स्त्रियों द्वारा इस उपरत्न को धारण करने से उनके उरोज उन्नत एवं पुष्ट होते हैं। इस रत्न के धारण करने से उदासीनता एवं बुरे विचार तिरोहित होते हैं।

दैवीय शक्ति

भूत-प्रेत बाधा, जादू-टोना, बुरी नजर के दुष्प्रभाव इस रत्न को धारण करने से दूर होते हैं। इंगलैंड के राजा एडवर्ड सप्तम इस रत्न की ताबीज सदैव अपने गले में धारण किए रहते थे।

उपरत्न को धारण करने का पात्र वह व्यक्ति है-

- जिनका भाग्यांक ५ है।
- यह रत्न बुध रत्न पन्ना का पर्यायी उपरत्न है। जिसकी जन्मकुण्डली में बुध अनिष्ट योग कारक है ऐसे जातक इस उपरत्न को धारण करें।

(३) अलेक्जेंड्रा (अलक्षेन्द्र)

भिन्न भाषाओं में इनके नाम इस प्रकार हैं-

संस्कृत हेम वैदूर्य, हेम रत्न।

हिन्दी-हर्षल, अलक्षेन्द्र।

अंग्रेजी अलेक्जेन्ड्राइट।

रंग-हरी झाई वाला, जामुनी, लाल झाई युक्त, हरा-पीला या मिश्रित।

समूह क्राइसोबेरिल (chrysoberyl)।

आकार विषम, लम्बाकार।

भौतिक गुण

कठोरता-८.५०।

विशिष्ट गुरुत्व १६० से ३.७३।

वर्तनांक १.७५ से १.७६।

पारदर्शिता द्विवर्णिता स्पष्ट।

प्राप्ति स्थान

यह यूराल पर्वत, लंका तथा अफ्रीका में मिलता है। यह मूल्यवान रत्न है। रासायनिक बनावट में यह बेरीलियम का एल्यूमिनेट है। यह काफी कठोर और टिकाऊ पत्थर है।

विशेषता सेमी प्रीसियस पत्थरों में यह मूल्यवान पत्थर है क्योंकि इसका खरड़ कठिनता से प्राप्त होता है। रंग परिवर्तन के गुण के कारण यह उपरत्न मूल्यवान रत्नों की श्रेणी में रखा गया है। इस रत्न में विविध रंग की जो छटाएं बिखरती हैं उसका कारण उसमें निहित फेरस आक्साइड का होना है। इसी रासायनिक पदार्थ के कारण इस रत्न में रंग बदलने की विशेष क्रिया हो

पाती है। और यही गुण इस रत्न को मूल्यवान बना दिया है। यह रत्न दिन में पन्ना और रात्रि में माणिक्य दिखाई देता है।

औषधीय गुण

मन को शक्ति एवं मानसिक विकास की वृद्धि करने की इस रत्न में शक्ति निहित है। मानसिक विकार, स्मृतिभ्रंश, मूर्च्छा, विस्मृति आदि रोगों का उपचार इस रत्न को धारण करके किया जा सकता है।

दैवीय गुण

मानसिकता पर नियंत्रण रखने की अद्भुत दैवीय शक्ति इस रत्न में निहित है। इस रत्न को धारण करने से अचानक भाग्य में परिवर्तन होता है।

इस उपरत्न को वे व्यक्ति धारण करें जिनका-

भाग्यांक ४ हो।

जिनका जन्म जून के महीने में हुआ हो।

जिनको मानसिक तनाव व मानसिक बीमारी हो।

जिनकी जन्मकुंडली में चन्द्रहर्षल, शुक्रहर्षल, किसी भी स्थान में हो। वे इस रत्न को धारण करें।

(४) स्पायनल या सौगन्धिक मणि

इसके भिन्न भाषाओं में भिन्न नाम हैं-

संस्कृत सूर्यमणि।

हिन्दी-लालड़ी या सौगन्धिक मणि।

फारसी-लाल।

अंग्रेजी-Spinal Ruby.

रंग-गुलाबी, पीली आभायुक्त रक्त वर्ण का, श्याम आभायुक्त लाल रंग का; नारंगी

भौतिक गुण

कठोरता-८.००।1

विशिष्ट गुरुत्व-३.६०।

वर्तनांक-१.७२।

पारदर्शिता अद्विवर्णिता।

प्राप्ति स्थान-बर्मा, लंका तथा श्याम देश में यह रत्न माणिक एवं नीलम रत्नों के खानों में पाया जाता है। इसमें द्विवर्णिता न होने से यह माणिक्य, नीलम, टूर्मेलीन रत्नों से अलग होता है। यह उपरत्न साफ, निर्मल एवं निर्दोष होता है।

दैवीय एवं औषधीय गुण

शरीर के सर्व-रोग, शरीर की पीड़ा आदि के नष्ट करने की औषधीय शक्त्ति इस रत्न में है। इस उपरत्न को धारण करने से व्यक्ति के मन में धार्मिक विचारों का उदय होता है। तीर्थाटन की प्रेरणा मिलती है। मकान में प्रेत-बाधा, भूत-बाधा जैसे कष्ट इस उपरत्न को धारण करने से दूर हो जाते हैं।

यह उपरत्न उस व्यक्ति को धारण करना चाहिए-

- जिनका जन्म जुलाई महीने में हुआ हो।
- जिनका जन्म १४ अगस्त से १३ सितम्बर तक के बीच हुआ है।
- जिनका भाग्यांक १ है।
- जिनके जन्मकुण्डली में रवि अनिष्ट कारक है।
- यह रत्न माणिक का पर्यायी उपरत्न है।

(५) ओपल या उपल रत्न

भिन्न भाषाओं में ओपल को इस प्रकार कहा जाता है-

संस्कृत मन्मथाश्मा, उपल, औपल, तुषार, सागरराज, जलगर्मक योगी रत्न।

हिन्दी सागरराज।

अंग्रेजी-Neptune|

रंग-यह पांच रंगों में प्राप्त होता है-काला, सफेद, पीला, लाल और हरे रंग का।

भौतिक गुण

कठिनता-२.२० से २.३०

वर्तनांक १.४४४ से १.४६४१

पारदर्शिता अद्विवर्णिता

प्राप्तिस्थान

ओपल आस्ट्रेलिया, हंगरी और मैक्सिको में पाया जाता है। ओपल नेप्च्यून (बृहस्पति) का रत्न है। यह अपने रंग के ही कारण महत्त्वपूर्ण स्थान प्राप्त किया है। यह अत्यन्त मुलायम होता है। यदि नीचे गिर जाय तो टूट जाता है। थोड़ा भी गरम होने पर ऊष्मा का इस पर दुष्प्रभाव पड़ता है इसलिए इस रत्न को अत्यंत सावधानी से देखभाल करनी चाहिए।

औषधीय एवं दैवीय गुण

नेत्र रोग को दूर कर नेत्रों की ज्योति में वृद्धि करने एवं मानसिक तनाव को दूर करने वाला यह रत्न है। रुचि में बढ़ोत्तरी एवं ज्वर रोग को दूर करता है। अध्यात्म की तरफ झुकाव होता है एवं अन्तर्ज्ञान जागृत होता है। इसको धारण करने से दूसरों के मन की बातें ज्ञात हो जाती हैं।

शुभ या अशुभ घटनाओं की पूर्व सूचना देने की इस रत्न में अद्भुत दैवीय शक्ति है। इस रत्न को धारण करने पर यदि शुभ होने वाला होगा तो इसके तेज में वृद्धि होगी और यदि अशुभ होने वाला होगा तो वह निस्तेज होगा। इस रत्न को धारण करने पर हमेशा यहें ध्यान रखना चाहिए कि उसके रंग में कोई परिवर्तन तो नहीं हो रहा है। इंग्लैंड की महारानी विक्टोरिया इस रत्न को धारण करती थीं।

शराब का नशा छुड़ाने में यह रत्न धारण करने पर बहुत सहायता करता है। शराब पीने की आदत छुड़ाने की दैवीय शक्ति इस रत्न में है। इसके लिए एक

बोतल शुद्ध जल लेकर उसमें ३ या ४ रती का ओपल डाल कर ४० दिन तक रख दें। ४१ वें दिन रत्न निकालकर पहन लें और पानी थोड़ा-थोड़ा ४१ दिन तक पीएं। शराब की लत छूट जाती है।

यह उपरत्न उरा व्यक्ति को धारण करना चाहिए जो-

- मीन राशि में जन्मा हो।
- जिनका जन्म १४ मार्च से १३ अप्रैल के बीच हुआ हो।
- जिनका जन्म अक्टूबर में हुआ हो।
- जिनकी जन्मकुंडली में नेप्च्यून ग्रह लग्न में तृतीय, चतुर्थ, षष्ठ, अष्टम, दशम या व्यय स्थान में हो।

(६) टूरमेलीन

विविध भाषाओं में इसके नाम-

संस्कृत-वैक्रांत।

हिन्दी-शोभामणि।

अंग्रेजी-टूर्मेलीन।

रंग-सारे रंगों में उपलब्ध।

भौतिक गुण

कठिनता-७.५०।

विशिष्ट गुरुत्व-३.०० से ३.१५ तक। वर्तनांक-१.६२-१६५।

आकार-षड्भुज।

पारदर्शिता द्विवर्णिता अति स्पष्ट।

प्राप्ति स्थान

ब्राजील, कैलीफोर्निया, भारत में विंध्य की पहाड़ियां। इस पृथ्वी पर जितने भी रंग हैं सबको अपने से समेटे हुए यह रत्न होता है। इसीलिए अंग्रेजी में

इस उपरत्न को 'कलर कॉकटेल' कहा जाता है। सभी रत्नों से अधिक विद्युत आवेश से युक्त यह रत्न है। मेब विलसन के अनुसार टूर्मेलीन को गरम करने पर उसके एक सिरे से घन विद्युत और दूसरे सिरे से ऋण विद्युत प्रवाहित होती है। रत्न के ठंडा हो जाने पर विद्युत आवेश अदल-बदल हो जाता है। ऐसा भी देखा गया है कि आभूषण में जड़ा रत्न शरीर की गर्मी के कारण विद्युत आवेशमय हो जाता है और हलकी वस्तुएं उससे चिपकने लगती हैं।

मेब विल्सन यह मानते हैं कि टूर्मेलीन में अनेक रंगों की बहार होती है। प्रायः पत्थर के एक सिरे पर एक रंग होता है और दूसरे पर दूसरा। कुछ ब्राजील के टूर्मेलीन जो Water Melon Tourmaline कहलाते हैं, अन्दर से लाल और बाहर से हरे रंग के होते हैं। कैलिफोर्निया के टूर्मेलीन में अन्दर से हरे दिखाई देते हैं और बाहर से देखने पर लाल दिखाई देते हैं।

टूर्मेलीन को स्टेपकाट द्वारा काटते हैं। केबीकोन काट से इस रत्न की शोभा बिगड़ जाती है। चमकीली लाल रंग की टूर्मेलीन को यदि हीरे के साथ जड़ा जाय तो हीरों की शोभा और द्विगुणित हो जाती है। अफ्रीका की खानों से प्राप्त टूर्मेलीन नील चमकदार मोर के पंखों के रंग के सदृश होता है। यदि यह अच्छी तरह से काटा गया हो या पॉलिश किया गया हो तो यह अद्वितीय शोभावान हो जाता है। इस रत्न की विशेषता यह है कि यदि इसे गरम किया जाय तो उसका मयूरी रंग पन्ने के रंग में बदल जाता है।

अनेक रत्नों के रंग और आकार एक समान होने के कारण टूर्मेलीन समझ लिए जाते हैं किन्तु आपेक्षिक गुरुत्व एवं तीव्र द्विवर्णिता के कारण इनकी पहचान कर ली जाती है। सत्रहवीं शताब्दी में जब प्रथम बार टूर्मेलीन योरोप के जौहरी बाजारों में पहुँचे तो लोगों ने उसे पन्ना समझ लिया।

औषधीय गुण

कुष्ठ रोग, त्रिदोष, पेट के रोग, ज्वर, श्वास, तपेदिक, प्रमेह, वीर्य दोष आदि रोगों को मिटाने का औषधीय गुण पर्याप्त मात्रा में इस रत्न में है।

दैवीय शक्ति

व्यापार, उद्योग-व्यवसाय, नौकरी, खेती, कोर्ट-कचहरी आदि सम्बन्धित विषयों में सफलता प्राप्त करने की दैवीय शक्ति इस रत्न में है। यह रत्न दुर्घटना होने से रोकता है। इस रत्न के धारण करने से कोई भी अशुभ नहीं हो सकता।

इस रत्न को उन लोगों को धारण करना चाहिए-

- जिनका जन्म अक्टूबर के महीने में हुआ है।
- जिनका जन्म १४ मार्च से १३ अप्रैल के बीच में हुआ हो।
- जो भाग्योदय चाहते हैं।

स्फटिकीय वर्ग के रत्न पत्थर

स्फटिकीय वर्ग में अच्छे रंगों एवं वर्णों के अनेक सुन्दर टिकाऊ रत्न उपलब्ध हैं। ये मणिभ (Crystal) में भी मिलते हैं और ऐसे भी मिलते हैं जिनके मणिभ स्पष्ट नहीं होते। ये रत्त्न पारदर्शक एवं अद्वितीय शोभा युक्त एवं चमत्कारिक गुण धारण करने वाले होते हैं। इनमें ऐसे भी रत्न मिले हैं जो हीरे को भी मात करने वाले थे। बिल्लौर रत्न में ऐसी ही चमक एवं दमक होती है। घुनैला एवं सुनैला पीले पुखराज के समान ही होते हैं कि अच्छे जौहरी भी पहचान में धोखा खा जाते हैं। एमीधीस्ट (कटैला) का रंग नीलम को मात कर देता है। लहसुनिया और व्याघ्राक्ष में प्रकृति ने अद्भुत चमत्कार दिए हैं कि नेता एवं देव लोग भी इससे प्रभावित हुए हैं।

भौतिक गुण

कठोरता-७।

आपेक्षिक गुरुत्व २.६५-२.६६।

वर्तनांक-१.५४-१.५५।

दुहरावर्तन-०.००९।

अपकिरणन- ०.१३।

स्फटिकीय वर्ग के अन्तर्गत अनेक अल्पमोली (Semi precious) रत्न आते हैं और इन्हें भिन्न-भिन्न नामों से जाना जाता है। ये रत्न अनेक अल्प मूल्य के आभूषणों में जड़ित होते दिखाई देते हैं। इन कम मूल्य के रत्नों की यह विशेषता है कि इन का रंग और इनकी बनावट अत्यधिक आकर्षक होती है। हेमस्फटिक (बिल्लौर), रंगहीन स्फटिक एवं समीथीस्ट (नीलम मणि) बहुत पहले से ही प्रचलन में हैं। थियोफेस्टस जो कि एक रत्न पारखी था, ने कहा है- एमीथीस्ट नक्काशी के काम में प्रयोग में लाया जाता था। इसका रंग लाल शराब के समान था और यह पारदर्शक था।

स्फटिक अनेक रंगों में होने पर भी इसका रासायनिक संयोग अत्यन्त साधारण है। यह सिलिकान का ऑक्साइड है और प्रायः प्रत्येक पत्थरों में सिलिका का योग होता है। वैसे आपेक्षिक गुरुत्व, दुहरावर्तन, कठोरता में कुछ भिन्नता पायी जाती है किन्तु बहुत कम। इस वर्ग में आने वाले पत्थरों को दो बड़ी श्रेणियों में बांटा जा सकता है।

(१) मणिभीय श्रेणी (Crystalline type)

(२) गुप्त मणिभीय श्रेणी (Crypterstalline Type) इस श्रेणी के स्फटिक सघन होते हैं। इनकी भी बनादट मणिभीय ही होती है किन्तु सामान्यतः दिखाई नहीं पड़ती। सूक्ष्मदर्शी से देखने पर पता चल जाता है। इन्हें चाल्केडोनी (Chalcedony) कहते हैं।

मणिभीय स्फटिक षट्कोणीय प्रिज्म तथा षट्कोणीय दोहरे स्तूप बनाते हैं। इनके आकार कभी एक ओर से मुड़े होते हैं तो कभी दोनों ओर। इस श्रेणी के अन्तर्गत पारदर्शक रत्न, जैसे-हेमस्फटिक या विल्लौर, सुनैला, कटैला या एमीथीस्ट आते हैं। दूसरे प्रकार के जैसे स्फटिक वर्ग का लहसुनिया, व्याघ्राक्ष। तीसरे प्रकार के रत्न जो बड़े आकारों में पाए जाते हैं- गुलाबी स्फटिक और ऐवेन्च्यूरीन।

चाल्केडोनी (Chalcedony) की श्रेणी में आने वाले रत्न हैं-कार्नालियन रत्न, क्राइसोप्रेज, सार्ड, जैस्पर, प्लाज्मा, वर्ल्ड स्टोन और अगेट-हकीक।

(७) हेमस्फटिक या बिल्लौर (Crystal)

यह एक रंग विहीन अल्पमोली रत्न है। यह बहुतायत में उपलब्ध होता है। काट करने एवं पॉलिश हो जाने के बाद यह अत्यन्त आकर्षक, सौन्दर्ययुक्त एवं मुलायम स्निग्ध हो जाता है। केवल (प्रोज्वलता) दमक कम होती है। दमक कम होने पर भी इसके बने नग नैकलेस, कान के झुमकों में जड़ित होने पर अत्यन्त मनभावन दिखाई पड़ते हैं। अत्यधिक मात्रा में उपलब्ध होने के कारण बिल्लौर पत्थर के रत्न वही बनते हैं जो निर्दोष एवं गुणों से युक्त हों। इनका प्रयोग आभूषणों के अतिरिक्त चश्में बनाने के यंत्रों में भी होता है। बिल्लौर से बने चश्मे के शीशों की पॉलिश ज्यादा समय तक बरकरार रहती है। जब कि शीशे में कुछ समय बाद ही खरोंच पड़ जाती है। बिल्लौर के मूल्यों में कमी और वृद्धि उसकी खपत के अनुसार होती है। यह अत्यन्त कम मूल्य का सस्ता रत्नीय पत्थर है। शीशे और बिल्लौर में पहचान यह है कि बिल्लौर स्पर्श में ठंडा होता है जब कि कांच में ऊष्मा सुचालकता की कमी के कारण वह ऊष्ण होता है। बिल्लौर की कठिनता अधिक होती है और उसके किनारे (अनीक) तेज धारदार और सफाई से कटे होते हैं। यह कांच की तरह भरा नहीं दिखाई देता। प्राचीन काल में बिल्लौर का प्रयोग मोहरें बनाने एवं संग्रहालयों में आभूषण, प्याले आदि बनाने में होता था जो संग्रहालयों में देखने से ज्ञात हुआ। शीशे की तकनीक बढ़ जाने के कारण बिल्लौर के नक्काशी का काम काफी घट गया है। किसी समय रईस लोग बिल्लौर के गिलासों और प्यालों में पानी, शर्बत या शराब पान किया करते थे।

बिल्लौर का आकर्षित करने वाला विशेष गुण उसमें चमकता हुआ प्रकाश का होना है। यह चमक उसकी बनावट के कारण ही है। बिल्लौर का प्रयोग चश्मे में तो होता ही है, उसके ताप जनित विद्युत गुण के कारण रेडियो तथा अन्य विद्युतमापी यंत्रों के लिए स्फटिक धारियां या पट्टियां भी बनाई जाती हैं। नील लोहित प्रकाश में अपनी पारदर्शिता के कारण बिल्लौर का प्रयोग फोटोग्राफी के लेंसेस में किया जाता है।

प्राप्ति स्थान

बिल्लौर ब्राजील, मेडागास्कर, जापान, संयुक्त राज्य अमेरिका, स्विटजरलैण्ड के आल्पस पर्वत प्रदेश, फांस एवं हंगरी में मुख्य रूप से प्राप्त होता है। कुछ

बिल्लौर इंग्लैंड में सोमरसेट वेल्स, कार्नवाल, उर्मीशायर और व्हाइट द्वीप के क्षेत्रों में प्राप्त होते हैं। भारत में स्फटिक बिल्लौर उत्तरी भारत के कश्मीर, शिमला, कुल्लू, मध्य प्रदेश में सत्पुड़ा तथा विंध्य पर्वत श्रेणी के अंचलों में प्राप्त होता है।

आल्पस पर्वत प्रदेश में समय-समय पर बिल्लौर सातवीं शताब्दी से प्राप्त होता रहा है। और वहां २४ फीट लम्बाई के पत्थर भी प्राप्त हुए हैं। कुछ पत्थर ५० से लेकर १०० पौंड तक के भी निकले हैं।

इन पत्थरों में कुछ अशुद्धियां मिश्रित होने के कारण इनमें से आश्चर्यचकित करने वाला चमत्कारिक रंग दिखाई देता है। कुछ में एकाध तरफ सतरंगी धनुष दिखाई देता है। ऐसे बिल्लौरों का Irish Quartz या Rainbow Quartz का नाम दिया गया है।

(८) धुनैला (Smoky Quartz)

यह भी धुएं के रंग का बिल्लौर ही है। इस प्रकार के बिल्लौर भूरे से लेकर काले रंगों में मिलते है। जो गहरे रंग के या काले होते हैं उन्हें मोरियोग कहते हैं। जो भूरे-पीले और लाल भूरे होते हैं वे कैर्न गार्म (Cairngorm) या स्काच टोपाज कहलाते हैं। हल्के नीले रंग के पत्थर क्वार्ट्ज, टोपाज, फाल्स टोपाज, यानकली स्पेनिश टोपाज कहे जाते हैं। इनमें आपस के गुणों में कोई अन्तर नहीं है। इस तरह के रत्न पत्थर अधिकांशतः सौन्दर्यहीन होते हैं। इस प्रकार के बिल्लौर सोडियम के कारण रंगीन दिखाई देते हैं। गर्म करने पर इनका रंग या तो उड़ जाता है या हल्का हो जाता है। कुछ पत्थर ताप के कारण लाल या पीले-भूरे हो जाते हैं। ताप द्वारा यह बदला रंग स्थायी हो जाता है। इन पत्थरों में द्विवर्णिता होती है। यह द्विवर्णिता गहरे रंगीन पत्थरों में आसानी से देखी जाती है।

कैर्नगार्म स्काटलैण्ड में मिलता है। अन्य धुनैले पत्थर स्पेन में कारडोवा में मिलते हैं। कुछ बड़े आकार के रत्न १८६८ में स्विटजरलैंड में प्राप्त हुए थे और बर्न के म्यूजियम में रखे गए हैं।

९) सुनैला (Citrine)

अन्दर की विलक्षण बनावट का यह एक पीला स्फटिक है। फेरिक ऑक्साइड योग के कारण यह पीला दिखाई देता है। प्रकृति-प्रदत्त सुनैला पत्यर बहुत कम मिलता है। बाजार में प्राप्त होने वाला सुनैला प्रायः घुमैला को गर्म कर परिवर्तित किया हुआ होता है। प्रायः अधिकतर लोग सुनैले के पीला होने के कारण इसे पुखराज (पीला) कहते हैं। जब कि यह पुखराज होता नहीं। क्योंकि यह पुखराज की अपेक्षा बहुत कम कठोर होता है। इसका आपेक्षिक गुरुत्व भी पुखराज की अपेक्षा बहुत कम होता है। किन्तु यह भी सच्चाई है कि यदि यह सफाई से काटा गया हो तो पुखराज से हीन नहीं लगता। अन्तर स्पष्ट होने का मुख्य कारण है पुखराज का इतना निर्दोष न होना। पुखराज इतना शुद्ध और साफ नहीं होता जितना सुनैला। इसका कारण यह है कि सुनैले के वही पत्थर रत्नाकार दिए जाते हैं जो बिलकुल निर्मल एवं शुद्ध होते हैं। ये टुकड़े पॉलिश होने के बाद पारदर्शक दिखाई देते हैं। सुनैला ब्राजील, युरुग्वे, यूराल पर्वत प्रदेश, फ्रांस एवं मेडागास्कर से प्राप्त होते हैं।

(१०) कटैला (Amethyst)

कटैला स्फटिक समूह के पत्थरों में सबसे अधिक सुन्दर दिखने वाला बैगनी रंग का रत्न होता है। यह स्फटिक समूह के रत्नों में सबसे अधिक मूल्यवान भी होता है। ये गहरे लाल एवं बैगनी रंग के होते हैं किन्तु इनमें रंग एक-सा नहीं होता। अर्थात् एक ही पत्थर में कहीं गहरा और कहीं पर हल्का रंग दिखाई देता है। इनके रत्न पत्थर दोषपूर्ण भी होते हैं। इन पत्थरों को कृत्रिम रंग भी दिया जाता है-ऐसा लोग मानते हैं। रंग इनका चाहे प्राकृतिक हो या कृत्रिम परन्तु सूर्य के प्रकाश में ये हल्के रंग के ही दिखाई पड़ते हैं। कटैला को यदि ताप पर रखा जाय तो ये या तो रंगहीन हो जाते हैं या कुछ पत्थर पीले भूरे हो जाते हैं। अधिकतर सुनैला रत्न तप्त कटैला ही होता है। इनमें द्विवर्णिता नहीं होती।

हल्के रंग के और दोष युक्त कटैले की कीमत बहुत कम होती है। दिल्ली की रत्न बाजार में २-३ रुपये प्रति कैरेट में भी ये बिकते हैं। किन्तु गहरे रंग के और दोष रहित रत्न अच्छे मूल्यों में बिकते हैं। गहरे रंग के पत्थरों में द्विवर्णिता

होती है। इन पत्थरों में गहरा रंग मैगनीज़ आक्साइड होने के कारण होता है। कटैला और कुरुन्दम जाति के पत्थर नीलम में बहुत अन्तर पाया जाता है। नीलम में इससे अधिक कठोरता और दड़क होती है।

कटैले को अधिकतर स्टेप या मिश्रित काट का रूप दिया जाता है। इसकी सतह विभिन्न आकार प्रकार की होती है। साइबेरिया में मिलने वाले कटैले बहुत अधिक गहराई से काटे जाते हैं एवं उनमें एक विशेष प्रकार की धातु जनित चमक होती है जो किसी अन्य पत्थर में नहीं पायी जाती। इस पत्थर के स्वक्ष एवं सावधानी से कटे रत्न अंगूठी, बूचों और नैकलेसों में जड़े जाते हैं। दोष युक्त एवं मलिन पत्थर छतरियों की मूठों, दवातों जैसी वस्तुएं बनाने में काम आते हैं। पहले जमाने में इस रत्नीय पत्थरों पर नक्काशी का काम होता था। अब इसका चलन समाप्त हो गया है। कटैले के मूल्य में कमी होने का एक मुख्य कारण यह भी है कि द०अमेरीका में इसकी एक बड़ी खान का मिल जाना। उससे पहले एमीथीस्ट ज्यादा मूल्यों में बिकते थे। उन्नीसवीं शताब्दी में इंग्लैण्ड की महारानी शारलोट के एमीधीस्ट के नैकलेस का मूल्य २००० पौण्ड लगाया गया था जब कि उसका मूल्य आज ५० से १०० पाउंड तक हो सकता है।

इमीथीस्ट की प्राप्ति का मुख्य स्थान ब्राजील, युरुग्वे, साइबेरिया, भारत, श्रीलंका, मेडागास्कर, ईरान, मैक्सिको, सं. राष्ट्र अमेरिका के मेन न्यू हैम्पशायर, पेन्सिलवानिया, उत्तरी कैरोलीना हैं। सबसे उत्तम किस्म के एमीथीष्ट ब्राजील से प्राप्त होते हैं। अच्छे रत्न रूस में यूराल पर्वत पर भी मिलते हैं। भारत में तथा श्रीलंका में भी एमीधीस्ट अच्छे जाति के होते हैं। ब्राजील का एक अत्यन्त उत्तम एमीयीस्ट जिसका वजन ३३४ कैरेट है। दो रूसी रत्न जो वजन में ८८ तथा ७३ कैरेट हैं, ब्रिटिश संग्राहलय में रखे गए हैं।

(११) लहसुनिया (Cat's Eye Quartz)

यह स्फटिक समूह का लहसुनिया है जो Chrysoberyl (काइसोबेरिल) जाति के लहसुनिया से मुलायम और सस्ता होता है। किन्तु जब इस रत्न को केबीकोन काट का रूप दिया जाता है तब इसमें लहसुनिया जैसा प्रभाव आ जाता है। इसमें बहुत से पत्थरों में कृत्रिम रंगाई होती है परन्तु वे रंग स्थायी नहीं होते। इसका

प्राकृतिक रंग हरा-सा या भूरा होता है। इसके प्राप्ति स्थान भारत, श्रीलंका और बावेरिया हैं। श्रीलंका से प्राप्त रत्नों की अच्छी कद्र होती है।

(१२) व्याघ्राक्ष (Tiger's Eye)

यह एक तन्तुमय स्फटिक है जिसका रंग सुनहले पीले से लेकर नीले रंग का होता है। इसमें भी अच्छी कटाई और पॉलिश के बाद लहसुनिया के समान रात्रि में प्रकाशीय चमक दिखाई देती है। यह नीले एस्बेस्टस का रूप है। यह वास्तव में उस सनिज के विघटन से बनता है जिसमें ऐस्बेस्टस का स्थान स्फटिक ले लेता है। मूल खनिज की तन्तुमय रचना इसमें बनी रहती है। व्याघ्राक्ष दक्षिण अफ्रीका में ग्रीक्वालैण्ड के पश्चिम के एवरेस्टस पर्वतों में मिलता है। इसका प्रयोग छतरी की मूठें, पेपरवेट आदि बनाने में किया जाता है। इसके समान ही एक सहयोगी स्फटिक नीले रंग का होता है जिसे श्येनाक्ष कहते हैं। यह भी दक्षिणी अफ्रीका में उसी स्थान में पाया जाता है।

(१३) गुलाबी स्फटिक (Rose Quartz)

स्फटिक जाति का यह दीर्घकाय रत्न पारभासक और पारदर्शक होता है। इसका रंग गुलाब के रंग जैसा हलका लाल होता है। कभी-कभी गहरा काला भी होता है। यह रंग इसमें मैगनीज के कारण होता है। यह रत्न पारदर्शक रूप से बहुत कम पाया जाता है।

इसकी द्युति रत्नीय होती है। और यह दूधिया-सा दिखाई पड़ता है। गहरे रंग वाले स्फटिकों में कुछ-कुछ द्विवर्णिता पायी जाती परन्तु इसका रंग प्रकाश या ताप देने से फीका पड़ जाता है। गुलाबी स्फटिक एन. केबीकोन या अनीक रहित मनकों पर काटा जाता है।

गुलाबी स्फटिक के बड़े भारी पिन (आरपार ८ फुट लम्बाई तक के) बावेरिया की पेग्मेटाइट शिलाओं में मिले हैं। इसके अन्य प्राप्ति स्थान हैं-ब्राजील, संयुक्त राज्य अमेरिका, फ्रांस, यूराल पर्वत, दक्षिण-पश्चिम अमेरिका, मेनी टोबा, मेडागास्कर। बोस्टन के प्राकृतिक इतिहास के संग्रहालय में एक बहुत ही सुन्दर पदार्थ रखा हुआ है जिसमें धुनैला के बड़े त्रिपार्श्व के चारों ओर पहनाई हुई माला में गुलाबी स्फटिक के छोटे और स्वच्छ मणिभों के मनके पिराये हुए हैं।

(१४) एवेनच्यूरीन (Aventurine)

एवेनच्यूरीन रूस, भारत और चीन में प्राप्त होता है। इस रंगीन पत्थर को लोग जेड (Jade) समझने की भी भूल कर लेते हैं यद्यपि एवेनच्यूरीन का रंग और रासायनिक संगठन जेड से भिन्न होता है। साधारणतया यह गहरे हरे रंग का होता है और इस पर गहरे रंग के धब्बे होते हैं जो अभ्रक और हेमेटाइट के मिश्रण इसमें मिलने के कारण होते हैं। इन धब्बों में एक प्रकार की चमक होती है जो सूक्ष्मदर्शी यंत्र द्वारा देखने पर धातु जनित द्युति होती है। इसका रंग हरा-पीला और लाल-भूरा होता है किन्तु अच्छे किस्म के एवेनच्यूरीन के बड़े टुकड़े नहीं मिलते। इस रत्न का मूल्य जेड से कम होता है। एवेनच्यूरीन को भारतीय जेड भी कहते हैं क्योंकि इसके काटे गये पत्थर अधिकतर भारत में होते हैं। इसका कुड खरड़ (कच्चा माल) चीन को बेच देते हैं। चीन में इसकी बड़ी उपयोगिता है और वहां इसकी मूर्तियां बनायी जाती हैं।

एवेनच्यूरीन के समान ही एक दूसरा पत्थर भी है जिसे (Gold stone) गोल्ड स्टोन कहते हैं। भारतीय वाङ्मय में इसे संग सितारा के नाम से जानते हैं। यह कृत्रिम पत्थर लाल भूरे रंग का होता है जो पिघले हुए शीशे और तांबे के मिश्रण से बनाया जाता है। इसमें आकाश के तारों के समान बिन्दु के रूप में चमकते हैं। यह रत्न इतना नरम और कोमल होता है कि हल्की-सी रेती से रगड़ने से ही घिस जाता है या हल्की चोट करने से ही टूट जाता है।

चाल्केडोनी समूह (The Chalcedony Group)

यह गुप्त मणिभ श्रेणी के स्फटिक पत्थर होते हैं। ये प्रायः पारभासक या पारदर्शक होते है। ये रत्नीय पत्थर छोटे मणिभ (Crystal) कणों से युग्मित एवं संगठित होने से बनते हैं और इसकी बनावट तंतुमय होती है। ये सूक्ष्मदर्शी यंत्र से देखे जा सकते हैं। इन पत्थरों के भिन्न-भिन्न रंग होते हैं और अधिकतर हलके रंग के भी होते हैं। चाल्केडोनी एक छिद्र (Porous) या रंध्रमय पत्थर है इसलिए इसकी कृत्रिम रंगाई अत्यन्त सरलता से हो जाती है। इस उपरत्न पत्थर की कठोरता-७है। इसका आपेक्षित गुरुत्व-२.६२ से २.६४ है। इस समूह के मुख्य रत्नीय पत्थरों का संक्षिप्त विवरण नीचे दिया जा रहा है।

(१५) कार्नीलियन (रात रतुआ) (Carnelian)

कार्नीलियन के विविध भाषा में नाम निम्न हैं।

संस्कृत-रक्तांकित।

हिन्दी-उर्दू-रातख्तवा।

फारसी-यमनी।

अंग्रेजी-कार्नेलियन।

रंग-लाल, पीली झाई युक्त, नारंगी।

समूह-चाल्केडोनी।

आकार-त्रिभुज।

भौतिक गुण

कठोरता-७.००।

आपेक्षिक गुरुत्व-२.६६।

वर्तनांक १५५।

द्विवर्णिता स्पष्ट।

यह पत्थर अपने मनमोहक लाल रंग के कारण अत्यंत लोकप्रिय है।

इस रत्न के दूधिया सफेद और हलके-पीले रत्नीय पत्यर भी प्राप्त होते हैं। परन्तु यदि ये उच्च श्रेणी के नहीं होते तो इनमें आकर्षक शक्ति नहीं होती। लाल रंग के पत्थरों में हलकी धारियां दिखाई देती हैं। किन्हीं-किन्हीं रत्नों में धब्बे भी होते हैं। इसकी खरड़ (Rough Material) अधिकतर ब्राजील और युरुग्वे से आती है। भारत, क्वींस लैण्ड और जापान में कारनीलियन अगेट (हकीक) के साथ पर्याप्त मात्रा में प्राप्त होता है।

दक्षिणी अमेरिका से प्राप्त खरड़ की कटाई, सफाई, पॉलिश आदि जर्मनी में होती है। इन पत्थरों के रंगों में सुधार किया जाता है। ये पत्थर रंध्रयुक्त होने

के कारण उनकी रंगाई आसानी से हो जाती है। ये रत्न यदि अधिक ताप पर गरम किए जाएं तो वे सफेद राख हो जाते हैं। प्रत्येक पत्थर का रंग-परिवर्तन आयरन आक्साइड के अनुपात पर निर्भर है। भारतीय कारनीलियन अधिकतर अपने प्राकृतिक रंगों में मिलते हैं। इनकी कटाई और पॉलिश भी भारत में होती है। जयपुर में एक जौहरी के **पास एक ऐसा रत्न है जिसमें एक कबूतर का जोड़ा बना है।**

(१६) क्राइसोप्रेज (Chrysoprase)

इसे हिन्दी में और भारत में हरित मणि कहते हैं। इस रत्न का रंग सेब के समान होता है। इसमें अधिकतर दरारें और भूरे धब्बे होते हैं। रंग भी गहरा हरा नहीं होता, जेड के समान इसमें चमक भी नहीं होती। इसमें अमेजसाइट के समान द्युति भी नहीं होती। इसका हरा रंग कुछ मात्रा में निकिल आक्साइड के वर्तमान होने से होता है। इस जाति के रत्नीय पत्यर अलभ्य होते हैं इसी कारण स्फटिक समूह में यह काफी मूल्यवान हो गया है। यद्यपि कुछ दोष होने के कारण यह रत्न बाजार में अधिक लोकप्रिय नहीं है। ताप के प्रभाव से यह रंगविहीन हो जाता है। सूर्य की गर्मी से इसका रंग हल्का हो जाता है। ये पत्थर अत्यधिक चटकने वाले होते हैं। इस पत्थर के प्राप्ति स्थान-साइलेशिया, यूराल पर्वत प्रदेश, सं.रा. अमेरिका में कैलिफोर्निया, ओरेगान, तथा एटिजोना।

(१७) सार्ड

यह भी भूरे रंग का कारनीलियन ही है और इसमें और कारनीलियन में कोई अन्तर नहीं है। इसका रंग कभी-कभी श्याम आभा युक्त हो जाता है। कभी-कभी इन पत्थरों में अन्दर धब्बे दिखाई देते हैं। ताप से कभी-कभी इसका रंग सुधर जाता है किन्तु यह आकर्षक रत्नीय पत्थर नहीं माना जाता। भारत में इसके अच्छे नमूने के पत्थर प्राप्त होते हैं। यूनान और रोम में भी ये रत्नीय पत्थर पाए जाते हैं।

(१८) जैस्पर (Jasper)

यह भी अनाकर्षक रत्नीय पत्थर है। यह अपारदर्शक और गहरे लाल रंग का होता है। रंध्र (Porous) युक्त होने के कारण प्रायः इसे नीले रंग में रंगकर

स्विस लेपिस या जर्मन लेपिस के नाम से बेचा जाता है। यह कृत्रिम रंग स्थायी नहीं होता। जैस्पर अनेक स्थानों से प्राप्त होता है। मुख्य प्राप्ति स्थान-उत्तरी अमेरिका, जर्मनी, सिसली और रूस हैं।

(१९) ब्लडस्टोन (पितौनिया) (Blood Stone)

यह रत्नीय पत्थर भी कोई आकर्षक रत्न नहीं है। इस पत्थर पर नक्काशी होती है। प्रायः लोग इसे अंगूठियों में जड़वाते हैं। इनकी मालाएं बनायी जाती हैं। यह हरे रंग का एक अपारदर्शक पत्थर होता है और उसपर लाल रंग के छींटे होते हैं। इनके बड़े टुकड़ों से डिब्बियां या घड़ी के फ्रेम बनाए जाते हैं। इसका अधिकतर इस्तेमाल इसके ऊपर दैविक आस्था के कारण है। यह मार्च में उत्पन्न हुए लोगों के लिए जन्म रत्न (Birth Stone) या सौभाग्य रत्न माना जाता है। यह बहुत सस्ता होता है।

(२०) अगेट (हकीक) (Agate)

हकीक के भिन्न भाषाओं में भिन्न नाम हैं-हिन्दी, उर्दू, फारसी हकीक, अकीक। रंग-सफेद, पीला, बादामी, लाल, हरा, काला।

समूह-चाल्केडोनी।

आकार त्रिभुज।

भौतिक गुण

कठोरता-७.००।

आपेक्षिक गुरुत्व-२.६५।

वर्तनांक-१.५५।

पारदर्शिता स्पष्ट द्विवर्णिता।

चाल्केडोनी के समूह का यह पत्थर बहुत महत्त्वपूर्ण रत्नीय पत्थर है। उसमें बहुत-सी धारियां पड़ी होती हैं जो अस्पष्ट होती हैं किन्तु सूक्ष्मदर्शी यंत्र से वे अवश्य दिखाई देती हैं। सर डेविड ब्रियुस्टर ने एक पत्थर की सूक्ष्म परीक्षा की

तो एक इंच में उन्होंने १७०० धारियां देखीं। इसमें दूधिया, सफेद, पीला, भूरा, लाल आदि अनेक रंग पाए जाते हैं। ये रत्न नीले और हरे रंग के भी होते हैं। इन पत्यरों में रंग चारों तरफ एक समान नहीं होता एवं इनके अन्दर धारियां सीधी भी होती हैं और टेढ़ी-मेढ़ी और समानान्तर भी। जिन हकीक पत्थरों में बारी-बारी से काली धारियां होती हैं उन्हें ओनिक्स या सुलेमानी कहते हैं जिनमें भूरी या सफेद धारियां होती हैं उन्हें सार्डोनिक्स (Sardonyx) कहते हैं। जिनमें लाल और सफेद धारियां होती हैं उन्हें लाल अगेट या कारनीलियन अगेट कहते हैं। इसी प्रकार घारियों के रंगों के अनुसार इनके और भी नाम दिये गये हैं।

अगेट पत्थर प्रायः ज्वालामुखी से निकली लावा की कठोर परतों या उनके बीच की दरारों से मिलते हैं। प्रायः ये पत्थर सिलिका के जमने से तैयार होते हैं। इनकी परतों में कभी-कभी बड़े सुन्दर चित्र बन जाते हैं।

इन रत्न पत्थरों में रंध्र होने से इन्हें कृत्रिम रूप से कई रंगों में रंग देते हैं। गहरा हरा और नीला रंग पत्थरों में रसायनों द्वारा भरा जाता है। ये रंग स्थायी और अधिकतर चमकीले होते हैं।

अगेट की रंगाई जर्मनी में ओबरस्टीन नामक स्थान पर जो रत्नीय पत्थरों की कटाई, पॉलिश, व रंगाई का प्रमुख स्थल है, पर होती है। अच्छे रत्नीय पत्थर ब्राजील, युरुग्वे, भारत, संयुक्त राज्य अमेरिका और सेक्सोनी में प्राप्त होते हैं।

भारत में यह पत्थर होशंगाबाद जिले के टिरनी गांव में नर्मदा की सहायक नदियों में पाया जाता है। इसके ८ इंच तक बड़े पत्थर पाए जाते हैं। महावीर, गौतमबुद्ध, श्री कृष्ण, लोकमान्य तिलक, आदि के अंकित चित्र भी इन पत्थरों पर प्रतिबिम्बित पाए गए हैं। इस प्रकार अनेक पक्षियों एवं पशुओं के भी प्रतिबिम्ब इन पत्थरों में मिले हैं। यह प्रकृति की अद्भुत लीला ही है। भारत में और स्थानों पर भी हकीक पत्थर मिलते हैं-दक्षिण भारत में राजमहल के पर्वतीय स्थान से निकली नदियों की तलहटी, कृष्णा, गोदावरी और भामा नदी के तलहटी में भी।

कश्मीर के रडोक नामक स्थान में, बिहार के संथाल परगना में, तमिलनाडु के राज मुन्दरी के निकट, गुण्टूर जिले में भी हकीक प्राप्त होते हैं।

मध्यप्रदेश के नर्मदा नदी के तटपर मेढ़ा घाट नामक स्थान पर; जो जबलपुर के पास है एवं गुजरात में भी कुछ स्थानों पर हकीक मिलता है।

(२१) चकमक पत्थर

इसे अंग्रेजी में Flint कहते हैं। यह पत्थर पारभाषक या अपारदर्शक होता है। इसका रंग स्लेटी, धुएं के रंग का, भूरा या काला होता है। यह प्रायः चूने के पत्थरों में या चाक मिट्टी के निक्षेपों में गांठों के रूप में प्राप्त होता है। चकमक पत्थर के बाहरी सतह पर सफेद आवरण चढ़ा होता है। इस पत्थर का उपयोग प्राचीन काल में आग उत्पन्न करने के लिए किया जाता था। आदिवासी इस पत्थर का अस्त्र भी बनाते थे। इंगलिश खाड़ी के किनारे पर चाक की चट्टानों में यह काफी मात्रा में मिलता है।

(२२) प्रेज (Prase)

यह पारभासक पीले रंग का स्फटिक है। इसमें तेल के समान

प्रकाशीय चमक होती है। स्फटिक का नीला रंग नहीं होता। यदि हो भी तो बहुत कम। यदि नीला स्फटिक मिलता भी है तो भारत में राजस्थान के सीकर जिले में। लाल स्फटिक की अनुकृति के लिए गर्म लाल स्फटिक को लाल स्याही में डुबाकर बनाई जाती है। लाल रंग के स्फटिक में हीमेटाइट का मिश्रण होता है। इस स्फटिक का उपयोग प्राचीन काल में अक्षर या किसी की आकृति बनाने के लिए करते थे। यह सेक्सोनी में भी मिलता है।

(२३) हीलियोट्रोप (Hiliotrope)

यह गहरे रंग का स्फटिक है जिस पर जैस्पर के फैले हुए धब्बे दिखाई देते हैं। प्राचीन समय में लोग इस पर धार्मिक लेखों की खुदाई करते थे जिनमें लाल धब्बे रक्त के छीटों के समान लगते थे। यह स्फटिक अंगूठी बनाने के लिए भी प्रयोग में लाया जाता है। यह भारत और साइबेरिया में प्राप्त होता है। इसे सेंट स्टीफेन का पत्थर भी कहते हैं।

(२४) फिरोजा (Turquoise)

इसके विभिन्न भाषाओं के नाम निम्नलिखित हैं:

संस्कृत हरिताश्म, पेरोज।

अंग्रेजी-Turquoise।

हिन्दी, उर्दू, मराठी फिरोजा।

रंग-फिरोजी, हल्का फिरोजी, आसमानी, हरा, हल्का हरा।

आकार-लम्बा, गोल, टेढ़ा-मेढ़ा अनिश्चित आकार।

-भौतिक गुण

कठोरता-६.००।

आपेक्षिक विशिष्ट गुरुत्व-२.६०-२.८२।

वर्तनांक १.६१-१.६५।

पारदर्शिता-अपारदर्शक।

फिरोजा अपारदर्शक उन गिने-चुने रत्नों की श्रेणी में आता है जिनकी गणना बहुमूल्य जवाहरातों में की जाती है। इसका कारण है-वास्तविक आसमानी रंग में मिलने की दुर्लभता जो बहुत ही कम उपलब्ध है। इस अल्पमोली रत्न को मूल्यवान बनाने का एक मात्र कारण इस रत्न का आसमानी रंग में मिलना दुर्लभ होना है। इसके रत्नीय पत्थर सेब के रंग के समान हरे से लेकर नीले रंगों के होते है। कृत्रिम प्रकाश में फिरोजा का रंग नहीं बदलता।

फिरोजा की रासायनिक बनावट अत्यंत जटिल है। यह एल्युमिना का हाइड्रस फास्फेट है और कापर (तांबे) के मिश्रण से रंगा हुआ है। लोहा भी थोड़ी-बहुत मात्रा में इसमें मिश्रित होता है। इसके अन्दर जल का भी कुछ अनुपात होने के कारण इसका उपयोग करने और किसी कार्य को करते समय सावधानी' की आवश्यकता होती है।

लगभग सभी रत्त्न गर्म करने पर अपना मूल रंग कुछ समय बाद खो बैठते हैं। अनेक रत्नीय पत्थर खान से निकलते ही सूर्य का प्रकाश पड़ने पर पीले हो जाते हैं। यदि इन्हें पुनः मिट्टी में दबा दिया जाय तो वे पुनः अपने असली रंग में वापस आ जाते हैं। फिरोजा के रंग को सुरक्षित रखने के लिए उसे जल या अन्य दूसरे तरल पदार्थ में नहीं डालना चाहिए। फिरोजा को शरीर के पसीने से भी बचाना आवश्यक होता है क्योंकि पसीने के प्रभाव से नीले रत्न हरे रंग में बदल जाते हैं।

फिरोजा का असली रंग सत्यतः मनोहर होता है किन्तु इसके रंग की नाजुकमिजाजी यानी अस्थायीपन को देखकर यह कहना पड़ता है कि यह रत्न और आभूषणों में जड़ने के लिए उपयुक्त नहीं है। यह Porous यानी रन्ध्र युक्त भी है और नरम भी। एक स्फटिक पत्थर फिरोजा पर आसानी से खरोंच डाल सकता है। इसकी प्राकृतिक बनावट मणिभीय नहीं है। सूक्ष्मदर्शी यंत्र से देखने पर इसमें दुहरे वर्तन के तंतु या कण दिखाई देते हैं। इस गुण में यह चाल्केडोनी से मिलता-जुलता है। इसकी द्युति मोम के सदृश है और इसकी सुन्दर पॉलिश नहीं हो सकती। यदि इस दिशा में प्रयत्न किया जाय तो पॉलिश करने वाले चक्के की रगड़ से उत्पन्न ताप से फिरोजा के रंग बिगड़ने की संभावना हो जाती है।

फिरोजा के सबसे उच्च कोटि के नीले रत्न ईरान से प्राप्त होते हैं।

यहां ये आग्नेय शिलाओं के दरारों या छिद्रों में पाये जाते हैं। निशापुर खानों का केन्द्र है। ये खानें बहुत पुरानी हैं। सिनाई प्रायद्वीप की खानें भी कई शताब्दियों से अब तक चली आ रही हैं। ईसा से ४,००० वर्ष पहले से लोग फिरोजा से परिचित थे। मेजर मेडोनल्ड जो एक पुरातत्व एवं भूगर्भशास्त्री थे, को खोज में कुछ बहुत पुरानी खानें मिलीं और उनमें से कुछ फिरोजा के रत्न चुनकर अपने साथ ले गए जिनका १८५७ में प्रदर्शन हुआ। मिश्र से प्राप्त फिरोजा का रंग हरा होता है। प्रायः ये कांच के समान दिखाई पड़ते हैं। मैक्सिको के पत्थर पीत आभायुक्त होते हैं या ये नीले-हरे होते हैं। न्यूमैक्सिको, कैलिफोर्निया तथा सं.रा. अमेरिका के कुछ अन्य राज्यों में भी फिरोजा रत्न पाए जाते हैं। इसके अन्य प्राप्ति स्थान तुर्किस्तान, आस्ट्रेलिया (न्यू साउथ वेल्स, क्वींसलैण्ड, विक्टोरिया) और अफगानिस्तान हैं।

फिरोजे के रत्नीय पत्थरों को अधिकतर केबीकोन काट का आकार दिया जाता है। फिरोजा रत्न का मिस्र, अरब देशों, तुर्की और ईरान में बहुत प्रचलन है। यहां के लोग इसे बरकत देने वाला मानते हैं। यहां यह अंगूठियों में पहना जाता है।

औषधीय गुण

फिरोजा में मस्तिष्क सम्बन्धी कोई भी रोग, महिलाओं के गर्भ-सम्बन्धी, लैंगिक शदित सम्बन्धी शिकायतें, गले एवं छाती के रोग, सर्दी, खाज-खुजली, एवं अन्य चर्मरोग, रक्तविकार, नेत्रविकार आदि रोगों का नाश करने की शक्ति होती है।

दैवी शक्ति

मुस्लिम संस्कृति में सर्वप्रिय इस रत्न में बेजोड़ अद्भुत दैवी शक्ति है। कला या लेखन कार्य करने वाले इसे धारण करें तो उन्हें अपनी इस कला में अद्भुत सफलता मिलेगी। प्रतिभासंपन्न लेखन होगा। चेहरे की सुन्दरता निखरती है इस रत्न को धारण करने से। सौन्दर्य सुधार के लिए स्त्रियों को इसे धारण करना चाहिए। प्यार परवान चढ़ाने के लिए इस रत्न में अमोघ शक्ति है। इसलिए रूस में शादी के अवसर पर इस प्रेम के प्रतीक स्वरूप इस रत्त्न की अंगूठी प्रायः उपहार के रूप में दी जाती है। तुर्की लोग इस रत्त्न को विजय के प्रतीक के रूप में इस रत्न की अंगूठी धारण करते हैं। यह रत्न धारण करने से आपस के राग-द्वेष, ईर्ष्या-घृणा समाप्त होकर आपस में प्यार एवं सौहार्द्र तथा सद्भाव बढ़ता है। यह रत्न किसी भी आने वाली विपत्ति या विष के प्रभाव को नष्ट करने की दैवीय क्षमता रखता है।

फिरोजा रत्न उसे धारण करना चाहिए-

जो व्यक्ति कुंभ राशि में जन्मे हों।

जिनका जन्म दिसम्बर में हुआ हो।

जो जातक बैंक में अधिकारी एवं गणना का काम करते हैं या गणितज्ञ हों।

जो व्यक्त्ति ज्योतिष का ज्ञान रखते हैं। इस रत्न के धारण करने से श्री समृद्धि के साथ वाक् सिद्धि प्राप्त होती है।

यह रत्न कोई विपरीत परिणाम नहीं देता। इसे स्त्री-पुरुष सभी धारण कर सकते हैं।

जो व्यक्ति अधिक शराब पीने का आदती हो। यह मानसिक संतुलन को बनाए रखता है।

फेल्सपार वर्ग के रत्न (Felspar)

फेल्सपार वर्ग के मुख्य रत्न- चन्द्रकान्त, सूर्यकान्त, अमेजनाइट और लेब्रोडोराइट हैं। चन्द्रकान्त मणि का गुण है कि चन्द्रमा की चांदनी में पसीजता है। उसमें प्रकाश की धारियां होती हैं। अमेजनाइट हरे रंग का अपारदर्शक परन्तु आकर्षक रत्नीय पत्थर है।

भौतिक गुण

कठोरता-६।

आपेक्षिक गुरुत्व-२.५। वर्तनांक - १.५१-१.५२।

फेल्सपार एक महत्त्वपूर्ण खनिजों का समूह है जिसके गिने-चुने एक दो पदार्थ रत्न की श्रेणी में भी आ गए हैं। ये मूल्यवान नहीं हैं और इन्हें अनेक नामों से जाना जाता है। इन्हें मूनस्टोन (चन्द्रकांत), सनस्टोन (सूर्यकांत), लेब्रेडोराइट और अमेजनाइट। यह रासायनिक संघटक-एल्यूमिनियम और अन्य धातु पोटैशियम, सोडियम और कैल्शियम के सिलिकेट हैं। पोटैशियम मिश्रित फेल्सपार को आर्थोक्लोज (Orthoclose) और दूसरे एल्यूमिनियम मिश्रित फेलस्पार को प्लेजियो क्लोज (Plagio close) कहते हैं। अव्वल श्रेणी के मणिभ एक पदी समूह और दूसरी श्रेणी के त्रिपदी समूह (Triclinic) के अन्तर्गत आते हैं।

(२५) चन्द्रकान्ता (गोदन्ता) (Moon Stone)

यह पारभासक, रंगविहीन आर्थोक्लेज श्रेणी का एक रत्न पत्थर है जो एकपदी समूह के अच्छे क्रिस्टलों के रूप में प्राप्त होता है। इन रत्नीय पत्थरों पर दूध के समान चमक होती है। पर जब इन्हें एक पहलू से देखा जाता है तो इनकी सतह पर नीली झाईं युक्त दूधिया रंग के प्रकाश का परावर्तन होता है। जितनी

ही अधिक नीली आभा रत्न में हो उस रत्न का उतना ही अधिक मूल्य होगा। पीत आभावाले पत्थर बहुत सस्ते होते हैं। जो बिलकुल सफेद होते हैं वे अत्यन्त सस्ते होते हैं और किसी कार्य के नहीं होते। इन पत्थरों को सदा एन केबीकोन काट में काटा जाता है।

इनकी कठिनता कम होती है और द्युति शीशे और मोती के समान होती है। इनमें भंजकता अच्छी होती है इसलिए इनको काटने में कठिनाई नहीं होती। इसकी इस उपल भास के कारण इन रत्नों की तुलना चन्द्रमा की ज्योत्सना से की जाती है। लोगों को ऐसा विश्वास है कि चन्द्रकांता चन्द्रमा की रोशनी से पसीज जाता है। चन्द्रकान्ता यानि चन्द्रकान्तमणि का प्राप्ति-स्थान श्रीलंका है। स्विटजरलैंड के सेंट गोयार्ड नामक स्थान, एल्बातया बर्मा में भी चन्द्रकान्ता प्राप्त होता है। भारत में भी चन्द्रकान्ता प्राप्त होता है। बर्मा का चन्द्रकान्ता सबसे उत्तम होता है। श्रीलंका का रत्न बर्मा की अपेक्षा घटिया होता है। भारत में प्राप्त माल इन दोनों से घटिया होता है।

(२६) सूर्यकान्त या सूर्यकान्ता मणि

इसको एवेनच्यूरीन फेल्सपार भी कहते हैं। यह लाल रंग का रत्न है जिसमें लोहे के आक्साइड के अन्दर होने वाले प्रकाश के परावर्तन के कारण चमकीले पीले लाल रंग की झाई के दर्शन होते हैं। इसके मणिभत्रिपदी समूह के होते हैं। यह कैल्शियम, सोडियम प्लेगियाक्लोज हैं। युग्म मणिभ भी प्रायः प्राप्त होते हैं। इनका मुख्य प्राप्ति स्थान नार्वे है। फिनलैण्ड में भी रत्न मिलता है।

(२७) लेब्रेडोराइट (Labradorite)

इसको लेब्रोडोर स्टोन भी कहते हैं। यह त्रिपदी समूह का होता है और प्लेगियोक्लोज श्रेणी का रत्न है। यह बड़े-बड़े पिण्डों के रूप में पाया जाता है। इसका रंग स्लेटी नीला होता है और इसके बीच-बीच में चमकीले धब्बे दिखाई देते हैं। ये धब्बे बड़े चमत्कारी होते हैं और पत्थरों को हिलाने से एक ही पत्थर में कभी हरे, कभी लाल और कभी पीले प्रकाश की चमक दिखाई देती है।

जब यह पत्थर चपटी सतह के रूप में काटा जाता है और पॉलिश किया जाता है तो अत्यन्त आकर्षक हो जाता है। कुछ पत्थर तो काले उपल के समान दिखाई

देते हैं। यह पत्थर अपारदर्शक हैं और प्रायः इस जाति के पत्थर खुशनुमा नहीं होंते। सबसे पहले यह पत्थर बड़े-बड़े टुकड़ों या चट्टानों के रूप में लेब्राडोर के समुद्र तट पर प्राप्त हुए थे। बाद में उत्तरी रूस में भी अधिक मात्रा में मिलने लगे।

(२८) अमेजोनाइट या अमेजन स्टोन

यह पोटैशियम फेल्सपार है। इसके मणिभ त्रिपदी समूह के अन्र्तगत आते हैं। काटे एवं पॉलिश किए जाने के बाद ये हरे, अल्पमोली और अपारदर्शक पत्थर काफी आकर्षक लगते हैं। अनेक पत्थरों में सफेद धब्बे और दरारें होने के कारण उनकी शोभा बिगड़ जाती है। इन पत्थरों में भी घूमती हुई प्रकाश की धारी होती है। इन्हें भी प्रायः एन. केबीकोन काट में काटा जाता है। इनमें अनीक नहीं बनते। इस रत्न के बड़े टुकड़ों से सजावट के बर्तन, फूलदान आदि बनाए जाते हैं। इन पत्थरों पर नक्काशी भी की जाती है। ये रूस के यूराल पर्वत, संयुक्त राज्य अमेरिका में कोलेरेडो राज्य के पाइरिक्स चोटी पर तथा बर्जीनिया राज्यों में मिलते हैं।

(२९) जेड (Jade)

जेड एक प्राचीन काल से ही जाना जाने वाला रत्न है। इसके भिन्न भाषाओं में निम्न नाम हैं-

संस्कृत भीष्मपाषाण।

हिन्दी या उर्दू-यशव या संगेसान।

अंग्रेजी-जेड।

भौतिक गुण

कठिनता-६.५ से ७.०० तक।

अपेक्षिक गुरुत्व-३.४४।

दुहरावर्तन-१.६६-१.६८।

पारदर्शिता अपारदर्शक।

समूह-एक पदी।

रंग-पन्ना और मोरपंख के समान सुन्दर रंग।

जेड रत्न को दो श्रेणी में बांटा गया है:

(१) जेडाइट (Jadite) -यह पायरोक्सीन वर्ग के अन्तर्गत आता है।

(२) नेफ्राइट (Nephrite) यह एम्फी बोल वर्ग के अन्तर्गत आता है।

दोनों उपर्युक्त वर्ग एक पदी समूह के अन्तर्गत आते हैं। ये रत्न पत्थर बड़े पिंडों में प्राप्त होते हैं। जिसे चीनी जेड कहा जाता है वह साधारणतः जेडाइट ही है। जो न्यूजीलैंड जेड या ग्रीन स्टोन के नाम से जाना जाता है- वह नेफाइट है।

(१) जेडाइट- यह तन्तुमय मणिभ के आकार में होता है। रासायनिक दृष्टि से यह एल्यूमिनियम का सिलीकेट है और इसी कारण यह बहुत मजबूत बन जाता है। इसका रंग सेब के रंग से लेकर पन्ने के रंग जैसा होता है। यह हरे-सफेद से लेकर केवल सफेद तक हो जाता है। चमकीले गुलाबी, बैजनी और पीले-नीले रंग के जेडाइट भी मिलते हैं। नारंगी, लाल और पीले जेडाइट सस्ते होते हैं। साधारण तौर पर यह पत्थर अपारदर्शक होता है। मूल्यवान जेडाइट पारभासक एवं दोष रहित होता है। उसका रंग पन्ने के समान हरा होता है। चीनी लोग उस रत्न की तुलना मोर के पंख से करते हैं।

सफेद रंग या धब्बे होने के कारण अनेक पत्थर सर्वोत्कृष्ट होने पर भी अच्छी श्रेणी में नहीं माने जाते। जेडाइट अच्छे और खराब दोनों प्रकार के होते हैं। कुछ हल्के हरे रंग के होते हैं जिन पर गहरे रंग के धब्बे होते हैं। कुछ मटर की पत्ती के सदृश हरे होते हैं। कुछ पारभासक हरे होते हैं। इनका मूल्य साधारण होता है। गुलाबी और बैगनी रंग के जेडाइट मूल्यवान होते हैं। जेडाइट में जो प्राकृतिक हरा रंग होता है वह उसमें क्रोमियम होने के कारण होता है। कुछ में लोहा और मैगनीज मिश्रित होते हैं। उनकी द्युति तेल के सदृश होती है। इसकी पॉलिश खूब अच्छी की जा सकती है।

जेडाइट के उत्तम जाति के पत्थर दुर्लभ हैं। जो उपलब्ध होता है उसे चीन भेज दिया जाता है जहां उसे मूल्यवान रत्न माना जाता है। चीन में इस पत्थर के सम्बन्ध में अनेक मान्यताएं हैं। वहां भिन्न-भिन्न जेड पत्थर के अलग-अलग नाम हैं और उसी अनुरूप उसके मूल्य होते हैं। उनकी आश्चर्यमय एवं कठोरमय तन्तु बनावट के कारण इस पर काम-चित्रकारी करना बहुत कठिन है किन्तु चीन के कारीगर प्राचीन समय से ही उस पर पच्चीकारी करते आए हैं। इस प्रकार इन पत्थरों पर काम किये गए आभूषण विदेशों में बड़े अच्छे मूल्य पर बिक जाते हैं। जेडाइट के प्राप्ति स्थान बर्मा, दक्षिण चीन, यूनान, तिब्बत, मैक्सिको, दक्षिणी अमेरिका हैं।

जेड के विषय में चीन और जापान में बहुत श्रद्धा है। जापानी शब्द ग्यूक या तम और चीनी शब्द यू जेड तथा अन्य सभी कीमती रत्नों के लिए प्रयुक्त होते हैं। चीनी मान्यता के अनुसार जेड सभी रत्नों के मूल हैं। इनमें पंच गुण होते हैं- दानशीलता (जिन) या विनम्रता। ‹यू साहस केत्सून्याय और ची बुद्धि। उनका विश्वास है कि इस रत्न को पीसकर चूरा करके पानी में मिलाने पर यह भीतरी रोगों की राम बाण औषधि है। शरीर के लिए पुष्टिवर्धक है एवं थकावट को दूर करता है।

(२) नेफ्राइट यह रासायनिक दृष्टि से एक्टीनोलाइट का एक विभेद है और मैग्नीशियम, कैल्शियम, और लोहे का सिलिकेट है। लोहे के कारण इसमें गहरा रंग होता है। यों नेफाइट का रंग गहरे हरे से लेकर सफेद तक होता है। जेडाइट की तरह यह भी तन्तुमय पिण्डों से प्राप्त होता है। इसकी द्युति चमकदार और इसकी कठोरता जेडाइट से कम होती है। जेडाइट की कठोरता ६.५, आपेक्षिक गुरुत्व-३ और इसका दुहरावर्तन वर्तनांक १.६०-१६३ है। अपने भौतिक गुणों के कारण ही यह जेडाइट से अलग किया जाता है। नेफ्राइट जेडाइट से अधिक मात्रा में प्राप्त होता है। न्यूजीलैंड में इसे माओरी स्टोन कहा जाता है। नदियों में यह कंकड़ों की तरह प्राप्त होता है और शिलाओं में भी प्राप्त होता है। प्राचीन काल में न्यूजीलैंड के निवासी नेफाइट का प्रयोग अस्त्र-शस्त्रों को तेज करने में करते थे।

इनके प्राप्ति स्थान

पूर्वी तुर्की, साइबेरिया, मैक्सिको, कास्टारिका, वेन्जुयेला, न्यु गुआना।

नेफाइट का एक पिंड (बड़ा) मि. एच. आर. बिशप के जेड संग्रहालय में था जिसे न्यूयार्क के म्यूजियम को दान कर दिया गया। ब्रिटिश कोलम्बिया के लिटन क्षेत्र में तथा जर्मनी के साइलीशिया क्षेत्र से भी नेफाइट मिलता है।

जेड से मिलते अन्य खनिज रत्न

कुछ खनिज रत्न ऐसे भी हैं जिनके रंग-भेद, आकार जेड से मिलते-जुलते हैं:

१. हरा ग्रोसुलेराइट (Green Grossularite)- यह बुफेल्स फोंटीन एवं ट्रांसवाल में मिलता है। इसे दक्षिण अफ्रीका का जेड कहते हैं।

२. केतिफोनाइट विसूवियेनाइट का हरा विभेद है।

३. बोवानाइट (Bovanite) - यह सर्पेन्टाइन जेड कहलाता है। यह हरे रंग का होता है। यह न्यूजीलैंड, अफगानिस्तान तथा अमेरिका के रोडे द्वीप में मिलता है।

४. मैक्सिकन जेड (Mexican Jade) - यह कैन्साइट ओनिक्स खनिज को रंगकर बनाया जाता है।

५. हरित एवेनच्यूरीन (Green Aventurine) यह हरे रंग का खनिज है।

६. सोस्युराइट (Sossurite) - यह रत्न जोईसाइट-का एक विभेद है। इसका रंग हरा-स्लेटी-सा होता है। यह सफेद रंग का भी होता है। यह काफी चिकना पत्थर है। इसका आपेक्षिक गुरुत्व ३.२, कठोरता-६. ५ से ७ तक है। यह जेनिब झील के पास मिलता है।

७. बरडाइट (Berdite) - यह सुन्दर हरे रंग का पत्थर है जो बड़े टुकड़ों के आकार में दक्षिण अफ्रीका की उत्तरी काप नदी में पाया जाता है। यह हरे अभ्रक जिसे फ्रक्साइट कहते हैं और कुछ चिकनी मिट्टी वाले पदार्थ से मिलकर बना है।

८. कृत्रिम जेड शीशे द्वारा जेड की अनुकृति भी बनाई जाती है।

(३०) लाजर्वत (Lapis Lajuli)

यह मोर की गर्दन जैसा नीले रंग का अल्पमोली रत्न है। इसके अन्य भाषाओं में अलग-अलग नाम हैं जो नीचे दिये जा रहे हैं:

संस्कृत में इसे राजावर्त कहते हैं।

हिन्दी लाजवर्त।

अंग्रेजी-Lapis Lazuli

रंग-नीला, गहरा नीला।

समूह-कैल्साइट।

भौतिक गुण

कठोरता-५.०० से ५.५०।

आपेक्षिक गुरुत्व-२.७० से २.९०।

वर्तनांक १.५०।

लाजवर्त एक मनमोहक एवं मन को आकर्षित करने वाला रत्न है।

यह मोर के गर्दन के समान गहरे नीले रंग का अपारदर्शक रत्न है। प्रायः इसमें स्वर्ण-मक्षिका की भांति छोटे-छोटे धब्बे होते हैं। यह कैल्साइट से तैयार होने वाला रत्न पत्थर है जिसमें विभिन्न अनुपात में विभिन्न खनिजों से नीले रंग प्राप्त होते हैं। कभी-कभी यह मणियों के रूप में प्राप्त होता है। ये मणिभ छोटे और घनाकार होते हैं। यह रत्नीय पत्थर घन समूह का होता है। यह सस्ता एवं अत्यंत आकर्षक रत्न है।

लाजवर्त के जो उत्तम श्रेणी के रत्न होते हैं वे अत्यन्त गहरे नीले रंग के होते हैं और उन पर किसी प्रकार के धब्बे नहीं होते। हल्के रंग के पत्थर सस्ते होते हैं। इस प्रकार के पत्थरों में कहीं-कहीं सफेद या स्लेटी रंग के अंश होते हैं। रंगों की समानता नहीं होती। अच्छे रंग के बड़े पत्वर दो रुपये कैरेट बिकते हैं।

अपने रासायनिक मिश्रित संगठन और कम कठोरता के कारण लाजवर्त पर काम पच्चीकारी करने या उसमें छिद्र बनाने में कठिनाई होती है। ऐसा करते समय बड़ी सावधानी की आवश्यकता पड़ती है। इसका आपेक्षिक गुरुत्व भी कम नहीं होता। इसके अतिरिक्त इसमें भंजकता नहीं होती। ताप के प्रभाव से ये रत्न अपना रंग खो बैठते हैं किन्तु ठंडा होने पर पुनः अपने रंग में वापस आ जाते हैं। कुछ रत्न ऐसे भी होते हैं जो कि ताप पाने पर हल्के रंग के हो जाते हैं और ठंडा होने पर भी फिर हलके रंग के हो जाते हैं।

के अन्य पुराने समय में इस रत्नीय पत्थर से सजावट के बर्तन, फूलदान प्याले आदि बनाए जाते थे। इन रत्नों का आभूषणों में भी प्रयोग होता था। इसके नेकलेस और चाकुओं की मूठें बनायी जाती थीं। लेनिनग्राड के गिरजा घरों में लाजवर्त के मोजेक के काम अब भी दिखाई देते हैं। पहले समय में लाजवर्त को ही नीलम माना जाता था। उस समय लाजवर्त को बहुत सम्मान प्राप्त था।

लाजवर्त रत्न की सबसे बड़ी खान अफगानिस्तान में बदख्शां के निकट है जहां यह एक तंग घाटी के चट्टानों में जुड़े चूना पत्थरों के बीच पाया जाता है। इन खानों का जिक्र मार्कोपोलो ने १२७१ में किया था। ये खानें आज भी हैं और उनमें से रत्न निकाला जाता है।

औषधीय गुण

लाजवर्त रत्न मूर्च्छा आना, रक्त रोग, चर्म रोग, प्रमेह, तपेदिक, पाडुरोग, कफ, वायुविकार, आदि रोगों का शमन करने की अद्भुत शक्ति रखता है। प्रत्येक कार्य निर्वाध पूर्ण होना, यज्ञ, मान-प्रतिष्ठा, प्राप्त करने की दैवी शक्ति इस रत्न में होती है। बच्चों के गले में लाजवर्त डालने से बाल रोगों से उन्हें छुटकारा मिल जाता है।

यह उपरत्न उनके लिए उत्तम है जो-

- सितम्बर मास में जन्म लिया हो।
- १४ जनवरी से १३ फरवरी के बीच जन्म लिया हो।
- जिनपर शनि ग्रह की कृपा दृष्टि हो या जिनकी जन्म कुण्डली में शनि अनिष्टकारक हो।

(३१) अंबर (Amber)

अम्बर एक खनिज नहीं बल्कि वनस्पति जन्य रत्न है। यह आदिम सभ्यता के समय का सबसे पहला सजावट का रत्न है। पहले लोग अम्बर की ताबीज भी बनाया करते थे। अम्बर के विभिन्न भाषाओं में अलग-अलग नाम हैं:

संस्कृत तृणमणि, केरवा।

हिन्दी-अंबर।

फारसी-अंबर।

अंग्रेजी अंबर।

भौतिक गुण

कठोरता-२.५०।

विशिष्ट गुरुत्व १.१०।

वर्तनांक १.५४।

विद्युतशक्ति युक्त।

रंग-शहद जैसा पीला।

अम्बर खनिज पदार्थ नहीं है किन्तु यह कहा जाता है कि आदिम जाति के लोग शरीर की सजावट के लिए सबसे पहले अम्बर का ही प्रयोग करते थे। पाषाण काल से लेकर उसके बाद तक बाल्टिक सागर के तट के आस-पास अम्बर मिलता था और नावों से इंग्लैण्ड लाया जाता था। ईसा से १२०० वर्ष पूर्व भी अम्बर का प्रचलन था। उस समय अम्बर का आभूषण के रूप में प्रयोग सभी अमीर-गरीब करते थे। अम्बर का प्रयोग ताबीज के रूप में भी होता था क्योंकि इसका रंग अत्यंत आकर्षक होता था। योरोप के अनेक प्राचीन कब्रों में अम्बर की मालाएं प्राप्त होने से ज्ञात होता है कि इस समय अम्बर की ताबीज का बहुत प्रचलन था। योरोप के प्राचीन कब्रों में जो कि एशियाटिक समुद्र तट पर स्थित हैं, हजारों की संख्या में अम्बर के दाने प्राप्त हुए। एक अम्बर की माला भी प्राप्त हुई थी जो ब्रिटिश म्यूजियम में संगृहीत है। अम्बर के प्रति आकर्षण

का ज्ञान ईसा से ६०० वर्ष पूर्व येल्स के माइलेटस से प्राप्त हुआ था। प्लेटो, एरिस्टाटिल और थियोफास्टस को भी अम्बर के विषय में ज्ञान था। प्लिनी के अनुसार कला की वस्तुओं के लिए अम्बर का उपयोग साधारण तौर पर किया जाता था। होमर ने अपनी रचना 'ओडिसी' में अम्बर का उल्लेख किया है। नीरो के समय रोम में इसको एक प्रतिष्ठित स्थान प्राप्त था।

पाश्चात्य ही नहीं पूर्वी देशों में भी अम्बर को मान्यता प्राप्त थी। तुर्की, फारसी और अरबी के लोग अम्बर की मालाएं बहुत पसंद करते थे और अम्बर की मालाएं और नेकलेस का उपयोग करते थे। अम्बर में सन्निहित चुम्बकीय शक्ति के गुण इनके लिए बहुत आकर्षण का कारण था और इसे वे दैविक शक्ति मानते थे।

अम्बर की उत्पत्ति उस समय हुई थी जब मनुष्य जाति का पता ही नहीं था। हजारों वर्ष पूर्व बाल्टिक समुद्र के किनारे ऐसे वृक्ष या वनस्पति थे जो अब नहीं होते जिससे अम्बर की उत्पत्ति होती थी ऐसा प्राचीन शास्त्रों में प्रमाण स्वरूप लिखा है। ऐसा ही पुरातत्व विदों एवं वनस्पति शास्त्रियों का मत है कि उस समय अधिक गर्मी के कारण जो वृक्ष वहां उगे थे उनसे एक प्रकार की राल (Resin) टपकती थी। बाद में वे वृक्ष नष्ट होकर भू गर्भ में समा गए। समय बदला, जमीन नीचे धंसी और समुद्र का पानी जंगलों में चढ़ गया उसपर मिट्टी की तह जम गयी और बाद में, उस मिट्टी और वनस्पति के संयोग से अम्बर का निर्माण हुआ।

फिर इसी प्रकार पुरातत्त्व विदों के अनुसार हिम युग (Ice Age) में भी पृथ्वी तल पर इसी प्रकार परिवर्तन हुए और बाल्टिक सागर के समुद्र तट पर समुद्र के नीचे रेतीले तह पर इस प्रकार का अम्बर प्राप्त होने लगा।

प्राचीन इतिहास के अनुसार अम्बर एक खनिज नहीं वरन् वानस्पतिक उत्पत्ति है। यह ऐसे वृक्षों से उत्पन्न हुआ था जो अब नहीं हैं। अम्बर के रंग सफेद से लेकर गहरे भूरे तक होते हैं। लाल, नीली, भूरी और हरी आभा के भी अम्बर होते हैं परन्तु साधारणतः शहद के रंग का सा गहरा भूरापन लिए होते हैं। अम्बर पारदर्शक, अपारदर्शक या अर्द्धपारदर्शक होता है। पारदर्शक जाति के रत्नों के सुन्दर अनीक बनाए जा सकते हैं। इसमें कुछ मात्रा गंधक की भी होती है। यह ३ से ४% तक होती है।

सभी अम्बर का रासायनिक संघटन एक-सा नहीं है। अधिकांश अंबर में ७८% कार्बन, १०.५% हाइड्रोजन और १०.५% ऑक्सीजन होती है।

मेथीय अम्बर में ४% तक होती है। इसका भौतिक गुण देखने से पता चलता है कि अंबर अत्यन्त नरम रत्न है और यह आभूषण में जड़ने योग्य रत्न नहीं है। यह भंगुर रत्न है और हल्की-सी चोट से टूट जाता है। इस पर काम करते समय अत्यन्त सावधानी की आवश्यकता है।

अम्बर ताप का कुचालक है अतः यह स्पर्श से गरम लगता है और उसको कांच या रत्नीय पत्थर नहीं माना जा सकता। इसके रगड़ने से जो विद्युत आवेश उत्पन्न होता है वह ऋणात्मक होता है। इसमें रगड़ने से चुम्बकीय शक्ति उत्पन्न होती है जो हल्के कागज के टुकड़ों को अपनी ओर खींच लेती है। अधिक ताप देने पर यह हल्का तैलीय हो जाता है। १०००८ ताप पर वह मुलायम हो जाता है और इसमें से एक विशेष गन्ध निकलने लगती है। ३५० से ३७५°C के ताप पर यह पिघल जाता है। पिघलने पर इसमें से झाग निकलने लगती है। यह पिघलने पर सुगंध छोड़ता है। अन्य रत्न पदार्थों की अपेक्षा अम्बर अधिक ताप पर पिघलता है। यह अधिक कठोर है और ईथर या एल्कोहल में कठिनता से घुलता है।

उत्तम कुल का अम्बर बिल्कुल स्वक्ष होता है। इसमें किसी प्रकार के धब्बे, दरारें या दोष नहीं होता। उसका रंग नींबू की तरह सुन्दर पीला या गहरा पीला होता है। इस रंग के अंबर की ही अधिक मांग है। इस श्रेणी के ही अम्बर दुर्लभ होते हैं। इनकी कीमत भी अच्छी मिल जाती है। अम्बर के छोटे टुकड़े बहुत सुन्दर होते हैं। अम्बर ज्यों-ज्यों पुराना होता जाता है, इसका रंग गहरा होता जाता है। पुराने चावल की तरह पुराने अम्बर का महत्त्व अधिक होता है। अम्बर के भेद निम्न हैं:

(१) निर्मल यह पूर्णतः पारभासक होता है। इसका रंग जल से श्वेत या पीला या भूरा लाल होता है।

(२) स्नेही तृणमणि निर्मल तृणमणि और स्नेही तृणमणि में अन्तर यह है कि स्नेही में हवा के बुलबुलों की उपस्थिति के कारण इसमें कुछ गंदापन आ जाता है। आकृति तथा रंग में यह हंस या बत्तख की वसा से मिलता है।

(३) वर्णसंकर-अम्बर के इस प्रकार में भी हवा के बुलबुले पाए जाते हैं। यह मेघाच्छादित होता है।

(४) अस्थिमय इस विभेद का अंबर दांत या सूखी हड्डी के समान मालूम होता है। इसमें चमक अच्छी होती है। इसमें हवा के बुलबुले काफी संख्या में होते हैं।

(५) झागदार इस प्रकार के अम्बर चाक के समान सफेद होते हैं। इस पर चमक की आभा नहीं होती और यह अपारदर्शक होता है।

मेघायित प्रकार के अम्बर को तल में सावधानी से गरम कर निर्मल बनाया जा सकता है। इस प्रक्रिया में तेल अम्बर के बुलबुले को भर देता है और वायु समाप्त होकर निर्मल हो जाता है।

मुख्य प्राप्ति स्थान

बाल्टिक सागर के दक्षिणी तट के सहारे स्थित पूर्वी एशिया का सेललैण्ड तथा कोयानिग्स वर्ग के उत्तरी एवं पश्चिमी विभाग। अम्बर बाल्टिक सागर के तट पर लिथुआनिया में भी पाया जाता है। रूमानिया में भी अम्बर मिलते हैं। यहां से प्राप्त अम्बर भूरे-पीले रंग का होता है। कभी-कभी पीले रंग का भी प्राप्त होता है एवं पारभासक या पारदर्शक होता है।

सिसिली का अम्बर यहां का अंबर रक्त-पीत वर्ण या हलके लाल से गहरे लाल रंग का होता है। कभी-कभी भूरे या पीले रंग के भी प्राप्त होते हैं। मुख्य प्राप्ति स्थान सिमटी नदी के मुहाने के निकट के प्रदेश हैं।

बर्मा में भी अम्बर प्राप्त होते हैं। यहां से प्राप्त अम्बर को बर्माइट कहते हैं। यहां पीले रंग के, लाल या गहरे लाल रंग के पत्थर प्राप्त होते हैं। हल्के पीले रंग का अंबर पारदर्शक होता है। यहां से प्राप्त अम्बर बाल्टिक सागर से प्राप्त अम्बर से कुछ कठोर होता है। प्राप्ति स्थान छिंदेवीन नदी के ऊपरी सहायक नदियों की ह्याकांग घाटी में।

सबसे बड़ा अम्बर सन् १८६० में ईस्ट एशिया में प्राप्त हुआ। इसका रंग अत्यंत मनोहर है। इसका वजन २१ पाउण्ड है। इसका मूल्य उस समय १५०० पौण्ड आंका गया था।

औषधीय गुण एवं दैवी शक्ति- अंबर त्रिदोष नाशक, उदर शूल निवारक है। बच्चों के गले में बांधने से बाल रोगों से उनका संरक्षण होता है। नजर नहीं लगती। दांत सरलता से निकलते हैं।

(३२) आयोलाइट

संस्कृत इंद्रनील।

हिन्दी नीलम।

अंग्रेजी-ब्लूटोपाज।

रंग-नीला, काला, नीम के समान।

समूह-क्रिस्टलाइन क्वार्टज।

आकार त्रिभुज।

भौतिक गुण

कठोरता-७.००-७.५०।

विशिष्ट गुरुत्व-२.६३।

वर्तनांक १.५४-१५५।

पारदर्शिता द्विवर्णिता स्पष्ट।

यह एक अल्पमोली किन्तु बहुत गुणों से युक्त रत्न है। शनि रत्न नीलम का यह पर्यायी रत्न है। नीलम के सभी औषधीय गुण इसमें निहित हैं। दैवी शक्ति भी इसमें है।

इसे प्रत्येक वह व्यक्ति धारण कर सकता है:

- जिनकी कुण्डली में शनि अनिष्ट स्थान में बैठा हो।
- जिनका जन्म १४ फरवरी से १३ मार्च के मध्य हुआ हो।
- कुंभ राशि के जातक इसे धारण करें

(३३) टोपाज

संस्कृत-पुष्पराग।

हिन्दी-पुखराज।

अंग्रेजी-Topaz।

रंग पीला, फीका नीला, सुनहरा, नारंगी, पोपटी, हरी झाईं से युक्त पीला।

समूह क्रिस्टलाइन क्वार्ट्ज।

भौतिक गुण

कठोरता-७.००।

विशिष्ट गुरुत्व-२.६६।

वर्तनांक-१५४-१.५५।

पारदर्शिता द्विवर्णिता स्पष्ट।

यह एक पीले रंग का क्रिस्टेलाइन क्वार्टज समूह का उपरत्न है। इसमें निहित फेरिक आक्साइड के कारण यह पीले रंग का है। यह पीले रंग का होने के कारण पुखराज के समान लगता है। यह दो प्रकार का होता है- (१) ओरिएंटल, (२) **टोपाज क्वार्ट्ज।**

औषधीय गुण

दमा एवं अनिद्रा के रोग का यह रत्न अचूक दवा हैं। इसके भस्म का प्रयोग शराब में मिलाकर सेवन करने से उपर्युक्त वर्णित तेज नष्ट हो जाता है।

दैवी गुण

किसी भी स्पर्धा या Competition में यह रत्न अपूर्व सफलता देने की देवी शक्ति रखता है। इस रत्न के धारण करने से दैवीय शक्ति प्राप्त होती है एवं अद्वितीय साहस का संचार होता है। आंखों की बीमारी भी नष्ट होती है।

गर्भवती स्त्री यदि इस रत्न को धारण करे तो उसका प्रसव आसानी से हो जाता है। इसके धारण करने से नींद अच्छी आती है।

यह उपरत्न उन व्यक्तियों को धारण करना चाहिए:

- जिनका जन्म १४ दिसंबर से १३ जनवरी के बीच हुआ हो।
- जिसकी जन्म कुंडली में गुरु की अनिष्ट स्थिति हो।
- नवंबर माह में जन्म लेने वाले व्यक्ति।

(३४) जिरकान

विभिन्न भाषाओं में निम्न नाम हैं:

हिन्दी-तुरसावा।

फारसी-जारकत।

अंग्रेजी-हायसिंथ।

रंग-सफेद, नीला, हरी झाई वाला, नीला-गुलाबी, हल्का पीला, अनेक।

भौतिक गुण

कठोरता-७.२५ से ७.५०।

आकार-चतुष्कोणीय।

वर्तनांक १.९१ से १९२।

पारदर्शिता द्विवर्णिता साधारण।

यह रत्न बहुत ही प्रभावशाली व तेजस्वी रत्न है। इसमें हीरे जैसी ही चमक-दमक होती है कि अच्छे जानकार भी धोखा खा जाते हैं और इसे हीरा समझ लेते हैं। यही कारण है कि इसे मटुरा डायमंड कहते हैं। यह उपरत्न दो प्रकार का होता है। श्रेष्ठ और अच्छे जिरकान 'हाय सिंथ' कहलाते हैं और निम्न श्रेणी के जेसिंथ कहलाते हैं।

औषधीय गुण

अनिद्रा, वात रोग, चर्म रोग, बवासीर, जलोदर, कमजोर पाचन शक्ति, ज्वर आदि रोगों पर यह अकसर दवा का काम करता है। इसका भस्म भी औषधि के रूप में प्रयोग किया जाता है किन्तु यह ध्यान रखना चाहिए कि इसके भस्म का प्रयोग सदैव योग आयुर्वेदाचार्य की सलाह पर ही करना चाहिए। केवल रत्न धारण करने से ही यह रत्न उपर्युक्त रोगों से मुक्ति दिलाता है।

दैवी शक्ति

किसी भी कार्य के निर्विह्न पूरा होने देने का दैवीय गुण इस उपरत्न में है। इस उपरत्न को धारण करने मात्र से सुख-सुविधाएं प्राप्त होती हैं। इस रत्न के धारण करने से मान-प्रतिष्ठा प्राप्त होती है। इसके धारण करने से बिजली, तूफान से रक्षा होती है। इसे धारण करने से अच्छी नींद आती है।

यह उपरत्न उस व्यक्ति को धारण करना चाहिए जो:

- वृषभ राशि में उत्पन्न हुआ हो।
- जिनका जन्म दिसम्बर मास में हुआ है।
- १५ मई से १५ जून के मध्य जन्मे सभी स्त्री पुरुष इसे धारण करें। वैसे इस रत्न को कोई भी स्त्री या पुरुष धारण कर सकते हैं।

अन्य उपरत्न

(३५) मैलाकाइट- (Malachite)

हैं। इसे हिन्दी में दाने फिरंग कहते हैं। अंग्रेजी में Kidney Stone कहते

भौतिक गुण

कठिनता-३.५ से ४।

आपेक्षिक गुरुत्व-३.९-४।

दुहरावर्तन वर्तनांक-१.८८।

रंग-अपने मनोहर हरे रंग के कारण मैलाकाइट का प्रयोग आभूषण बनाने, सजावट के समान बनाने के काम आता है। यद्यपि यह काफी नरम पत्थर होने के कारण आसानी से टूट जाता है किन्तु अपारदर्शक होने के कारण उनकी पॉलिश आसानी से की जा सकती है। रासायनिक बनावट में यह क्यूत्रिक कार्बोनेट है और इसके मणिभ एक पदी समूह के होते हैं। इसमें कई तरफ से चमकता हरा रंग निकलता है। उस रत्न में भाजकता होती है इस कारण इनकी तराश लेथ पर की जा सकती है।

मैलाकाइट के अनेक प्राप्ति स्थल हैं। यह खानों में तांबे के साथ प्राप्त होता है। इसकी खरड़ रूस, क्यूबा, चिली और आस्ट्रेलिया में प्राप्त होती है। इसका मुख्य प्राप्ति स्थल रूस का यूराल पर्वत है। लेनिन ग्राड के गिरिजा घरों में खंभों पर आज भी मैलाकाइट के सुन्दर नमूनों को देखा जा सकता है।

(३६) स्पोड्यूमीन (Spodumene)

भौतिक गुण

कठोरता-६.५-७।

आपेक्षिक गुरुत्व-३.२०।

वर्तनांक १.६६-१.६८।

यह एक अपारदर्शक एवं आकर्षणहीन रत्न है। इसकी खोज १९०३ में हुई। यह एक सुन्दर काट का दुर्लभ रत्नीय पत्थर है। कैलीफोर्निया की सैबडियागो काउंटी में पाला नामक स्थान में इसके मनोरम रक्तनील रंग के पत्थर की खोज हुई। इस रत्न के दो प्रकारों की अमूल्य रत्नों के श्रेणी में गणना की जाती है-पन्ने के समान हरे रंग के प्रकार को हिडोनाइट कहते हैं। इसका यह नाम इस रत्न के आविष्कारकर्ता डब्ल्यू० ई० हिडेन के सम्मान में रखा गया है। दूसरा प्रकार है-हिर्डेनाइट द्विवर्णिक। इसका नाम विभेद कुंजाइट है। हिडेनाइट और कुंजाइट पारदर्शक होते हैं।

कुंजाइट कैलिफोर्निया के अतिरिक्त मेडागास्कर में भी मिलता है। नीले और पीले मणिभ ब्राजील में भी मिलते हैं।

(३७) सर्पेन्टाइन (Serpentine)

सर्पेन्टाइन को भारत में जहरमोहरा कहा जाता है।

भौतिक गुण

कठोरता-२.५-

आपेक्षिक गुरुत्व-२

वर्तनांक १.७५।

यह पत्थर वास्तव में शिलाओं एवं पिण्डों के रूप में प्राप्त होता है। रासायनिक रूप से यह मैग्नीशियम सिलीकेट है। इसका रंग तैलीय हरा होता है। इसके केमियो, फूलदान, घड़ी के फ्रेम आदि बनाए जाते हैं। कार्नवाल, जहां यह रत्न पत्थर प्राप्त होता है, तरह-तरह के आभूषण बनाए जाते हैं। साइप्रस में भी यह रत्न प्राप्त होता है।

वेरडाइट (Verdite) पत्थर जिससे सस्ते दाम की मालाएं बनती हैं स्पैन्टाइन की चट्टानों से निकलता है। ये प्रायः भूरे या पीले रंगों से प्राप्त होता है। वेराडाइट ट्रान्सवाल के बारवर्टन जिले से प्राप्त होता है। सर्पेन्टाइन का एक प्रकार बोवेनाइट कहलाता है। यह भारत और अफगानिस्तान में प्राप्त होता है। रंग में वह सेब के समान हरे रंग से लेकर पीला सफेद तक होता है और जेडाइट के समान लगता है। भारत में इसके आभूषण, वस्तुओं के हैंडिल, और इसी प्रकार की अन्य वस्तुएं बनाई जाती हैं। यह संयुक्त राज्य अमेरिका और न्यूजीलैंड में भी मिलता है।

सर्पेन्टाइन के कुछ प्रकार आभूषण बनाने के काम में लाए जाते हैं--

पिलियम साइट

यह हरे रंग का होता है। यह सं०रा० अमेरिका में पाया जाता है।

कोने भरा मार्बल-यह भी हरे रंग के पिण्डों में प्राप्त होता है।

एंटीगोराइट-गहरे हरे रंग का होता है। यह इटली में पाया जाता है।

सर्पेन्टाइन बहुत ही नरम होता है इसीलिए यह Jade से अलग पहचान लिया जाता है।

(३८) फ्लोरस्पार (Flour Spar)

भौतिक गुण

कठोरता-४

आपेक्षिक गुरुत्व-३.१८

वर्तनांक-१.४३।

रासायनिक बनावट इसकी कैल्शियम फ्लोराइड है। यह Crystals के रूप में पाया जाता है। और धन समूह (Cubic System) के अन्तर्गत आता है। इसके Crystals बड़े और समान आकार के होते हैं।

इसके मणिभ १८ इंच लम्बे मिले हैं।

फ्लोरस्पार सभी रंगों में उपलब्ध होते हैं। उसकी एक जाति को आभूषण बनाने के काम में लाया जाता है। इसे ब्ल्यू जान (Blue John) कहते हैं। यह साफ नीले रंग का होता है। पहले यह डरबी शायर में प्रचुर मात्रा में पाया जाता था। इसके फूलदान आदि बनते हैं।

इसमें पूर्ण भाजकता है और कठोरता इतनी कम है कि इन पर आसानी से पच्चीकारी की जा सकती है। वैसे तो यह इकहरावर्तन है किन्तु हरे रंग के पत्थरों में नीले रंग की आभा दिखाई पड़ती है। इसके प्राप्ति स्थान इंग्लैण्ड में सेक्सोनी, कार्नवाल, डरबीशायर, एवं कम्बरलैण्ड है। एवं नार्वे में यह चांदी की खानों में पाया जाता है। अमेरिका के कैलीफोर्निया राज्य में भी यह मिलता है।

(३९) हीमेटाइट (Hematite)

इसे हिन्दी में लौह पाषाण भी कहते हैं।

भौतिक गुण

कठोरता ५.५ से ६.५।

आपेक्षिक गुरुत्व - ४९ से ५.३।

वर्तनांक २.९४-३.२२।

रासायनिक बनावट में यह फेरिक आक्साइड है। यह अपारदर्शक है।

इसमें धातु का अंश होने से इसकी द्युति प्रभावान एवं निष्प्रभ होती है। यह लोहे का अयस्क महत्त्वपूर्ण है। इसकी एक जाति सघन होती है जिसे किडनी आयरन के नाम से जाना जाता है, को काटकर मनके बनाए जाते हैं जो काले मोती के समान दिखते हैं। पहले यह काले रंग का पत्थर आभूषणों के लिए प्रयोग किया जाता था। यह आल्प्स पर्वत, नार्वे, इंग्लैंड, फ्रांस, अमेरिका, भारत, एल्बा में मिलता है।

(४०) संग सितारा (Gold Stone)

यह गेरू के समान भूरे रंग का पत्यर होता है। इसमें सुनहरे रंग की छींटें दिखाई पड़ती हैं। यह अत्यन्त नरम पत्थर होता है। आजकल यह असली नहीं मिलता। असली संग सितारा में अल्पमात्रा में पानी और हरित आभा होती है। यह आभा नकली में नहीं होती। Star Stone और Aslertas ये दोनों नाम संग सितारा के ही हैं।

संगे सिमाक

यह पत्थर लाल होता है और इस पर सफेद छींटे होते हैं। यह बहुत गुम और कठोर पत्थर होता है। इसकी खरल बहुत मजबूत और सुन्दर होती है। यह कठोर होने के कारण नीलम माणिक्य आदि को पीसने के काम आता है।

सिन्दूरिया

यह गुलाबी रंग का पानीदार पत्थर होता है। यद्यपि यह मुलायम होता है किन्तु इसमें चमक अच्छी होती है।

सींगली (Mysore Star)

इसे मैसूरी माणिक्य कहते हैं। यह काला और लाल रंग लिए हुए अपारदर्शक पत्थर होता है। यह मैसूर में प्राप्त होता है। सफेद रेखाओं के चमकने से Star नाम दे दिया गया है। छह कलियों वाला यह पत्थर मूल्यवान हो जाता है।

(४१) संगमूसा (Jet)

भौतिक गुण

कठोरता-४।

आपेक्षिक गुरुत्व १.३५१।

जेट या संगमूसा प्रस्तरीय कोयला के समान है। यह एक गहरा, सघन, तथा काले रंग का लिग्नाइट है। इसमें अच्छी चमक आती है और इसका उपयोग आभूषणों तथा रत्नों के तौर पर मनकों के रूप में किया जाता है। संगमूसा शंख के रंग का होता है। संगमूसा अत्यधिक कठोर और लचीला होने के कारण यह तराश किया जा सकता है। इसका प्रयोग पाश्चात्य देशों में शोक प्रदर्शन के लिए किया जाता था।

संगमूसा ताप का कुचालक है इसलिए छूने पर गर्म महसूस होता है। इसके रगड़ने से विद्युत आवेश उत्पन्न होता है। आग पर रखने से यह जल जाता है और एक गंध निकलती है। यह इंगलैण्ड के यार्कशायर के समुद्रतटों पर मिलता है। फ्रांस में भी कुछ मात्रा में मिलता है।

१६

रत्नों में दैवीय गुण

लोगों में यह धारणा बन गयी है कि रत्नों में दैवी शक्ति होती है। रत्नों का प्रयोग पूर्वकाल में आभूषणों में ही नहीं ताबीजों में भी किया जाता था। यह विश्वास लोगों के दिलों में घर बनाकर बैठ गया था कि रत्नों को धारण करने से आपत्तियों और रोगादि से मुक्ति मिल जाती है।

सर्वप्रथम जिन रत्नों का ज्ञान मनुष्य को प्राप्त हुआ था, वे थे- अम्बर, मूंगा, मोती, माणिक्य, स्फटिक, ओनिक्स, एमीथिस्ट और हकीक इत्यादि। उस समय रत्नों की नर और मादा श्रेणियां भी निर्धारित की गयी थीं। पहले लोग ऐसा विश्वास करते थे कि ओस की बूंदें कठोर होकर रत्न का रूप धारण कर लेती थीं। स्फटिक को लोग जल के जमने के कारण तैयार हुआ मानते थे। लोगों की यह धारणा थी कि मानव शरीर पर रंगों का अलग-अलग प्रभाव पड़ता है इसीलिए भिन्न-भिन्न रंगों के रत्नीय पत्थरों को भी माना गया।

कुछ लोगों के विचार के अनुसार उन देशों में जहां गर्मी अधिक पड़ती है, सूर्य के ताप के कारण रत्नीय पत्थरों की निर्मिति हुई। यह माना गया कि जितने सुन्दर रत्न थे वे सब प्राच्य देशों से प्राप्त हुए थे। यही कारण है उत्तम श्रेणी के रत्नों को प्राच्य (Oriental) कहा जाने लगा, जैसे-प्राच्य पुखराज (Oriental Topaz), प्राच्य पन्ना (Oriental Emerald) या प्राच्य एमीथीस्ट (Oriental Amethyst) आदि।

प्राचीन काल में कुछ ऐसे रत्नीय पत्थर भी प्रचलित थे जिन्हें दूसरे नामों से जाना जाता था। पहले जो नीलम के नाम से जाना जाता था वह आजकल लाजवर्त है। जिसे पहले टोपाज या पुखराज माना जाता था आज वह पेरीडॉट है। पाश्चात्य देशों में प्राचीन काल से ही लोग हीरे से परिचित थे-ये मान्यता सन्देहास्पद है। यह ज्ञान वहां भारत से ही पहुंचा। ईसाइयों की प्राचीन धार्मिक पुस्तकें 'Book of Genesis' और 'Book of Revelation' में अनेक रत्नीय

पत्थरों का नाम दिया गया है। Onix नामक रत्न का उल्लेख 'The Book of Genesis' में है। इन पुस्तकों से ज्ञात होता है कि उस समय नीलम, पन्ना, ओनिक्स, मूंगा, मोती आदि रत्न प्रचलित थे। किन्तु उस काल में जो माणिक्य कहलाता था वह आजकल कारबंकल के नाम से जाना जाता है। उस समय ईसा से १४०० वर्ष पूर्व हाई प्रीस्ट (High Priest) की छाती पर धारण करने वाली प्लेट पर १२ रत्न पत्थर जड़े थे। इंग्लैंड के प्रसिद्ध रत्न विशेषज्ञ माइकेल विन्स्टीन के अनुसार वे बारह रत्न थे-

जैस्पर, माणिक्य, टोपाज, कारबंकल, पन्ना, अगेट, हीरा (स्फटिक), एमीथीस्ट, ओनिक्स, जिरकान, नीलम (लाजवर्त), बेरील (पेरीडॉट)।

उस समय के व्यापारी रत्नीय पत्थर सीरिया से मंगाते थे। उस समय सम्राटों के लबादे चमकते हुए रत्नों से जड़े होते थे। इन रत्नीय पत्थरों के उत्पत्तिस्थल दक्षिणी अरब, भारत और श्रीलंका थे। उस समय ओनिक्स एक बहुमूल्य पत्थर माना जाता था। अम्बर और स्फटिक को बाइबिल में भी बहुत सुन्दर रत्न कहा गया है। अम्बर पहला रत्न था जो पूर्व समय में आभूषणों के लिए प्रयुक्त हुआ। अम्बर के उत्पत्ति के विषय में अनेक कहानियां प्रचलित थीं। प्लिनी के अनुसार फेटन Phaeton एक यूनानी महापुरुष था जिसकी जब बिजली गिरने से मृत्यु हो गयी तो उसकी बहनें वृक्षों के रूप में परिणत हो गर्मी और Bridanus नदी के किनारे आंसू बहाती थीं। यही आंसू बाद में अम्बर बन गए। आज भी योरोपीय देशों में अम्बर की माला इस विश्वास के साथ बच्चों को पहनायी जाती है कि इनके पहनाने से बच्चों के दांत आसानी से निकल आते हैं।

एमीथीस्ट के विषय में यूनानी लोगों को विश्वास है कि इस रत्न के बने प्यालों में शराब पीने से नशा नहीं चढ़ता। यहूदी लोगों का विश्वास है कि एमीथीस्ट पहनने से बुरे या भयानक स्वप्न नहीं दिखाई देते। पति-पत्नी में आपस में प्रेम बना रहे इसलिए स्त्रियां इसे धारण करती थीं।

प्लिनी के अनुसार प्राचीन रोम निवासी मूंगे के दाने बच्चे के पालने में बांध देते थे। उन्हें यह विश्वास था कि मूंगा में बालकों के अनिष्ट निवारण की क्षमता होती थी। मूंगा धारण करने वाले को बिजली गिरने, तूफान, अग्नि तथा जहाज से डूबने से रक्षा होती है। पारेक्लअस नामक एक प्राचीन काल के यूनानी लेखक

के कथनानुसार मूंगे की माला गले में इसलिए धारण की जाती थी कि जिससे सभी प्रकार के जादू-टोने और विष से रक्षा हो। रोम के निवासी उसे ताबीज की तरह धारण करते थे। इनका इस्तेमाल औषधि के रूप में भी होता था।

उपल को प्राचीन काल में एक अशुभ एवं दुर्भाग्य पूर्ण रत्न माना जाता था। यह १८७४ में स्पेन के महाराज अलफान्जो के लिए यह उपल रत्न बहुत दुर्भाग्यपूर्ण साबित हुआ। हुआ यह कि अपने विवाह के दिन उन्होंने पत्नी को उपल रत्न जड़ित अंगूठी भेंट की। उसके तुरन्त बाद पत्नी की मृत्यु हो गयी। वह अंगूठी उन्होंने पत्नी की बहन को दे दी। उसकी भी दो-चार दिन बाद मृत्यु हो गयी। फिर वह अंगूठी उन्होंने स्वयं पहन ली और उनकी भी मृत्यु हो गई। जहां स्पेन के सम्राट के लिए उपल दुर्भाग्यशाली सिद्ध हुआ वहीं इंग्लैंड की महारानी विक्टोरिया के लिए उपल सौभाग्यशाली सिद्ध हुआ।

पाश्चात्य देशों में प्राचीन काल में माणिक्य बहुत उपयोगी रत्न माना जाता था। यह माना जाता था कि माणिक्य विष का नाश कर देता है। प्लेग की बीमारी से रक्षा करता है। दुःख से मुक्ति दिलाता है एवं मन को बुरे विचारों से दूर करता है। बर्मा के निवासियों का मत है कि माणिक्य पृथ्वी में ही परिपक्व होता है। शैशवावस्था में वह रंगहीन होता है और ज्यों-ज्यों वह पुराना होता जाता है गहरा रंग होता जाता है। श्रीलंका के सम्राट के पास संसार का सबसे बढ़िया माणिक्य था। वह इतना बड़ा एवं निर्मल था कि कुबलयीखां उसकी कीमत के रूप में एक शहर ही देने को तैयार था किन्तु सम्राट ने उसे वह माणिक्य नहीं दिया।

माणिक्य के विषय में यह विश्वास है कि यदि इसे धारण करने वाले पर विपत्ति आनेवाली हो तो माणिक्य का रंग बदल जाता है। साम्राज्ञी कैथरीन के तलाक की बात जब चली तो उनके नैकलेस में जड़ित माणिक्य के रंग बदल गए।

नीलम के सम्बन्ध में यूनान के निवासियों को ऐसा विश्वास था कि इसे धारण करने से उनके प्रति कही गयी भविष्यवाणी शुभ रूप से फली-

भूत होती है। यह भी कहा जाता है कि नीलम धारण करने से स्त्रियों में दुर्विचार नहीं आते। उन्हें भूत-पिशाचों का भी भय नहीं होता। एक साधु सेंट जैरोम का कथन था कि नीलम धारण करने से युद्ध में सैनिक कैदी नहीं हो सकता। युद्ध

में समझौता या संधि हो जाने की संभावना होती है। पोप इन्टोसेंट तृतीय का आदेश था कि अपने को नैतिक होने के भाव सुदृढ़ होने के लिए सब पादरी नीलम अंगूठी में धारण करें।

फिरोजा के सम्बन्ध में कहा गया है कि भेंट में फिरोजा प्राप्त करने वाले को सुख-सौभाग्य की प्राप्ति होती है। फिरोजा अपने रंग को पीला करके किसी आने वाली विपत्ति की सूचना का परिचायक कहा जाता था। कुछ लोगों का यह भी कहना था कि पुरुष या स्त्री यदि परस्त्री या परपुरुष से सम्बन्ध रखें तो फिरोजा रंग बदलकर उसका भेद खोल देता था।

हीरे के सम्बन्ध में कहा जाता है कि हीरा अत्यन्त कठोर होने के कारण उसे तोड़ना अत्यंत कठिन होता है किन्तु बकरी के गरम दूध में डुबोकर तोड़ा जाय तो आसानी से टूट जाता है। एक मान्यता यह भी है कि उसको बकरी के रक्त में कुछ दिन यदि डुबोकर रखा जाय तो उसके तोड़ने में कोई कठिनाई नहीं होती। हीरे को धारण करने से युद्ध में रक्षा होती है। कुछ हीरे उसके स्वामियों को दुर्भाग्य पूर्ण प्रमाणित हुए। एक हीरे ने जो कि फ्रांस की साम्राजी के हार में था, उनका गला काट दिया था। ऐसे ही हीरों की अनेक कहावतें हैं। ऐसा भी लोगों की धारणा है कि हीरा ज्वर को दूर करता है।

जेड (Jade) के विषय में चीन में अनेक धारणाएं प्रचलित हैं। वे इसे बहुत मूल्यवान पत्थर मानते हैं। उन्हें विश्वास है कि यदि जेड रत्न का पॉउडर या भस्म पानी में मिलाकर पीया जाय तो शरीर के सब आन्तरिक रोगों को दूर कर देता है। यह आयु में वृद्धि में योगदायक है, गुर्दे की बीमारी के लिए यह रामबाण औषधि का काम करता है। मृत्यु के बाद शरीर को जल्दी सड़ने से रोकता है।

पन्ना के सम्बन्ध में भी अनेक मान्यताएं हैं। एक पाश्चात्य लेखक के अनुसार पूर्वी देशों में यह विश्वास है कि यदि सर्प की नजर पन्ने पर पड़ जाय तो वह अंधा हो जाता है। पन्ना आंखों को शीतलता प्रदान करता है। सम्राट नीरो पन्ने के बने चश्मे पहन कर खेल-तमाशे देखा करता था। एक यूनानी विद्वान ने नवीं शताब्दी में लिखा था कि पन्ने का पॉउडर या भस्म पानी में मिलाकर सेवन करने से कुष्ठ जैसे रोग दूर हो जाते हैं। प्लिनी का कथन है कि साइप्रस द्वीप में सम्राट हर्निया की एक मूर्ति थी जिसके पास एक संगमरमर का शेर बना हुआ था। शेर की आंखों में पन्ने जड़े थे जो गर्मी में

इतने चमकते थे कि निकट समुद्र की मछलियां उस चमक को देखकर दूर भाग जाती थीं। मछलीमारों ने जब यह देखा तो उन्होंने पन्ने को उखाड़ कर फेक दिया।

अगेट-या हकीक इसको धारण करने द.ला दूसरों से स्नेह प्राप्त करता है। यह रत्न किसानों और मालियों के लिए भाग्यवान रत्न है। इनके धारण करने से स्वास्थ्य में सुधार होता है और आयु में वृद्धि होती है।

अम्बर

इसके धारण से छूआछूत की बीमारियों का भय नहीं रहता। इस रत्न की माला बनाकर धारण करने से भाग्य में वृद्धि होती है।

एमीचीस्ट

इस रत्न के धारण करने वाले का नैतिक स्तर उच्च होता जाता है। यह दाम्पत्य सुख भी प्रदान करता है।

एक्वामेरीन

यह रत्न यदि वर वधू को भेंट स्वरूप प्रदान किया जाय तो उनका जीवन हर्षोल्लास से भर जाता है। यह समुद्र यात्रा के यात्रियों के लिए रक्षा ताबीज का काम करता है।

ब्लडस्टोन

प्राचीन काल में युद्ध के दौरान इस रत्न को योद्धा धारण किया करते थे जिससे उनका साहस और शौर्य बढ़े। इसके विषय में यह धारणा प्रबल थी कि इसे धारण करने से रक्त साव रुक जाता है। स्त्रियों के लिए यह रत्न त्याज्य है।

क्राइसोलाइट

यह रत्न धारण करने से अभद्रता एवं दुर्विचार दूर हो जाते हैं।

कानीलियन

यह रत्न सुख और सौभाग्य का प्रदाता है। आयु में वृद्धि करता है।

मूंगा

यह उन लोगों के लिए शुभ है जिनका जन्म २१ अप्रैल और २० मई के मध्य तथा २१ अक्तूबर और २० नवम्बर के बीच हुआ हो। यह रत्न धारण करने से दाम्पत्य जीवन सुखी बनता है।

हीरा

इसको सूर्य का रत्न कहा गया है। इसमें सूर्य की किरणों के समान तीव्र किरणें निकलती हैं। (ज्योतिष के अनुसार हीरा शुक्र का रत्न है जो सूर्य का शत्रु है)। हीरा धारण करने वाले को बुद्धि, बल, सुख, प्रसन्नता एवं साहस प्राप्त होता है।

पन्ना

प्रेमी यदि अपनी प्रिया को यह रत्न भेंट स्वरूप प्रदान करे तो यह शुभ फल दायक होता है। यह रत्न धारणकर्ता को स्नेह, सहानुभूतिपूर्ण और उदार बनाता है।

तामड़ा

यह रत्न धारण करने से पवित्रता एवं आचरण में दृढ़ता आती है।

जेसिन्थ

यदि इस रत्न को सोने की मुद्रिका में पहना जाय तो यह रक्षा कवच का कार्य करता है।

जेड

चीन के लोग इसे स्वास्थ्य एवं आयुवर्द्धक रत्न मानते हैं।

जैस्पर

यह रत्न धारण करने से दृढ़ता एवं सहनशीलता में वृद्धि होती है।

चन्द्रकान्ता

यह रत्न समुद्र में यात्रा करने वालों के लिए रक्षा कवच का काम करता है।

ओनिक्स

इससे दाम्पत्य सुख में वृद्धि होती है और युगल प्रेमी के चरित्र गठन से सहायता प्रदान करता है।

ओपल

प्रेमियों के बीच यह बाधाएं उपस्थित करता है। यह पत्थर भाग्यवान नहीं माना जाता किन्तु अक्तूबर मास में जन्म लेने वालों के लिए यह जन्म पत्थर माना जाता है।

मोती

प्रेमियों के लिए यह क्लेयोपेट्रा के जमाने से ही शुभ रत्न माना जाता है। यह शरीर में शीतलता एवं ज्वर में लाभदायक है। मन की उग्रता में भी यह लाभदायक है। विवाह के समय मोतियों की भेंट बड़ी शुभ है।

माणिक्य

माणिक्य भूत-प्रेत के भय को दूर करता है। यह सुख और सम्पत्ति देता है और उच्चाभिलाषी बनाता है।

नीलम

यह रत्न भी प्रेमियों के लिए भाग्यवान रत्न है। यह प्रसन्नता-वर्द्धक है किन्तु पारसी व्यक्ति को विपरीत फल देता है।

पुखराज

मित्रता को सुदृढ़ बनाने में यह रत्न आश्चर्यजनक लाभदायक है।

फिरोजा

संकट पूर्ण तथा खतरनाक यात्रा करने वालों के लिए यह बहुत शुभरत्न है और कवच का काम करता है। घुड़सवारी करने वालों के लिए भाग्यशाली रत्न है। प्रेमियों के लिए भी यह शुभ फल देता है।

१७

जन्म रत्न (Birth Stone)

किस जन्म तिथि में कौन-सा रत्न भाग्य प्रदाता है, इस सम्बन्ध में काफी दिनों तक बड़ा मतभेद रहा। सन् १९१२ में अमेरिका में देश व विदेश से आए बड़े-बड़े जौहरियों की एक सभा हुई। उस सम्मेलन में उन्होंने जो निर्णय लिया अब सर्वत्र मान्य है। वह नीचे दिया जा रहा है:

जन्म महीना	जन्म रत्न
जनवरी	गार्नेट
फरवरी	एमीथीस्ट
मार्च	ब्लडस्टोन
अप्रैल	एक्वामेरीन
मई	पन्ना
जून	मोती, चन्द्रकांता
जुलाई	माणिक्य
अगस्त	सारडोनिक्स या पेरीडॉट
सितम्बर	नीलम
अक्टूबर	उपल-टूर्मेलीन
नवम्बर	पीला पुखराज, सुनैला
दिसम्बर	फीरोजा, लाजवर्त

सप्ताह के दिन के अनुसार रत्न

पाश्चात्य देशों के वारों के अनुसार भी रत्न पहनने का चलन है जिसके अनुसार एक सूची निम्न हैं-

रविवार	माणिक्य, बदले में क्राइसोलाइट
सोमवार	मोती, ओपल
मंगलवार	ब्लडस्टोन, एमीथीस्ट
बुधवार	आलिकीन, जेड, हकीक
बृहस्पतिवार	पन्ना, नीलम
शुक्रवार	लाजवर्त, फिरोजा
शनिवार	ओनिक्स

भारतीय मान्यताएं

प्राचीन काल में भारत रत्नों का अक्षय भंडार था और रत्नों को आभूषणों के रूप में सम्मान प्राप्त तो था ही, अपनी चमत्कारिक शक्ति के कारण भी रत्नों की विभिन्न जातियां प्रतिष्ठा प्राप्त थीं। इस विषय में निम्न विवरण दिये जा रहे हैं।

दिनांक	सायन सूर्य की राशि	रत्न
२१ मार्च-२० अप्रैल	मेष	हीरा
२१ अप्रैल-२१ मई	वृषभ	पन्ना
२२ मई-२१ जून	मिथुन	मोती, चन्द्रकान्ता, एलेक्जेंड्राइट
२२ जून-२२ जुलाई	कर्क	माणिक्य
२३ जुलाई-२३ अगस्त	सिंह	पेरीडॉट, सारडोनिक्स

२४ अगस्त २३ सितम्बर	कन्या	नीलम
२४ सितम्बर-२३ अक्टूबर	तुला	टूर्मेलीन, ओपल
२४ अक्टूबर-२२ नवम्बर	वृश्चिक	पीला पुखराज, सुनैला
२३ नवम्बर-२१ दिसम्बर	धनु	फिरोजा, जिरकान (गोमेद)
२२ दिसम्बर-२० जनवरी	मकर	गार्नेट
२१ जनवरी-१९ फरवरी	कुंभ	एमीथीस्ट (कटैला)
२० फरवरी-२० मार्च	मीन	एक्वामेरीन, ब्लडस्टोन

१८

रत्नों के विषय में कुछ प्रचलित मान्यताएँ

हीरा

हीरे के सम्बन्ध में बहुत-सी मान्यताएं प्रचलित हैं। उनमें से एक मान्यता यह है कि हीरा नर, मादा एवं नपुंसक तीन प्रकार का होता है। रस, वीर्य एवं विपाक गुणों के अनुरूप नर हीरा उत्तम हीरा माना गया है। मादा हीरा मध्यम श्रेणी का तथा नपुंसक हीरा निम्न (अघम) श्रेणी का होता है। दूसरी मान्यता यह है कि रूप-रंग के अनुसार हीरा चार प्रकार का होता है-ब्राहाण, क्षत्रिय, वैश्य और शूद्र। जो हीरा अष्ट कोण या षट्कोण का हो और जिस प्रकार इन्द्रधनुष की प्रतिछाया जल में पड़ने से सप्तरंगी किरण दिखाई देती है उसी प्रकार हीरे को स्वच्छ जल के ऊपर हाथ की अंगुलियों से पकड़कर दिखाने से जल के भीतर हीरे की प्रतिच्छाया में सात रंग दिखाई दें। प्रकाशमय किरणें फेंकता हो व जब हल्का परन्तु बड़ा दिखाई देता हो, गोल हो किन्तु आठों कोण अलग-अलग दिखाई देते हों, रेखा या धब्बे न दिखाई देते हों वह नर हीरा कहलाता है। मादा हीरे चपटे, गोल और कुछ लम्बे होते हैं। इनमें धारियां एवं बिन्दु सदृश धब्बे होते हैं, एवं इन लक्षणों के साथ नर हीरे के समस्त गुण विद्यमान होते हैं। नपुंसक हीरा तीन कोणों वाला होता है जिसके कोण मुड़े हुए और गोल होते हैं। इनका वजन अधिक होता है एवं दिखने में भी बड़ा होता है।

दूसरी मान्यता के अनुसार ब्राह्मण हीरा रंग में श्वेत, किसी प्रकार की झाईं या धब्बे से रहित होता है। क्षत्रिय हीरा श्वेत होता है किन्तु उसमें लाल रंग की हल्की चमक होती है। वैश्य हीरा वह होता है जिसमें पीली आभा होती है। जिसमें काली आभा होती है वह शूद्र हीरा कहा जाता है।

षट्कोण हीरे का देवता इन्द्र, सफेद रंग का जो कि जल के समान होता है, का देव वरुण, सर्पाकार तथा काली पीली तथा नीली आभा युक्त हीरे का देवता विष्णु हैं। कनेर के फूल के समान आभा वाले हीरे का देवता वायु, सिंह एवं

व्याघ्र के नेत्रों के समान आभा वाले हीरे का देव अग्नि है किन्तु हीरे का मुख्य देवता शुक्र है।

राजाओं, राजनेताओं तथा उच्च प्रशासकों को लाल एवं पीली आभा वाले हीरे को धारण करना उत्तम है। योग्य ब्राह्मण के लिए श्वेत रंग का हीरा उत्तम कहा गया है। वैश्यों तथा व्यापारियों के लिए श्रीश पुष्प की आभावाले हीरे धारण करना उत्तम कहा गया है। नीले एवं कृष्ण आभा वाले हीरे शूद्र तथा निम्न श्रेणी के कर्मचारियों के लिए श्रेष्ठ कहा गया है।

पुत्र की कामना रखने वाली स्त्रियों को सफेद, निर्मल, शुक्ल आभा युक्त हीरा शुभ फलदायी होता है। एक मत यह भी है कि संतान की कामना रखने वाली स्त्रियों को हीरा नहीं धारण करना चाहिए। हीरा धैर्य को बढ़ाने वाला, भय को दूर करने वाला तथा भद्रता, अन्तर्दृष्टि तथा पवित्रता देने वाला होता है। हीरा धारण करने वाले व्यक्ति को भूत-प्रेत बाधा नहीं होती, सर्पादि विषैले जन्तुओं का भय नहीं रहता, आग, पानी, बिजली से तथा चोर-डाकू एवं शत्रु से रक्षा होती है।

दोषी हीरा दोषी हीरा धारण करने से अनेक प्रकार की क्षति होती है। यदि हीरा सफेद, यव युक्त हो तो उसके धारण करने से सुख-सम्पत्ति का नाश होता है। लाल यव वाले हीरे से हाथी, घोड़े आदि पशु धन का नाश होता है। पीले यव वाले हीरे से वंश का नाश कहा गया है। काले यव वाले हीरे से धन का नाश होता है। धारीयुक्त दोषी हीरे से मानसिक दुख उठाना पड़ता है।

माणिक्य

माणिक्य के भी हीरे के समान वर्ण विभेद होते हैं:

ब्राह्मण वर्ण- यह गुलाब के फूल के रंग जैसा रत्न होता है।क्षत्रिय वर्ण- रक्तवर्ण अर्थात लाल कमल के रंग के सदृश होता है। वैश्य वर्ण-ऐसा माणिक्य जिसमें लाली, नीलापन और मलिनता होती है। चिकने, साफ, सुन्दर रंग और अच्छी धार के पानीदार चमकीले रंग का माणिक्य धारण करने से वंश-वृद्धि, सुख-सम्पत्ति की प्राप्ति, अन्न, घन, रत्नादि का संग्रह होता है। यह भय, व्याधि, दुख को दूर करता है। माणिक्य के धारणकर्ता भाग्यवान, आत्म समृद्ध, प्रतिष्ठा प्राप्त, धैर्यशाली, ओजवान और निर्भीक होते हैं। उनमें सूर्य के समान तेजस्वी होने के गुण विद्यमान रहते हैं। शरीर पुष्ट, एवं कांतिवान होता है।

दोषी माणिक्य धारण करने से अनेक प्रकार के कष्ट भोगने पड़ते हैं। सुन्न माणिक्य धारण करने से भाई दुखी रहते हैं। दूध के रंग का माणिक्य पशुनाश करता है। दो रंग का माणिक्य पिता को एवं स्वयं को दुख देता है। लाल धब्बे वाला रत्न कलह कारक होता है। धूम्र रंग का माणिक्य धारण करने से विद्‌युताघात का भय रहता है। मटमैला माणिक्य उदर विकार उत्पन्न करता है। अति दोषी माणिक्य मृत्यु का कारक बनता है। यह भी कहा जाता है कि यदि माणिक्य धारणकर्ता पर कोई विपत्ति आने वाली होती है तो उसका रंग हल्का पड़ जाता है और कष्ट दूर होने पर वह पुनः अपने रंग पर आ जाता है। माणिक्य सूर्य का रत्न कहा जाता है।

मोती

मोती चन्द्रमा का रत्न है। मोती धारण करने से अनिष्ट का नाश होता है। सुख-सौभाग्य में वृद्धि होती है। हिन्दू धर्म की लगभग सभी जातियों में यह मान्यता है कि नाक में पहनने वाली नथ जो मोतियों से विद्ध हो, उनके सौभाग्य की परिचायक होती है। यद्‌यपि अब नथ के पहनने का फैशन नहीं रह गया है फिर भी विगत समय मोती युक्त नथ पहनना शुभ माना जाता था।

अथर्ववेद में मुक्ता शब्द का प्रयोग प्रायः हुआ है। मुक्ता का अर्थ शरीर की व्याधियों से मुक्ति दिलानेवाला कहा गया है अर्थात् मोक्षदाता। भारत में मोतियों के प्रति विशेष धारणा है कि यदि इसकी भस्म का सेवन किया जाय तो अर्थ, काम, धर्म इन तीनों पुरुषार्थों की प्राप्ति होकर अन्ततः मोक्ष की प्राप्ति होती है।

जो व्यक्ति आठ गुणों से युक्त अर्थात् सुतार (दीप्तिवान), सुवृत्त (गोल) स्वच्छ, निर्मल, दड़कदार, स्निग्ध, सुच्छाय एवं अस्फुटित अर्थात् व्रण एवं रेखाओं से रहित मोती धारण करता है उस पर देवी लक्ष्मी की अपार कृपा होती है और आयु में वृद्धि होती है। बुद्धि कुशाग्र होती है एवं धारणकर्त्ता उच्चस्थान एवं प्रतिष्ठा प्राप्त करता है। पीत छायायुक्त मोती धारण करने से लक्ष्मी की प्राप्ति होती है।

दोषयुक्त मोती धारण करने से अनेक हानियां एवं व्याधि होती हैं। शुक्ति दोष अर्थात जिस मोती में किसी एक स्थान पर कम चमक हो अर्थात समस्त

चमकदार मोती में किसी एक स्थान पर शुक्ति के समान कम चमक और आभावाला चिह्न हो तो ऐसे मोती के धारण करने से कुष्ठ रोग हो जाता है। मत्स्याक्ष दोष अर्थात जिस मोती में मछली की आंख के समान चिह्न हो तो धारण करने से संतान की हानि होती है। जिस मोती में जरठ दोष अर्थात् आभाहीन हो तो ऐसे मोती के धारण करने से आयु हानि होती है। जिस मोती में मूंगे के समान छाया हो तो धारण करने से दरिद्रता आती है। मोती के उपर तीन रेखाएं या त्रिवृत्त दोष हो तो ऐसे मोती के धारण करने से सौभाग्य का नाश होता है। चपटा मोती या अवृत्तदोष का मोती धारण करने से अपयश मिलता है।

मूंगा

मूंगा मंगल का रत्न है। मूंगा को प्रवाल भी कहते हैं। मूंगा को भी चार वर्णों में विभक्त किया गया है-

१. ब्राह्मण प्रवाल- यह रत्न खरगोश के रंग के समान लाल, कोमल, मुलायम होता है। इसकी कठोरता कम होने के कारण इसमें आसानी से छेद किया जा सकता है।

२. क्षत्रिय प्रवाल यह रत्न गुड़हल के फूल के समान या सिन्दूर के रंग के समान होता है। यह स्निग्ध तो होता है साथ ही कठोर भी होता है।

३. वैश्य प्रवाल- यह पलाश के फूल के समान पीला-लाल या गुलाब के फूल के समान गहरे रंग का होता है। इसकी कांति क्षीण होती है।

४. शूद्र प्रवाल वह होता है जो लाल कमल के दल के रंग का, कठोर और अस्थायी रूप में कांति रहित होता है। असमें आसानी से छिद्र नहीं किया जा सकता।

ऐसा विश्वास है कि असली मूंगा अपने रंग को बदलकर अस्वस्थ होने की सूचना धारणकर्ता को देता है। इसे धारण करने से यदि भयानक स्वप्न आते हों तो बन्द हो जाते हैं।

पन्ना

पन्ना बुध का रत्न है। अच्छा एवं शूद्ध पन्ना शिरीष के फूल के सदृश रंग वाला, मध्यम श्रेणी का पन्ना, गहरे रंग का, निम्न श्रेणी का पन्ना पीत आभायुक्त एवं अधम श्रेणी का पन्ना श्याम आशा लिए हरे रंग का होता है।

चिकना, स्वक्ष एवं सुन्दर काट में काटा गया पन्ना गुणवान एवं अतिशुभदायक माना गया है। सफेद वस्त्र में सूर्य के प्रकाश के सामने रखने पर यदि वस्त्र हरा दिखाई देने लगे तो पन्ने को उत्तम मानना चाहिए। पन्ना धारण करने से बुद्धि-विकास एवं बल-वीर्य में वृद्धि होती है। शरीर पुष्ट होता है। धन-धान्य, एवं वंश-वृद्धि होती है। सर्प भूतादि का भय दूर होता है। जादू-टौने, नजर आदि को निष्प्रभावी बनाता है। मिरगी एवं पागलपन को दूर करने में मदद करता है। स्वप्नदोष नहीं होता। स्त्री के धारण करने पर प्रसवकाल में प्रसव शीघ्र और आराम से हो जाता है।

पुखराज

पुखराज बृहस्पति का रत्न है। उत्तम पुखराज स्वक्ष, सफेद, द्वितीय श्रेणी का गुलाबी, वैश्यवर्ण का या निम्न कोटि का पीला एवं अधम कोटि का श्याम आभावाला होता है। चिकना, चमकदार, पानीदार, और अच्छे रंग का पुखराज शुभ फल प्रदाता होता है। यह धन, धान्य, बुद्धि, बल, - ज्ञान, सम्पत्ति, आयु और यश प्रदान करता है। यदि कन्या के विवाह में बाधा पड़ रही हो तो पुखराज धारण करने से उसे शीघ्र उत्तम वर की प्राप्ति होती है।

दोषी पुखराज अनेक प्रकार के कष्ट देता है। चीर वाले रत्न को धारण करने से चोरी का भय होता है। सुन्न पुखराज धारण करने से स्वजनों से मतभेद होता है। दूधिया पुखराज चोट पहुंचाने वाला होता है। अभ्रकी पुखराज रोग कारक होता है। श्याम एवं सफेद दागवाला पुखराज पशुओं के लिए हानिप्रद है। लालबिन्दु वाला धन नाशक होता है।

नीलम

नीलम शनि का रत्न है। उत्तम वर्ण का नीलम उज्ज्वल गहरे नीले रंग का होता है। मध्यम वर्ण का नीलम रक्ताभा लिए होता है। निम्न श्रेणी का

नीलम सफेदी लिए गहरा नीला होता है। अधम वर्ण के नीलम में श्याम आभा होती है।

चिकना, सफेद, चमकदार नीलम मोर के पंख के समान रंग वाला होता है। यही अच्छे किस्म का नीलम कहा जाता है। यह अत्यन्त गुणवान होता है। परीक्षा करने के उपरान्त ही यह धारण किया जाता है। यदि यह शुभ हो तो दुःख-दारिद्रय, रोगादि दूर कर समृद्धि, सिद्धि तक प्रदान करने की क्षमता रखता है, सुन्दर संतति प्रदान करता है। खोई सम्पत्ति या धन वापस मिल जाता है। मुख की कान्ति और नेत्रों की ज्योति बढ़ जाती है।

दोषी नीलम कष्टप्रद होता है। सफेद धारियों से युक्त नीलम नेत्रों में कष्ट और शरीर में पीड़ा देता है। दूधक रत्न दरिद्रता प्रदान करता है। चीरवाला रत्न दुर्घटनादायक होता है। दोरंगा नीलम शत्रु उत्पन्न करता है। जालयुक्त नीलम रोग में वृद्धि करता है। गड्ढे वाला नीलम फोड़े-फुंसी का जनक होता है।

मान्यता है कि नीलम को पानी में डुबोकर यदि उसी पानी से काटे हुए स्थान को धोया जाय तो विष का प्रभाव नष्ट होता है। यदि नीलम ताबीज के रूप में पहना जाय तो जादू-टोने का प्रभाव नष्ट हो जाता है। यह भी मान्यता है कि यदि नीलम का रंग फीका पड़ने लगे तो समझना | चाहिए कि शत्रु के षड्यंत्र की सूचना दे रहा है।

गोमेद

यह राहु का रत्न है।

उत्तम वर्ण का गोमेद श्वेत आभायुक्त होता है। द्वितीय श्रेणी का अरुण आभामय और तृतीय श्रेणी का पीत आभायुक्त होता है। अधम श्रेणी का गोमेद कृष्ण आभायुक्त होता है।

उत्तम श्रेणी के गोमेद धारण करने से शक्तिशाली शत्रु भी सामने से मुकाबला करने में संकोच करता है। यह सुख-सम्पत्ति, धन-धान्य और वैभव प्रदान करता है। स्वास्थ्य ठीक रहता है। भूत-प्रेत भय मिट जाता है। यह प्रत्येक समय रक्षा कवच का काम करता है।

युद्ध के दौरान चोट होने पर यदि रक्त स्राव हो रहा हो तो गोमेद धारण करने से रक्त स्राव रुक जाता है।

दोषी पुखराज धारण करने से कष्ट होता है। लाल रंग वाला शरीर कष्ट, अभ्रक के रंग वाला धन नाश करता है।

वैदूर्य या लहसुनिया

यह केतु का रत्न है। यह श्वेत वर्ण प्रधान, नील आभायुक्त वैदूर्य उत्तम श्रेणी का होता है। श्वेत वर्ण प्रधान, अरुण आभायुक्त क्षत्रिय, पीत वर्ण प्रधान नील आभायुक्त निम्न श्रेणी एवं नीलवर्ण प्रधान अधम श्रेणी का होता है।

वैदूर्य के धारण करने से संतान सुख और सम्पत्ति प्राप्त होती है। घर में प्रसन्नता का सदैव माहौल रहता है। नष्ट हुई धन-सम्पत्ति वापस आ जाती है। दरिद्रता, दुख, व्याधि आदि दूर होते हैं। भूत-प्रेत बाधा दूर होती है, रोग नष्ट होते हैं। धारणकर्ता शूरवीर बनता है। यह रत्ने अस्त्र-शस्त्र के आघात तथा दुर्घटना से रक्षा करता है।

दोषी रत्न धारण करना विपत्ति को आमंत्रण देना है। धब्बायुक्त रत्न धारण करने से शत्रु-भय, गड्ढे वाला हो तो उदर रोग, यदि रत्न के भीतर धारी हो तो नेत्र रोग, सुन्न रत्न हो तो शरीर रोगग्रस्त हो जाता है। रत्न चीर वाला हो तो शस्त्राघात, जालवाला कारावास दिलाता है। रत्न रक्त के समान हो तो गृह कलह कराता है। मधु के रंग सदृश रंग वाला वैदूर्य स्त्री के लिए हानिकारक कहा गया है। श्वेत बिन्दु वाला वैदूर्य भाइयों के लिए कष्ट प्रद होता है।

बिल्लौर (Rock Crystal)

बिल्लौर को पहनने वाले को रात्रि में निश्चित नींद आती है। जादू-टोने का कुप्रभाव नहीं पड़ता है। बिल्लौर से बने प्याले में विष डालने से प्याला धुंधला हो जाता है। इसकी माला का जप करने से मन एकाग्र होता है।

फिरोजा

फिरोजा के विषय में यह मान्यता है कि यह अपना रंग बदलकर रत्न धारण करने वाले को उसके ऊपर आने वाली विपत्ति या खतरे की सूचना दे देता है। इसके विषय में यह भी विश्वास है कि यदि फिरोजा को आंखों से स्पर्श कराया जाय तो नेत्र में आए विकार या रोग दूर हो जाते हैं। फिरोजा को पहनने वाले

पर नजर-टोने का प्रभाव नहीं पड़ता। यदि इसका रंग उतर जाये तो इसे उतार देना चाहिए।

एक्वामेरीन (Aqua marine)

यह समुद्री यात्रियों के लिए अत्यंत ही लाभदायक है एवं कवच का काम करता है।

लाजवर्त

सोने या चांदी के तार में पिरोकर बच्चों को पहनाए जाने पर उनका स्वास्थ्य ठीक रहता है और नजर नहीं लगती।

उपल

इसको धारण करने से ईश्वर के प्रति शक्ति की भावना उत्पन्न होती है और उन्नति होती है। आत्मा स्वस्थ होती है। इस रत्न को धारण करने से योगी को योग में दक्षता, भक्तों को भक्ति और गृहस्थों को गृहस्थी चलाने में दक्षता प्राप्त होती है।

चन्द्रकान्त (गोदन्ता) (Moon stone)

यह रत्न आशा का प्रतीक माना गया है। यह समुद्री यात्रियों के लिए रक्षा-कवच का काम करता है। इस रत्न की प्रभावक्षमता शुक्लपक्ष में बढ़ जाती है और कृष्णपक्ष में कम हो जाती है। यह समुद्री यात्रियों की रक्षा कवच के समान करता है।

तामड़ा (Garnet)

रत्न धारणकर्ता पर यदि कोई विपत्ति आने वाली हो तो यह रत्न रंग बदलकर सूचना देता है। प्लेग की बीमारी से निजात पाने के लिए यह रत्न औषधि के रूप में काम करता है। यह रत्न मित्र को उपहार में देने से मित्रता में प्रगाढ़ता आती है।

हकीक (Agate)

इस रत्न को धारण करने वाले में वक्तृत्व शक्ति बढ़ती है। धन की प्राप्ति होती है और आयु में वृद्धि होती है।

सुनैला

इसको धारण करने पर रात को भय नहीं लगता।

जहर मोहरा

इसके विषय में प्रसिद्ध है कि इसके प्याले में विष डालने से विष अपना प्रभाव खो देता है।

जबरजद्द (Peridot)

इस रत्न के धारण करने से आय में वृद्धि होती है और आदमी धनवान होता है। दाम्पत्य सुख एवं संतान सुख प्राप्त होता है। गरुड़ के पंख के समान जबरजद्द के धारण करने से एवं इसकी माला पहनने से मृगी का रोग ठीक हो जाता है। इसके धारण करने से स्त्रियों के स्तन पुष्ट होकर स्त्री युवा बनी रहती है। विषैले जन्तुओं के डंक का प्रभाव नहीं पड़ता। इसके प्याले में मद्‌यपान करने से बुढ़ापा नहीं आता।

नवरत्न अंगूठी

नौ रत्नों की अंगूठी में नौ ग्रहों से सम्बन्धित रत्न जड़े जाते हैं। नौ रत्न की अंगूठी में ग्रह सम्बन्धी रत्न की जगह पर अन्य रत्न को बदलकर नहीं लगाना चाहिए। नौ रत्न की अंगूठी उस समय धारण करनी चाहिए जब कुंडली में ग्रहों की स्थिति संदेहास्पद हो और यह निर्णय करना मुश्किल हो कि कौन-सा रत्न धारण किया जाय। कुंडली में यदि कई शुभ ग्रह उच्च, स्वराशि या शुभ भावों में स्थित हो तो नौ रत्न युक्त अंगूठी धारण करने पर वे और भी अधिक शुभ फलदायक हो जाते हैं। नौ रत्न युक्त अंगूठी किसी भी लग्न का जातक धारण कर सकता है।

नौ रत्न की अंगूठी धारण करने से सुख-सम्पदा, सौभाग्य, धन, यश, मात्न, प्रतिष्ठा, सन्तान सुख, पारिवारिक सुख, मानसिक सुख प्राप्त होता है। अभीष्ट नाश होता है, रोगों से मुक्ति प्राप्त होती है और आयु में वृद्धि होती है। नौ रत्न की अंगूठी कितने वजन (Weight) में होनी चाहिए इसका कोई विधान निर्णीत नहीं किया गया है। क्योंकि अंगूठी में छोटे-छोटे रत्न जड़े जाते हैं। यह अवश्य ध्यान में रखना आवश्यक है कि जड़े जाने वाले रत्न निर्दोष अवश्य हों।

नौ रत्न धारण करने की विधि

इसके धारण करने की विधि शास्त्रसम्मत विधि से की जानी चाहिए। नौ रत्न की अंगूठी की बहुत महिमा है। अतः इसको उत्तम शुभ मुहूर्त में नौ ग्रहों की शान्ति करने के उपरान्त उनका पूजन, हवन, एवं दान आदि देकर ही धारण करने पर यह पूर्ण रूप से प्रभावकारी एवं फलदायक होता है। अंगूठी में नौ रत्न ठीक जड़े जाने चाहिए। जरा भी चूक हो जाने पर नौ रत्न की अंगूठी का महत्त्व कम **हो जाता है। नौ रत्न माला के रूप में भी धारण किए जा सकते हैं।**

जड़ी-बूटियों से अनिष्ट ग्रहों की शान्ति

हमारे पुरा ज्ञान सम्पन्न ऋषियों-महर्षियों ने ग्रह दोषों की शान्ति के लिए जड़ी-बूटी धारण करने का विधान बतलाया है। वह इस प्रकार है।

सूर्य-यदि सूर्य पीड़ाकारक हो तो बेल पत्र की जड़ गुलाबी रंग के डोरे में रविवार को धारण करें।

चन्द्र-इस ग्रह के दोष में खिरनी की जड़ सफेद डोरे में सोमवार को धारण करना चाहिए।

मंगल-यदि मंगल पीड़ाकारक हो तो अनन्त मूल की जड़ लाल डोरे में मंगलवार को धारण करें।

बुध-बुध की पीड़ा में विधारा की जड़ हरे डोरे में बुधवार को धारण करना चाहिए।

गुरु (बृहस्पति) पीड़ादायक हो तो भारंगी व केले की जड़ पीले डोरे में बृहस्पतिवार को धारण करें।

शुक्र-पीड़ाकारक हो तो सरपोंखा की जड़ सफेद डोरे में शुक्रवार को धारण करें।

शनि-पीड़ा कारक हो तो बिच्छू की जड़ काले डोरे में शनिवार को धारण करें।

राहु-पीड़ाकारक हो तो सफेद चन्दन नीले डोरे में बुधवार को धारण करें।

केतु-पीड़ाकारक हो तो असगन्ध की जड़ आसमानी डोरे में गुरुवार को धारण करें।

सावधानी

ये जड़ी-बूटियां जिस ग्रह के निमित्त धारण करनी हैं उसी के वार को स्वयं वृक्ष से उखाड़ लाएं और पूजन कर धारण करें। लाने से पूर्व सायंकाल जाकर वृक्ष को विधिवत् अभिमंत्रित करना चाहिए। राहु के लिए शनिवार और केतु के लिए मंगलवार का दिन उपयुक्त है।

१९

रत्नों के औषधीय गुण

आयुर्वेद में रत्नों का प्रयोग औषधि के रूप में किया गया है। अन्य प्राचीन वैदिक साहित्य में भी रत्नों का उपयोग औषधि बनाने के लिए वर्णित है। रत्नों से भस्म एवं पिष्ठी तैयार की जाती है जो औषधि के रूप में प्रयोग में लाई जाती है। इन भस्मों का प्रयोग दुस्साध्य रोगों को दूर करने में किया जाता है। प्राचीन काल से ही वैद्य मूल्यवान रत्नों को जलाकर भस्म बनाते रहे। अच्छे एवं मूल्यवान रत्नों हीरा, पन्ना, मोती, माणिक्य, मूंगा, पुखराज नीलम आदि के भस्म बनाए जाते थे। इस प्रकार के रत्नों के भस्म बनाने की प्रक्रिया बहुत जटिल होती थी और अत्यधिक परिश्रम की आवश्यकता पड़ती थी। इसको इस प्रकार कठिनाई और परिश्रम से तैयार करने का एक मात्र कारण यह था कि रत्नों में रोगों को दूर करने की असीम शक्ति निहित है।

माणिक्य के औषधीय गुण

माणिक्य की पिष्ठी एवं भस्म दोनों का प्रयोग औषधि के रूप में किया जाता है। माणिक्य में रक्तवर्द्धक, वायु विकार दूर करने एवं उदर (पेट) के रोगों को दूर करने की असीम शक्ति है। माणिक्य के भस्म के सेवन से आयु में वृद्धि होती है। इसमें वात, पित्त, कफ को शान्त करने की शक्ति निहित है। यह क्षय रोग, शरीर पीड़ा, पेट दर्द, चक्षुरोग, कोष्ठबद्धता आदि रोगों को दूर करती है। इस रत्न का प्रयोग करने से शरीर की उष्णता और जलन को शान्त करती है।

'भाव प्रकाश' एवं 'रसरत्न समुच्चय' के अनुसार माणिक्य कषाय गुण युक्त एवं मधुर रस प्रधान द्रव्य है। यह शीतलतादायक होने के कारण नेत्र-ज्योति में वृद्धि करता है। इसमें अग्निदीपन, वीर्यवर्धन, कफ, पित्त तथा वायु को शमन करने की शक्ति निहित है। इसमें नपुंसकता को दूर करने का गुण भी है।

मोती के औषधीय गुण

मोती का प्रयोग औषधि के रूप में किया जाता है। इसमें कैल्शियम की कमी के कारण उत्पन्न होने वाले रोगों को दूर करने की असीम क्षमता होती है। इसके प्रयोग करने की विधि इस प्रकार है कि अच्छे किस्म की मोती के बूका या पॉउडर को कपड़े से छानकर लगभग ग्यारह दिन तक केवड़े या गुलाब जल में खूब घोटना चाहिए। जब यह खूब बारीक हो जाय और रवा बिल्कुल न रह जाय तब उसे छाया में सुखाकर औषधि के रूप में प्रयोग में लेना चाहिए।

मोती की भस्म भी तैयार की जाती है। मोती की भस्म प्रकृति से ठंडी मीठी, आंखों के लिए लाभकर, शक्तिदायक और आयुवर्धक होती है। मोती के भस्म से राजयक्ष्मा, कृशता, जीर्ण ज्वर, खांसी, श्वास कष्ट, दिल की धड़कन, रक्तचाप, हृदयरोग आदि में उत्तम औषधि है।

मूंगा का औषधीय गुण

मूंगे को गुलाब जल में खूब बारीक घोटकर छाया में सुखाकर शहद के साथ प्रयोग करने से शरीर स्वस्थ रहकर पुष्ट होता है। घोटे हुए मूंगे को पान में खाने से कफादि रोग दूर होते हैं। मूंगे को कपड़े या गुलाब में घिस कर गर्भवती स्त्री के पेट पर लेप करने से गर्भस्राव नहीं होता।

मूंगे की भस्म कफ-पित्तादि जनित रोगों को दूर करता है। कुष्ठ, खांसी, अग्निमांद्य, ज्वर व पाण्डु रोगों में यह उत्कृष्ट औषधि है।

पन्ना का औषधीय गुण

पन्ना को प्रायः केवड़े या गुलाब जल में घोटकर औषधि के रूप में प्रयोग में लाया जाता है। पन्ना रक्त-रोग, मूत्र-रोग और हृदय रोग में विशेष हितकारी है। पन्ने की भस्म शीत प्रकृति की एवं मेद वर्द्धक है।

इसके सेवन से भूख में वृद्धि होती है। अम्ल-पित्तादि का शमन होता है। पेट की जलन दूर होती है। मिचली, वमन, दमा, अजीर्ण, बवासीर, पाण्डुरोग में यह लाभदायक होता है।

श्वेत पुखराज का औषधीय गुण

पुखराज को गुलाबजल या केवड़े में २५ दिन तक घोटकर इसे काजल की तरह महीन कर लेना चाहिए एवं छाया में सुखा लेना चाहिए। इसका प्रयोग पीलिया, आमवात, खांसी, श्वास कष्ट एवं बवासीर आदि रोगों में लाभप्रद है।

श्वेत पुखराज की भस्म विष के प्रभाव को नष्ट कर देती है एवं विषैले जन्तुओं के डंक के प्रभाव को नष्ट करता है। मितली और वमन में आराम मिलता है। वायु एवं कफ विकार दूर होते हैं। अग्नि मांद्य, अजीर्ण, कुष्ठ व बवासीर में भी लाभप्रद है।

हीरा का औषधीय गुण

हीरे की पिष्टी का सेवन कभी नहीं करना चाहिए। शुद्ध रीति से बनाई गई हीरे की भस्म का ही प्रयोग करना चाहिए। हीरे की भस्म से राजयक्ष्मा, जलोदर, मधुमेह, भगन्दर, रक्ताल्पता, सूजन आदि रोग दूर होते हैं। इसकी भस्म के सेवन से आयु में वृद्धि होती है। सौन्दर्य में वृद्धि होती है। हीरे का कण पेट में चले जाने से दूध में घी मिलाकर पिलाना चाहिए जिससे उल्टी के साथ कण निकल जाए। नहीं तो अंतड़ियों में जख्म हो जाते हैं। प्राणान्त भी हो सकता है।

'रसरत्न समुच्चय' के अनुसार हीरे का एक विशेष गुण यह है कि यदि रोगी मौत की सांस ले रहा है और हीरे की भस्म की एक खुराक देने से शीघ्र चैतन्यता आ जाती है और प्राणों की सुरक्षा हो जाती है। हीरे में वीर्यवर्द्धन की अद्‌वितीय क्षमता होती है। यह त्रिदोष का शमन कर शरीर के समस्त रोगों को नष्ट करता है। हीरा भस्म छः रसों से युक्त योग वाल सर्वोत्कृष्ट रसायन है। इसमें राजयक्ष्मा, प्रमेह एवं मेद रोगों को नष्ट करने की अतुलित क्षमता है। पाण्डु, शोथ एवं जलोदर, नपुसंकता आदि रोगों का समूल नाश करने की क्षमता हीरे के भस्म में है।

नीलम के औषधीय गुण

नीलम के बूरे को कपड़छन्न करके केवड़े या गुलाब के जल में अथवा वेदमुश्क के जल में घोटकर काजल के समान महीन हो जाने पर इसका प्रयोग औषधि के रूप में करना चाहिए। घोटे हुए नीलम का प्रयोग शहद, मलाई, अदरक का

रस एवं पान के रस में करना चाहिए। यह विषम ज्वर, मृगी, मस्तिष्क की कमजोरी, उन्माद, हिचकी आदि रोगों में विशेष लाभदायक है। नीलम की भस्म शनि ग्रह के प्रकोप से उत्पन्न रोगों में की जाती है। इससे गठिया, संधिवात, उदरशूल, स्नायविक दर्द, भ्रांति, मृगी, गुल्म वायु, बेहोशी आदि रोग दूर हो जाते हैं।

गोमेद के औषधीय गुण

औषधि के रूप में इसका उपयोग गुलाब जल, केवड़ा जल या वेद मुश्क के जल में घोटकर महीन चूर्ण के रूप में किया जाता है। इसके सेवन से वायु शूल, चर्मरोग, कृमिरोग, बवासीर आदि में लाभ होता है।

वैदूर्य या लहसुनिया के औषधीय गुण

इस रत्न को केवड़े के जल में खूब घोटकर इसकी पिट्ठी बनाकर इसे सेवन करना लाभकर होता है। इसकी पिट्ठी कफ, खांसी, बवासीर आदि रोगों में लाभ मिलता है।

वैदूर्य से भस्म भी बनाया जाता है। यह प्रकृति से मुधर रस युक्त है। इसमें शीत, वीर्य गुण अधिक होता है। इसमें उद्दीपन क्षमता अधिक होने के कारण यह बुद्धि, आयु एवं बल का वृद्धि कारक तत्त्व है। यह अत्यधिक विरेचक, रक्त-पित्त नाशक, चक्षु रोग नाशक एवं वीर्य वर्धक है। वैदूर्य भस्म विशेषतः पित्त रोगों को नष्ट करने की अचूक औषधि है।

लाजवर्त के औषधीय गुण

'रस रत्न समुच्चय' में कहा गया है कि लाजवर्त की भस्म बीस प्रकार के प्रमेह, क्षय, अर्स, पाण्डु और कफ विकार को नष्ट करता है। यह वायु विकार को नष्ट करते हुए दीपन, पाचन में भी वृद्धिदायक है। इसके सेवन से वीर्य-वर्द्धन होता है।

तुरमली या वैक्रान्त के औषधीय गुण

यह रत्न हीरे के समान प्रयोग में लाया जाता है एवं हीरे के सदृश रोग नाशक क्षमता इसमें भी है। वैक्रान्त षड्रस युक्त, त्रिदोष नाशक, वीर्य को प्रगाढ़ करने

वाला, पाण्डु, उदर रोग, श्वास-कफ रोग, क्षय रोग एवं प्रमेह को नष्ट करता है। यह समस्त महारोगों का नाश करता है एवं बुद्धि वर्द्धक है।

तामड़ा या गारनेट के औषधीय गुण

तामड़ा का प्रयोग औषधि के रूप में माणिक्य की तरह कहा गया है। इसका शोधन, भस्मीकरण आदि समस्त प्रक्रिया माणिक्य के समान ही करनी चाहिए। तामड़ा भस्म, माणिक्य के भस्म के समान ही महत्त्वपूर्ण कहा गया है। शरीर के किसी अंग से रक्त स्राव होने पर तामड़ा भस्म का सेवन करने से साव रुक जाता है। पथरी के रोग की यह एक खास दवा है।

हकीक के औषधीय गुण

उत्तम किस्म के जाल रहित हकीक को केवड़ा या वेद मुश्क के जल में तब तक बुझाना चाहिए जब तक हकीक के बहुत बारीक टुकड़े न हो जाएं। एक लौह की बनी बड़ी कलछी में रखकर अच्छी तरह से तपाकर केवड़े के अर्क में कम-से-कम १५-२० बार बुझाएं। इससे दिल को ताकत मिलती है और बेहोशी दूर होती है। यकृत रोग, प्लीहा एवं रक्त स्राव और पथरी जैसे रोग दूर हो जाते हैं। यह नेत्र-रोग और सिर रोग में लाभप्रद है। यह वीर्य को प्रगाढ़ करते हुए कामोत्तेजना में वृद्धि करता है।

उपल के औषधीय गुण

यह रत्न स्वादवर्द्धक, गर्म प्रकृति का ज्वर को नष्ट करने वाला होता है।

अम्बर के औषधीय गुण

यह रत्न 'रस रत्न समुच्चय' के अनुसार त्रिदोष को नष्ट करने वाला है। यह वायु विकार को दूर करने वाला है एवं वीर्य वर्द्धक है। अन्य मत के अनुसार अम्बर कटुरस युक्त, ऊष्ण वीर्य, लघुपाकी तथा कफ, वायु, सन्निपात आदि एवं शूल रोग का नाश करने वाला है।

२०

रत्न एवं हृदय रोग

मनुष्य के शरीर रूपी मशीन में हृदय सबसे महत्त्वपूर्ण पुर्जा है। शरीर के अन्य हिस्से में विकार आने पर भी मनुष्य जीवित रह सकता है किन्तु हृदय के विकार ग्रस्त होने पर मनुष्य का जीवन समाप्त हो जाता है। यदि मनुष्य का मस्तिष्क कार्य करना बंद कर दे तब भी मनुष्य जीवित रहेगा अचेत अवस्था में किन्तु हृदय के कार्य न करने पर मृत्यु हो जाती है।

ऐसा होने का कारण यह है कि शरीर के सूक्ष्म तत्त्व रक्त को शरीर के प्रत्येक हिस्से में पहुंचाने के लिए हृदय एक पंप के समान कार्य करता है। हृदय यदि यह कार्य क्षणभर के लिए भी रोक दे तो मनुष्य की जीवन-लीला समाप्त हो जाय इसीलिए शरीर की मशीनरी में हृदय का स्थान सर्वोच्च है।

चिकित्सक स्टेथस्कोप नामक उपकरण की सहायता से रक्त-संचार की गति का पता कर लेता है और रक्त की रुकावट किस सीमा तक हृदय के कार्य में बाधा डालती है यह भी जान लेता है। उस तत्जनित बाधा से हृदय किस अवस्था में पहुंच गया है यह भी ज्ञात कर लेता है। बिजली से चलने वाला एक यंत्र कार्डियोग्राम द्वारा हृदय की चलने की गति का कागज पर एक नक्शा बन जाता है। इन सभी विधियों का उद्देश्य केवल हृदय की गति की सामान्य अवस्था, विशेष अवस्था का अध्ययन कर हृदय की स्वस्थता वा अस्वस्थ्य होने का पता लगाना होता है।

हृदय के विभिन्न रोग होते हैं। कभी-कभी यह भी देखा गया है कि जन्म से ही हृदय दोष युक्त होता है। बालक दोष या व्याधि युक्त हृदय लिए ही जन्म लेता है और कभी-कभी गठिया, ज्वर या डिप्थीरिया के होने के कारण भी हृदय (Valves) के किनारे सूज जाते हैं। इस रोग के होने पर हृदय प्रदेश में मर्मर की ध्वनि सुनाई देती है। रक्त के संचरण में बाधा होने के कारण हृदय की

गति में बाधा उत्पन्न हो जाती है। हृदय की गति असामान्य हो जाती है। रोगी हांफने लगता है और हृदय पर चोट पड़ती है।

हृदय रोग का एक अन्य कारण है जिसमें रक्त वाहिनियों में एक प्रकार का वसा युक्त, पीला पदार्थ का जम जाना या कैल्शियम साल्टस का जम जाना जिससे रक्त संचरण में बाधा उत्पन्न हो जाती है। रक्त वाहिनियों में गाढ़े हलवा सरीखे इन वसामय पीले पदार्थों के जम जाने से रक्त वाहिनियां कठोर और संकरी हो जाती हैं। ये पदार्थ रक्त नलिकाओं में केवल जमते ही नहीं वरन इनकी कोमल दीवारों में धंस जाते हैं। यों तो यह प्रक्रिया स्वाभाविक है और एक-न-एक दिन सभी के साथ ऐसा होता है। किन्तु समय से पूर्व ऐसा होने पर यह भयावह व खतरनाक हो जाती है। शिराओं में इस प्रकार की कठोरता आने के कारण रक्त के प्रवाह को सामान्य बनाने के लिए हृदय को अधिक परिश्रम करना पड़ता है। फलस्वरूप रक्त दबाव में वृद्धि हो जाती है। रक्त संचरण में बाधा होने से मस्तिष्क, छाती, उदर, फेफड़े आदि विभिन्न प्रदेश प्रभावित होते हैं। टांगों को शिराओं में रक्त संचरण में बाधा पड़ने के कारण टांगों में सूजन आ जाती है। सीने में बाधा पड़ने पर दम घुटने लगता है। छाती में पीड़ा होने लगती है। इन्हीं सब विकारों के समूह को हृदय रोग कहते हैं।

रत्नों द्वारा हृदय के रोग का उपचार करने से पूर्व ज्योतिष द्वारा जन्मकुंडली देखकर भी यह पता लगाया जा सकता है कि व्यक्ति पर हृदय रोग आक्रमण कर सकता है या नहीं। हृदय रोग होने पर प्रथम सूर्य की कुदृष्टि का होना निश्चित है। सूर्य हृदय का कारक या प्रतिनिधि ग्रह है। सूर्य के साथ राहु या केतु का भी प्रभाव होना निश्चित है। इसका कारण राहु या केतु ही ऐसे ग्रह हैं जिनमें आकस्मिकता अधिक होती है और हृदयाघात अचानक, बिना किसी पूर्वाभास के आता है।

रोग और रत्न

महर्षि पतंजलि ने सम्पूर्ण दृश्य जगत को प्रकाश-क्रिया-स्थिति शीलम बताया है। यहां प्रकाश का अभिप्राय सूर्य से निःसृत सातों रंग से मिली-जुली रश्मियों का होना श्वेत सात्विकता, परोपकार, आत्मोत्सर्ग आदि यज्ञीय भावनाओं का प्रतीक है। क्रिया शब्द लाल रंग का प्रतीक है और स्थिति का अर्थ आलस्य

या यह समझिए कि आलस्य, मूर्खता, अन्धकार, स्वार्थ आदि का द्योतक है। कहने का तात्पर्य यह है कि सम्पूर्ण दृश्य पदार्थों का अपना-अपना रंग अपना एक विशेष गुण तथा प्रभाव रखता है। रत्नों का प्रभाव अधिक होना उनके रंगों पर निर्भर होता है। क्योंकि उनसे निकलनेवाला रंग घनीभूत (Concentrated) अवस्था में होता है और इसी कारण रत्नों अथवा मणियों का स्वास्थ्य पर गहरा प्रभाव पड़ता है।

हृदय और रत्न-ज्योतिष शास्त्र के मतानुसार सूर्य हृदय का कारक या प्रतिनिधिग्रह है। सूर्य का रत्न माणिक्य है। इसलिए किसी व्यक्ति की कुण्डली में स्थित सूर्य को शक्तिशाली बनाने के लिए माणिक्य को धारण करने की सलाह दी गयी है। इस प्रकार हृदय के सभी प्रकार के रोगों में स्वर्ण में जड़ित माणिक्य की मुद्रिका पहनने की सलाह दी गयी है। मस्तिष्क और हृदय का बहुत गहरा सम्बन्ध है। किसी आकस्मिक हर्ष, विपत्ति, भय एवं अप्रत्याशित शुभा-शुभ समाचार के कारण व्यक्ति का मस्तिष्क उद्वेलित हो उठता है साथ ही हृदय की धड़कन भी बढ़ जाती है। भय, उद्विग्नता में रक्त के चाप में वृद्धि होने का कारण हृदय का बहुत अधिक काम है। ऐसे रोगों में जहां सर्पगन्धा, जटामासी, त्रिफला आदि चूर्ण लाभदायक होते हैं वहीं शुद्ध माणिक्य एवं रुद्राक्ष की माला भी धारण करना लाभप्रद कहा गया है।

यह भी ध्यान देने योग्य है कि चिंता, भय, उद्वेग, आशंका, क्रोध, ग्लानि, ईर्ष्या, मद, मात्सर्य आदि से विचारशक्ति अथवा मन के दूषित हो जाने पर मन अस्थिर हो जाता है और जब तक मन किसी निष्कर्ष पर नहीं पहुंच जाता तब तक उस पर मनन करता रहता है। निर्णय के बिन्दु पर पहुंच जाने पर वह बुद्धि के स्तर पर पहुंच जाता है। बुद्धिमान व्यक्ति ही धीर और शान्त हो पाता है। प्रायः बुद्धि के विक्षेप से उत्पन्न हृदयाघात में हरे-भरे वातावरण युक्त स्थान में रहना, हरे-भरे बाग में घूमना, हरे रंग की बोतल में रखा जल पीना, हरे रंग की रोशनी में शयन करना लाभप्रद होता है। हृदय के इस अशान्त होने अथवा असन्तुलन के कई विशेष कारण भी होते हैं। उनका पता लगा कर विभिन्न कारणों का उपचार विभिन्न रत्नों द्वारा करना संभव होता है। यदि व्यक्ति अतृप्त काम वासना के कारण अशान्त हुआ है जिसके फलस्वरूप हृदय व्यथित हुआ है तो व्यक्ति को हीरा धारण करना उचित होता है। यदि कारण क्रोध हो तो मूंगा धारण करना उपयुक्त होता है।

स्नायु मंडल का हृदय से सीधा संबन्ध होता है। यदि कोई जहरीला जन्तु किसी नस या स्नायु पर डंक मार दे तो उसका विष नसों में प्रवाहित रक्त के साथ सीधा हृदय में पहुंच जाता है और क्षण भर में ही सारे शरीर में पहुंच जाता है। उस व्यक्ति की तत्काल मृत्यु हो जाती है। उस प्रकार से उत्पन्न रोगों में पन्ना धारण करना चाहिए।

उदर जनित हृदय रोग में पेट में गड़बड़ी होने के कारण हृदय रोग उत्पन्न हो जाते हैं। आमाशय में भोजन के उचित तरीके से न पचने के कारण पेट में वायु प्रकोप होकर ऊपर उठती है और हृदय की मांस पेशियों पर दबाव डालती है। भोजन ठीक से न पचने के कारण पोषक रस न होने से रक्त ठीक से पूरी मात्रा में नहीं बन पाता और शरीर निर्बल हो जाता है। रक्त की कमी से शरीर कमजोर तो होता ही है हृदय भी कमजोर हो जाता है। पाचन क्रिया ठीक न होने का कारण अंतड़ियों की कमजोरी या मंदाग्नि, यकृत का ठीक प्रकार से काम न करना अथवा मिथ्या आहार-विहार के कारण पाचन क्रिया का ठीक न होना होता है। कोष्ठबद्धता के कारण मलाशय व अंतड़ियों में मल सूख जाता है और उसमें दूषित वायु उत्पन्न हो जाती है। यह वायु ऊपर की ओर चढ़ती है और हृदय पर चोट करती है। ऐसी दशा में सर्वप्रथम उदर रोग की चिकित्सा करनी चाहिए। उदर रोग के कारण हृदय में विकार हो तो प्रवाल धारण करना चाहिए। यदि सूर्य पंचम स्थान में हो तो भी उदर विकार उत्पन्न होता है। इस दशा में माणिक्य धारण करना चाहिए। यदि शनि पंचम दशा में हो तो नीलम, यदि राहु हो तो गोमेद और केतु हो तो वैदूर्य धारण करना चाहिए।

फेफड़ों में ऑक्सीजन की पर्याप्त मात्रा के न पहुंचने के कारण भी हृदय की क्रिया में विघ्न उपस्थित हो जाता है और रक्त की शुद्धि भली-भांति नहीं हो पाती। इसका उपचार शास्त्रों में प्राणायाम बताया है। जन्मकुण्डली में तृतीय स्थान फेफड़े का प्रतिनिधि है। जिनकी कुण्डली में तृतीय स्थान पीड़ित पाया जाए, उनका ऑक्सीजन की कमी से हृदय रोग होने की आशंका रहती है। इस स्थान पर जो ग्रह पीड़ा कारक हो उसके अनुसार रत्न धारण करना चाहिए।

आयुर्वेद के अनुसार पूर्व पृष्ठों में रत्नों की पिष्ठियों एवं भस्मों के औषधि के रूप में प्रयोग के विषय में बताया जा चुका है। मोती हृदय को पुष्ट व बलवान बनाता है। मियादी बुखार में मोती का जल हृदय को शक्तिवर्द्धक बनाता है।

मुक्ता पंचामृत, मुक्तादिचूर्ण, तथा वसन्त कुसुमाकर मोती से निर्मित प्रसिद्ध आयुर्वेदिक औषधि है। हीरक भस्म का प्रयोग हृदय रोगों में किया जाता है। हीरे का योग कन्दर्प कोकिल और हीरक रसायन है। हीरे की पिष्टी का प्रयोग वर्जित है। माणिक्य का प्रयोग उरःक्षत नामक हृदय रोग में प्रयुक्त होता है। इसे आधा रत्ती की मात्रा में प्रयोग करना चाहिए। नीलम का प्रयोग दुर्बलता जन्य हृदय रोग में किया जाता है। वैदूर्य या लहसुनिया या विडालाक्ष पित्त रोगों में करना भकर होता है। यह मस्तिष्क की दुर्बलता के कारण उत्पन्न हृदय रोग में भी लाभ करता है। इसका उपयोग १/८ रत्ती से लेकर एक रत्ती तक करना चाहिए। गोमेद कफ-पित्त का शमन करता एवं अग्निदीपक है इसीलिए पाचन में सहायता करता है। पाचन शक्ति की कमजोरी से उत्पन्न हृदय रोग में इसका प्रयोग किया जाता है। चन्द्रकान्त-एक उपरत्न है जो चन्द्रमा की किरणों से प्रभावित होता है। यह स्निग्ध, पित्तशामक एवं हृद्य है अतः हृदय रोग में इसका प्रयोग किया जाता है। इसे चौथाई रत्ती की मात्रा में प्रयोग में लाते हैं। फिरोजा भी एक उपरत्न है। यह हृद्य एवं विषहन है एवं इसका प्रयोग उदरशूल एवं हृदय रोगों में किया जाता है। इसकी खुराक एक रत्ती तक होती है। लाजवर्त भी एक उपरत्न है। यह पित्त शामक, उद्दीपक, पाचक, हृद्य एवं रक्त शोधक है। प्रवाल आयुर्वेद के अनुसार गुण में रुक्ष है, रस की दृष्टि से मधुर है तथा कुछ-कुछ अम्ल युक्त है। इसका विपाक मधुर तथा वीर्य वर्द्धक है। इसका प्रयोग वात-पित्त, और कफ तीनों में, विशेष कर कफ और वायु विकारों में होता है। जहां तक रक्त संस्थान का प्रश्न है, इसका प्रयोग हृदय की दुर्बलता, रक्तविकार और रक्त-पित्त जनित रोगों में किया जाता है। यह मलाई के साथ खाने पर हृदय की धड़कन को शान्त करता है।

जन्मांक के अनुसार भाग्यवर्द्धक रत्नों का चुनाव

जन्म तिथि	जन्मांक	अंक का स्वामीग्रह	उपयुक्त रत्न
१०, १९, २८	१	सूर्य	माणिक्य
११, २०, २९	२	चन्द्रमा	मोती
१२, २१, ३०	३	बृहस्पति	पीला पुखराज
१३, २२, ३१	४	यूरेनस	गोमेद

१४, २३	५	बुध	पन्ना
१५, २४	६	शुक्र	हीरा
१०, २५	७	नेप्च्यून	लहसुनिया
१७, २६	८	शनि	नीलम
१८, २९	९	मंगल	मूंगा

नाम से राशि

मेष	चू, चे, चो, ला, ली, लू, ले, लो, अ।
वृष	ई, उ, ए, ओ, वा, वू, वे, वो।
मिथुन	का, की, कू, प, ड, छ, के, का, हा।
कर्क	ही, हू, हे, ही, डा, डी, डू, डे, डो।
सिंह	मा, मी, मू, मे, मो, टा, टी, टू, टे।
कन्या	टो, पा, पी, पू, ष, ण, ठ, पे, पो।
तुला	रा, री, रु, रे, रो, ता, ती, तू, ते।
वृश्चिक	तो, ना, नी, नू, ने, नो, या, यी, यू।
धनु	ये, यो भा, भी, भू, घा, का, ढा।
मकर	मो, जा, जी, खी, खू, खो, गा, गी।
कुंभ	गू, गे, गो, सा, सी, सु, से, सो, दा।
मीन	दी, दू, थ, झ, ञ, दे, दो, चा, ची।

अंग्रेजी महीना व रत्न

महीना	धारणीय रत्न
१.	जनवरी मूँगा
२.	फरवरी एमीथीस्ट
३.	मार्च एक्वामैरीन
४.	अप्रैल हीरा
५.	मई पन्ना
६.	जून सुलेमानी पत्थर
७.	जुलाई माणिक्य
८.	अगस्त गोमेद
९.	सितम्बर नीलम
१०.	अक्टूबर चन्द्रकान्त (मून स्टोन)
११.	नवम्बर पुखराज
१२.	दिसम्बर वैदूर्यमणि (लहसुनिया)

रत्न और धातु

रत्न धारण करने का आधार भी अपने में महत्त्वपूर्ण होता है। कौन-सा रत्न किस धातु के साथ प्रभावशाली रहता है, यह तथ्य ध्यान में रखते हुए किसी रत्न को उसके अनुकूल धातु में ही पहनना चाहिए। ऐसा करने से प्रभाव अधिक रहता है। नीचे की तालिका में प्रत्येक ग्रह और उसके अनुकूल धातु का परिचय दिया गया है।

ग्रह	अनुकूल धातु
१. सूर्य	सोना
२. चन्द्रमा	चाँदी
३. मंगल	सोना
४. बुध	सोना
५. बृहस्पति	चाँदी
६. शुक्र	चाँदी
७. शनि	लोहा-सीसा
८. राहु	पंच धातु
९. केतु	पंच धातु

महीना व रत्न

भारतीय-पद्धति के अनुसार प्रत्येक मास से सम्बन्धित रत्नों का जो विवरण मिलता है, उनके अनुसार किस मास में जन्मे व्यक्ति को कौन-सा रत्न धारण करना चाहिए, वह इस प्रकार है:

जन्म का महीना (मास)	सम्बन्धित रत्न
१.	चैत कपास मणि
२.	बैशाख हीरा
३.	ज्येष्ठ पन्ना
४.	आषाढ़ मूँगा
५.	सावन माणिक्य या लाल
६.	भादों हरितमणि, हरितो पल (परिडोट)

७.	कुआर नीलम
८.	कार्तिक रत्नोपल
९.	अगहन पुखराज
१०.	पौष फिरोजा
११.	माघ रक्तमणि, तामड़ा, गारनेट नीलरागमणि, जम्बुमणि, एमीथीष्ट
१२.	फाल्गुन

ग्रह स्थिति को अनुकूल करने के लिए रत्न धारण करने में ग्रह और रत्न का सामंजस्य महत्त्वपूर्ण आधार होता है।

ग्रह और रत्न

मानव जीवन को सबसे अधिक प्रभावित करने वाले प्रमुख नवग्रहों तथा उनसे सम्बन्धित रत्नों का विवरण इस प्रकार है:

ग्रह	**सम्बन्धित रत्न**	**अंग्रेजी नाम**
१. सूर्य	माणिक्य	रूबी
२. चन्द्रमा	मोती	पर्ल
३. मंगल	मूँगा	कोरल
४. बुध	पन्ना	एमराल्ड
५ बृहस्पति	पुखराज	टोपाज़
६. शुक्र	हीरा	डायमण्ड
७. शनि	नीलम	सैफायर
८. राहु	गोमेद	हैसोनाइट
९. केतु	लहसुनिया	कैट्स आई

यदि कोई व्यक्ति अपनी कुण्डली के अनुसार किसी ग्रह का रत्न पहनता है तो उसे अपनी लग्न के स्वामी ग्रह का रत्न भी पहनना चाहिए। दोनों रत्न एक ही मुद्रिका में जड़वाए जा सकते हैं। लाभहोता है।

लग्न और रत्न

लग्न राशि	लग्न का स्वामी ग्रह	प्रयोजनीय रत्न
१. मेष	मंगल	मूँगा
२. वृष	शुक्र	हीरा
३. मिथुन	बुध	पन्ना
४. कर्क	चन्द्रमा	मोती
५. सिंह	सूर्य	माणिक्य
६. कन्या	बुध	पन्ना
७. तुला	शुक्र	हीरा
८. वृश्चिक	मूँगा	मूँगा
९. धनु	गुरु	पुखराज
१०. मकर	शनि	नीलम, लौह
११. कुम्भ	शनि	नीलम, लौह
१२. मीन	गुरु	पुखराज

२१

पाश्चात्य रत्नविशेषज्ञों के अनुसार आपका भाग्यशाली रत्न

संसार भर के ज्योतिषी और भाग्य को मानने वाले इस बात पर विश्वास रखते हैं कि हर मनुष्य के जन्म के समय ग्रहों के जो अच्छे या बुरे प्रभाव पड़ते हैं इन प्रभावों से ही उस मनुष्य का अच्छा या बुरा भाग्य बनता है। यदि ग्रहों के बुरे प्रभावों को उस मनुष्य पर पहुंचने से रोक दिया जाये तो वह भाग्यशाली बन सकता है। इन पुरानी बातों को ढकोसला कह देने से काम नहीं चलता। एक मनुष्य बहुत ही गरीब घराने में पैदा होता है। परन्तु थोड़े समय में उन्नति करके संसार में ख्याति प्राप्त कर लेता है।

आप रत्न विशेषज्ञ से पूछें कि जन्मानुसार आपका बर्थस्टोन कौन-सा पत्थर या रत्न है। इस पत्थर को अंगूठी में जड़वा और पहनकर आप - ग्रहों की बुरी लहरों से बच सकते हैं। इन कीमती पत्थरों से निकलने वाली किरणें ग्रहों से निकलने वाली बुरी किरणों से आपको बचायेंगी। आपकी कठिनाइयों, दुर्भाग्य, गरीबी, बुरी परिस्थितियों को दूर करेंगी। अंगूठी बनवाते समय यह भी देख लें कि आपके जन्म से सम्बन्ध रखने वाला भाग्यशाली पत्थर Birth Stone आपकी त्वचा को हर समय छूता रहे ताकि उससे निकलने वाली भाग्यशाली किरणें आपके शरीर में प्रवेश करके आप पर अपने प्रभाव डालती रहें। अब हर राशि के मनुष्य के लिए कौन-सा पत्थर भाग्यशाली बर्थ स्टोन है, का नाम तथा उसके लाभलिखे जाते हैं। आप अपनी जन्मकुण्डली किसी ज्योतिषी को दिखाकर अपनी राशि ज्ञात कर सकते हैं। पाश्चात्य और भारतीय ज्योतिषियों के अनुसार हर मनुष्य की जाति पृथक होती है।

अब अंग्रेजी ज्योतिष के अनुसार विभिन राशियों के मनुष्यों के भाग्यशाली जन्म पत्थरों का नाम और उनके लाभ लिखे जाते हैं।

१. मेष राशि (Aries) का भाग्यशाली पत्थर Ruby (लाल माणिक्य) है। प्राचीनकाल में इस रत्न को मित्रता का प्रतीक माना जाता था। इसको पास रखने से बहादुरी, साहस और सफलता धारण करने वाले का साथ देती थी। हजारों वर्ष पूर्व के लोगों का विचार था कि जब मनुष्य भर आपत्ति आने वाली होती है तो धारण किए लाल की चमक जाती रहती है और उसका रंग खराब हो जाता है। कहने का यह अर्थ है कि लाल उसको भविष्य में आने वाले दुर्भाग्य और बुरे दिनों की पहले ही सूचना दे देता था। लाल में कई रोग दूर करने के गुण भी पाए जाते हैं। इसे पहनने वाले के मुंह, नाक, फेफड़ों, गुदा, गर्भाशय से रक्त आना रुक जाता है। लाल पहनने वाले को जीवन-शक्ति, साहस देता है और उसमें उन्नति करने, धनवान, विद्वान बनने की तीव्र इच्छा पैदा कर देता है।

२. वृषभ राशि (Taurus) का भाग्यशाली जन्म पत्थर Tarquoise है। अमेरिका और भारत की चिकित्सा-सम्बन्धी पुस्तकों में इस पत्थर में धन दौलत इकट्ठा करने और अमीर बनने की महानता लिखी गई है। प्राचीन काल में लड़ने वाले अपने तीर के साथ इस पत्थर को बांधते थे क्योंकि उनका विचार था कि इससे तीर अपने निशाने पर जरूर लगता है। कई देशों की स्त्रियां अपने पतियों या प्रेमियों को यह पत्थर ताबीज (यंत्र) के रूप में पहना देती हैं क्योंकि उनका विचार है कि इसके प्रभाव से उसका पति उसी से स्थायी प्रेम करता रहेगा। यह पत्थर वृष राशि के मनुष्यों को गरीबी से बचाता और उनको धनवान बना देता है।

३. जेमनी, मिथुन (Gemini) राशि का भाग्यशाली जन्म पत्थर टोपाज (Topaz) है। इसको पहनने के काफी लाभ बताए गये हैं। बड़े-बड़े विशेषज्ञों की राय है कि इस पत्थर से श्वास संस्थान के रोग दूर हो जाते हैं। बच्चा पैदा होने के समय स्त्री को यह पहना देने से बच्चा बिना दर्द व कष्ट पैदा हो जाता है। यह पत्थर पहनने वाले को हर समय सुखी और शान्त चित्त रखता है। उसके सोचने की शक्ति और अक्ल (बुद्धि) को बढ़ाता है। मिथुन राशि के मनुष्य इसको पहनकर एकाग्र शक्ति प्राप्त कर सकते हैं और कारोबार या मुलाजमत में देखते-देखते ही उन्नति कर लेते हैं।

४. कर्क (Cancer) राशि का भाग्यशाली पत्थर मोती (Pearls) है। अरब देश के लोग मोतियों को देवताओं के आंसू' कहते हैं क्योंकि समुद्रों में वर्षा होते

समय जब कोई भाग्यशाली बूंद किसी सीप (Oyster) के मुंह में चली जाती है। तो उस सीप में रासायनिक क्रियाओं द्वारा वर्षा की यही बूंद कुछ समय बाद मोती बन जाती है। मोती पवित्रता और सन्तान पैदा करने की शक्ति Fertility का प्रतीक माना जाता है। मोती धारण करने से मनुष्य का यश, मान, धन, दौलत, मन की शान्ति बढ़ती है, सफलता उसके कदम चूमती है परन्तु एक पापी, बुरी नीयत वाला, दूसरों को हानि पहुँचाने वाले को वही मोती पहनने पर उसको दुर्भाग्य प्राप्त होगा और उसकी कठिनाइयां बढ़ती जायेंगी। कर्क राशि के व्यक्तियों को मोती पहनने से उनका गृहस्थ जीवन सुखी बन जाता है।

५. सिंह राशि (Leo) का भाग्यवान जन्म पत्थर हीरा Diamond है। बहुत ही प्राचीन काल से हीरा संसार में सबसे मूल्यवान वस्तु माना जाता रहा है। हीरे को रत्नों का सम्राट माना जाता है। संसार के बड़े-बड़े सम्राट, राजे-महाराजे, धनवान अपने घरों में अधिक-से-अधिक हीरे उनके गुणों के कारण ही रखा करते थे। स्त्री के सतीत्व, पतिव्रता होने की परीक्षा हीरे से की जाती थी। पति रात को अपनी स्त्री के सिर पर, जब वह सो रही होती थी तो बिना उसको पता चले हीरा रख देता या। यदि स्त्री ऐसी अवस्था में बिना पता चले अपना मुंह पति की ओर कर लेती तो उसको पतिव्रता समझा जाता था। परन्तु यदि वह अपना मुंह मर्द से दूसरी ओर मोड़ लेती तो उसको दूषित समझा जाता था। सिंह राशि के मनुष्यों को हीरा पहनने से उनमें साहस, काम करने की शक्ति बढ़ जाती है और मन दृढ़ हो जाता है। उनकी सफलता के अवसर पांव चूमते हैं। वह अपने उत्तरदायित्व को अधिक योग्यता से निभाते हैं। थोड़े ही समय में अपने नगर और प्रान्त में उनकी ख्याति हो जाती है।

६. कन्या राशि (Virgo) का भाग्यशाली जन्म रत्न हकीक (Agate) है। यह पत्यर रत्नों से बहुत सस्ता होता है। इसको हिन्दी में सुलेमानी पत्थर भी कहते हैं। इसके अन्दर धागों की भांति विभिन्न रंग होते हैं। यह पत्थर जमींदारों, किसानों, फलों, सब्जियों और जमीन से धनोपार्जन करने वालों का भाग्य बदलने के लिए बहुत भाग्यशाली समझा जाता है। कन्या राशि के मनुष्य जो दूसरे के लाभ का काम या जमीन सम्बन्धी कार्य करते हों उनके लिए यह भाग्यशाली पत्थर है।

७. तुला राशि (Libra) का भाग्यशाली बर्य स्टोन सैफायर Sapphire (नीलम) है। इसको आध्यात्मिक रत्न (Spiritual Gem) भी कहा जाता है। यह आत्मा की पवित्रता माना जाता है। इसका रंग आकाशीय नीलापन लिए रहता है। प्रेमी-प्रेमिकायें अपने प्रेम में सफलता प्राप्त करने के लिए और प्रेम को स्थाई रखने के लिए यह रत्न एक दूसरे को भेंट देते हैं। तुला राशि के लोग इसको पहनकर मन की शान्ति प्राप्त कर सकते हैं। इससे मानसिक अशान्ति दूर हो जाती है। शनि के प्रभाव और कष्ट दूर करने के लिए यह सबसे सफल माना जाता है।

८. वृश्चिक (Scorpio) इस राशि का भाग्यशाली जन्म पत्थर ब्लड स्टोन Blood Stone या पतोनिया पत्थर है। प्राचीन काल से इस पत्थर को बहादुरी का चिह्न समझा जाता रहा है। लड़ाई में जाने वाले सिपाही व फौजी इसको बहादुरी और विजय प्राप्त करने के लिए भी धारण करते थे। वृश्चिक राशि के मर्द और स्त्रियां इसको अपने शरीर के साथ यन्त्र के रूप में बांधकर अपने अन्दर मैगनेटिक (दूसरों को अपनी ओर आकर्षित करने की शक्ति) प्राप्त करके दूसरों पर हिप्नोटिज्म जैसे प्रभाव डालकर उनसे अपनी इच्छा अनुसार काम करा सकते हैं।

९. धनु राशि (Sagittarius) का भाग्य जन्म पत्थर कटीला (Amethist) है। इस रत्न को मिस्र देश की संसार प्रसिद्ध सुन्दरी Cleopatra अपने पास रखना बहुत पसन्द करती थी। शायद इन कीमती पत्थरों की किरणों के प्रभाव से ही उसने रोम के उस समय के प्रसिद्ध ताकतवर सम्राट जूलियस सीजर को मोह लिया था। इस पत्थर का रंग गहरा लाल तथा नीले रंग का होता है। ईसाई पादरी आध्यात्मिक शक्ति (Spiritual Power) करने वाले इसको अपने पास रखना बहुत पसन्द करते हैं। इस रत्न के प्रभाव से शराब पीने की आदत दूर हो जाती है। ज्योतिषी धनु राशि के लोगों के लिए इसे रक्षा कवच रत्न मानते थे। यह रक्षा करने वाला पत्थर है।

१०. मकर राशि (Capricom) इस राशि का भाग्यशाली जन्म रत्न गारनेट तामड़ा (Garnet) है। हजारों वर्ष पूर्व लोग इसे रोग निवारक रत्न मानते थे। उस समय के लोगों की यह राय थी कि यह रत्न प्रदाह (शोथ, दर्द, जलन Inflamation) से पैदा रोगों को दूर करने का गुण रखता है। इस पत्थर को पहनने से मनुष्य का शरीर ताकतवर हो जाता है और उसका

साहस और सहन शक्ति बहुत बढ़ जाती है। आजकल इसको यूरोप, अमेरिका के व्यापारी बहुत पहनते हैं। उनका विचार है कि यह पत्थर व्यापार में उन्नति देने में बहुत सहायता करता है। मकर राशि के लोग जो इस पत्थर को पहनते हैं उनको चिन्तायें नहीं सतातीं।

११. कुम्भ राशि (Aquarious) इनका भाग्यशाली बर्थ स्टोन उपल (Opal) है। यह सब पत्थरों से अधिक चमकदार और सुन्दर है। इसमें से इन्द्रधनुष की भांति कई सुन्दर रंग निकलते दिखाई देते हैं। राशि गलत होने या प्रतिकूल दशा में पहनने वाले को यह रत्न भारी हानि पहुंचाता है। कुंभ राशि के लोगों की अक्ल और सोचने की शक्ति इस पत्यर के पहनने से बहुत बढ़ जाती है और वह असाधारण आविष्कार तक करने में सफल हो सकते हैं।

१२. मीन राशि (Pisces) इस राशि का भाग्यशाली बर्थ स्टोन पन्ना (Emerald) है। यह बहादुरी और चमत्कार दिखाने वाला रत्न है। यदि कुंवारी लड़की को पहना दें तो उसको इस रत्न के प्रभाव से अच्छे गुणों वाला पति और मर्द को पहनने पर उसको अच्छी सुन्दर पत्नी मिल जाती है। इस रत्न में आध्यात्मिक शक्तियां सन्निहित हैं। इसे पहनने वाले के भविष्य के बारे में सच्चे स्वप्न आने लग जाते हैं जिससे वह समय से पहले ही होने वाली घटनाओं को पहले ही बतला देता है। उसकी मस्तिष्क की तीसरी आंख खुल जाती है जिससे उसको दिव्य दृष्टि प्राप्त हो जाती है। मीन राशि वालों को यह सुख और मन की शान्ति, सन्तोष प्रदान करता है।

२२

अंग्रेजी महीने के अनुसार पैदा होने वालों के जन्म रत्न

जनवरी

जनवरी में पैदा होने वाले व्यक्ति प्रायः लम्बे, नाजुक और काले रंग के हुआ करते हैं। वे अवसर के अनुकूल उचित, बुद्धि पूर्ण और चुभता हुआ उत्तर देने वाले, चतुर, चालाक, बहुत पढ़ने-लिखने वाले और विद्वान होते हैं। उनको रक्त-सम्बन्धी रोग हो सकते हैं। जनवरी में पैदा होने वाली स्त्रियां योग्य संयोजक और उन्नति की इच्छा रखने वाली एवं उत्साही होती हैं। जनवरी में पैदा होने वाले लोगों के लिए यूरोप और अमेरिका के ज्योतिषी गार्नेट (Garnet) पत्थर को बहुत भाग्यशाली समझते हैं। इस पत्थर ने जनवरी मास में पैदा होने वाले अनेक लोगों का जीवन बदल दिया है। इसको धारण करने के बाद जो भी काम किया जाये. यह पूर्ण होता है। इसे धारण करने के उपरान्त परीक्षा परिणाम अनुकूल होते हैं। यह रत्न धारण करने वालों को मानसिक शान्ति प्रदान करता है जिससे यह प्रत्येक परिस्थिति में मा कठिनाइयों में भी प्रसन्न रहते हैं। इस रत्न के धारण करने से धन के अतिरिक्त मानसिक योग्यता और सपन्नता अधिक प्राप्त होती है। पहनने वाला अपनी बढ़ी हुई मानसिक शक्ति व विद्या से बहुत धन कमाता है। काफी यूरोपियन विशेषज्ञ २० जनवरी से १९ फरवरी तक पैदा होने वाले लोगों को यह पत्पर पहनने की राय देते हैं।

फरवरी

फरवरी में पैदा होने वाले व्यक्ति विपरीत स्वभाव वाले होते हैं। वे विशाल हृदय, दानवीर या भानवता से गिरे हुए नीच, कमीने, ईश्वर भक्त या भ्रष्टाचारी और विलासी हो सकते हैं। उनमें फिलॉसफर (दार्शनिक) और कवि

बनने की इच्छा प्रबल होती है। आश्चर्य की बात तो यह है कि इनमें से बहुत से लखपति बनते देखे गये हैं। यह लोग जब किसी काम को करने पर उतारू हो जाते हैं तो करके ही छोड़ते हैं। ऐसे लोगों को जोड़ों का दर्द और पक्षापात रोग हो सकता है।

इनका भाग्यशाली पत्थर वैरंज (Aquamarine) और कटेला (Amethyst) है। वैरुंज हल्के नीले रंग का चमकदार पत्थर है। यह दोनों रत्न पत्पर यात्रियों और पर्यटकों के लिए रक्षा कवच (ताबीज) समझे जाते हैं। इसके धारण करने से शराब की बुरी आदत से निजात मिलती है। अपने व्यवसाय में कठिन परिश्रम करने की प्रेरणा उत्पन्न होती है। कवि और लेखकों को इनके प्रभाव से अन्तर्राष्ट्रीय ख्याति प्राप्त होती है और वकील इनको धारण कर बड़े-बड़े मुकद्दमे जीत लेते हैं। फरवरी में पैदा होने वाले वकील बनकर इस व्यवसाय में बहुत उन्नति कर सकते हैं यदि वे हर समय वैरुंज को पहने रखें। यहूदियों का प्राचीन विधि विशेषज्ञ मूसा (Moses) जित्तकी योग्यता व विद्वता का आज भी सारा संसार लोहा मानता है, वह हर समय अपनी छाती पर कटैला पहने रखता था। कटैला सम्राट बनाने या बहुत उच्च प्राप्त करने का प्रतीक माना जाता है। प्रिंस ऑफ वेल्ज के ताज में एक बहुत बड़ा कला है। एक सम्राट के मुग्दर में कटैला गढ़ा हुआ है।

कटैला ज्ञान, साहित्य (लिट्रेबर), विद्या और मनुष्य के व्यवसाय में भारी सफलता का कारण होते हैं। इनकी सहायता से बीद, रेस, लॉ और इस प्रकार की दूसरी योजनाओं में सफलता प्राप्त होती है।

२० फरवरी से २० गार्च तक पैदा हुए लोग इस पत्वर को पहनकर अपना भाग्य बदल सकते हैं।

मार्च

मार्च में पैदा होने वाले लोग चंचल स्वभाव वाले जोशीले बऔर झगड़ालू होते हैं। यह दूसरों के प्रति संदेह करते हैं और हमेशा मनी-ही-मनडरते रहते हैं कि कोई दूसरा व्यक्ति उनके व्यवसाय, उद्योग, व्यापार या नौकरी में पराजित न कर दे इसलिए वह सदा लालबी और दूसरों की दृष्टि में बुरे बने रहते हैं। यह लोग विपतियों और भविष्य के लिए सदा धन एकत्रित करते रहते

हैं। इनमे अनुसंधान (रिसर्च) करने की प्रबल इच्छा रहती है। शारीरिक रूप से वे प्रायः ताकतवर होते हैं और ऐसे व्यवसाय में सफलता प्राप्त करते हैं जिसमें शारीरिक परिश्रम की आवश्यकता ज्यादा होती है। वे स्वाद के लिए आवश्यकता से अधिक खा जाते हैं। मार्च में पैदा होने वाले लोगों का भाग्य बदलने के लिए ब्लड स्टोन (Blood Stone) या पतूनिया भाग्यशाली रत्न है। ब्लड स्टोन गहरे हरे रंग का पत्थर है जिस पर लाल धब्बे पढ़े होते हैं। परन्तु उस पर सूर्य, कमल फूल का रंग हो तब उस पत्थर को जैस्पर (Jasper), रतयां, सूर्यकांत मणि कहते हैं। इस रत्न को धारण करने वालों में गर्मी और जोश पैदा होता है। यह रत्न अधिक साने के दुष्परिणामों और रोगों से बचाता है। यह पत्थर उसको इन्जीनियरिंग, कृषि और इन्डस्ट्री के काम में उन्नति देने का कारण होता है। विशेषज्ञों की राय में २१ मार्च से १९ अप्रैल तक पैदा होने वाले लोगों के लिए यह अत्यंत भाग्यशाली बर्य स्टोन है।

अप्रैल

प्रायः अप्रैल के महीने में बसन्त का आगमन होता है अतः अप्रैल में प्रायः साहसी और वीर मनुष्य पैदा होते हैं। ऐसे लोग प्रायः नये-नये मार्ग, व्यवसाय और व्यापार आरम्भ करते हैं और अपने क्षेत्र में नेता बनते हैं। तर्क और दलीलें देने में बड़े होशियार और नया काम आरम्भकरने पर उसके प्रत्येक पक्ष के बारे में गहराई से सोचते हैं। वे दूसरों को पढ़ाने और शिक्षा देने में रुचि रखते हैं और साइंस के प्रोफेसर और विद्वान बनते हैं परन्तु वे शीघ्र उत्तेजित हो जाते हैं। हीरा (Diamond) इनके भाग्य को बदलने वाला रत्न है। डायमंड एक लातीनी शब्द आडामा से निकला है जिसका अर्थ है कठोर। अप्रैल मास में पैदा लोग भी काम करने में साहसी और दृढ़ इच्छा शक्ति के स्वामी होते हैं। उनके इन गुणों में हीरा पहनने से और भी अधिक दृढ़ता उत्पन्न हो जाती है और वे कार्य क्षेत्र, शीक, व्यवसाय और धन्धे में दृढ़ इच्छा शक्ति के साथ जुट जाते हैं और सफलता प्राप्त करके छोड़ते हैं। अपने मानसिक विचारों और मन की इच्छाओं को पूरा करने में हीरे के प्रभाव से अपूर्व सफलता प्राप्त करते हैं। हीरा पहनने से मनुष्य को उस प्रत्येक क्षेत्र में सफलता प्राप्त होती है जिसमें वह सफलता पाने का इच्छुक होता है।

२० अप्रैल से १९ मई तक पैदा होने वाले व्यक्तियों के लिए हीरा भाग्यकारक बर्थ स्टोन है।

मई

मई में पैदा हुए व्यक्ति बहुत हठीले स्वभाव के होते हैं। उनके मस्तिष्क में जो बात बैठ जाती है उसे कठिनाई की परवाह न करते हुए काम पूरा करके छोड़ते हैं। वह अपने-आपको बहुत योग्य समझते हैं और किसी से परामर्श लेने या किसी से राय नहीं लेते हैं। यह अत्यन्त स्थिर एवं शान्त स्वभाव के होते हैं। कद में प्रायः यह लोग छोटे होते हैं।

पन्ना (Emerald) इन लोगों का भाग्यकारक बर्थ स्टोन है। पन्ना उनको प्रत्येक विपत्ति से बचाता है। इसके धारण करने पर धनवान बनाता है और उसकी स्त्री उसके प्रति निष्ठावान रहती है। धारणकर्ता को सम्मान, प्रसिद्धि और शक्ति देता है। २१ मई से २० जून तक पैदा होने वाले व्यक्ति पन्ना धारण करके अपने जीवन में भारी सफलता प्राप्त कर सकते हैं।

जून

रुपया कमाने और अत्यधिक धन अर्जित करने की दृष्टि से फरवरी में जन्मे लोगों के पश्चात जून में पैदा होने वालों का ही नम्बर आता है। इनका चेहरा सुन्दर और शरीर अत्यंत आकर्षक होता है। वे सदा प्रसन्नचित्त रहते हैं जिसके कारण वे सभा, सोसायटी और मित्रों में सर्वप्रिय हो जाते हैं। वे आर्ट और म्यूजिक में रुचि रखते हैं परन्तु किसी एक क्षेत्र या व्यवसाय में निरन्तर अपना ध्यान केन्द्रित नहीं कर सकते। जून में पैदा हुई स्त्रियां हिस्टेरिकल स्वभाव की होती हैं। यह शीघ्र दुखी हो जाती हैं। जून में पैदा हुए लोगों को व्यापार में सफलता प्राप्त होती है।

इन लोगों का बर्थ स्टोन हकीक (Agate) और मूंगा (Coral) है। मूंगा व्यापारियों, पूंजीपतियों, उद्योगपतियों के लिए विशेष रूप से आवश्यक और अनिवार्य पत्यर है। जिससे उनकी सफलता और धन में वृद्धि हो जाती है। संगीत और कला के शौकीनों को हकीक बहुत सहायक सिद्ध होता है। २१ जून से २० जुलाई के मध्य में पैदा होने वाले इसको धारण करके सफलता प्राप्त कर सकते हैं।

जुलाई

जुलाई में जन्म लेने वाले व्यक्ति अपने घर में रहना पसंद करते हैं। उनको अपने घर से विशेष प्रेम होता है। ये लोग दूसरों की सेवा निष्ठापूर्वक करते हैं। बातें बनाने की बजाय अपने कर्म से दत्तचित्त होते है। सही अर्थों में दूसरों की निष्काम सेवा करते हैं एवं सबके हितैषी होते हैं। ये विशाल ह्रदय और मानसिक रूप से बहुत विकसित होते हैं। वे ठोस काम करके दिखाते हैं।

जुलाई में पैदा हुए लोगों का भाग्यशाली रत्न अनार के रंग का माणिक्य है। भारत में माणिक्य का मूल्य और महत्त्व हीरे से भी अधिक माना जाता है। माणिक्य धारण करने वालों को धन, मान, कीर्ति और शान्ति प्रदान करता है परन्तु यह रत्न छल-फरेब एवं धोखे के कामों से धनी बनाने में सहायता नहीं करता।

२१ जुलाई से २१ अगस्त तक पैदा होने वाले लोग इसको धारण करके अपना जीवन सफल बना सकते हैं।

अगस्त

अगस्त में पैदा होने वाले मनुष्यों की राशि सिंह (Leo) है। अगस्त में पैदा होने वाले वास्तव में शेर से बहादुर एवं तद्नुरूप प्रवृत्ति के होते हैं। इनमें कई उच्च कुल के और विशाल ह्रदय के होते हैं और कई क्रोधी स्वभाव के होते हैं। दूसरों पर शेर के समान दहाड़ते और आघात करते रहते हैं। ये लोग बीवी-बच्चों में सफल गृहस्थ जीवन बिताते हैं। इन लोगों की राजनीति में रुचि होती है और ये सफल लीडर बनते हैं। प्रत्येक वस्तु के बारे में ज्ञान प्राप्त करना चाहते हैं और प्रत्येक क्षेत्र की अच्छी जानकारी रखते हैं।

इन लोगों का भाग्यवान पत्थर Sardonyx है जिसका रंग मूंगे से मिलता जुलता है। इन लोगों के लिए Camelian भी उत्तम एवं सफलतादायक पत्थर है। इन पत्यरों को पहनकर वह सफल लेक्चरार, सफल वक्ता, धनवान और योग्य बन जाते हैं।

२२ अगस्त से २२ सितम्बर तक पैदा होने वालों के लिए ये दोनों पत्थर सफल बर्थ स्टोन समझे जाते हैं।

सितम्बर

हरफन मौला किस्म के लोग सितम्बर में पैदा होते हैं। वे अत्यधिक अवसरवादी, अपनी इच्छापूर्ति के लिए तुरन्त बदल जाने वाले और अत्यधिक बातूनी होते हैं। वे हर काम कर सकते हैं। परन्तु उनको वैज्ञानिक या डॉक्टर बनने का अवसर मिले तो अधिक सफल रहते हैं।

स्त्रियां पाक शास्त्र (खाना पकाना) में निपुण और सफल कैमिस्ट बन सकती हैं। ये लोग बिना सोचे-समझे बोलने और दूसरों पर कटाक्ष करने वाली बातें करने के कारण दोस्तों और सम्बन्धियों को अपना शत्रु बना लेते हैं। आमाशय और अंतड़ियों के रोगों से अधिकतर वे ग्रस्त रहते हैं। सितम्बर में पैदा होने वालों के लिए नीलम (Saphire) अत्यन्त भाग्यशाली पत्थर है। नीलम से बहुत मिलता जुलता पत्थर कटैला (Amethyst) और फीरोजा (Turquoise) भी सफल रत्न हैं। ये रत्न धारणकर्ता के स्वास्थ्य की रक्षा करते हैं। नीलम शनि ग्रह के कष्टों एवं प्रभाव से बचाने, मन की शान्ति प्रदान करने, ईश्वर की भक्ति करने, विपत्तियों से बचने और अपनी आर्थिक दशा बदलने के लिए हजारों वर्षों से प्रयोग कर रहे हैं। हजारों नीलम धारणकर्ता अपनी गरीबी से एवं गिरी हुई हालत से उठकर आसमान पर पहुंच गए हैं। उनकी आर्थिक स्थिति बदल गई है। नीलम हल्का नीला होता है। पुराने जमाने के ज्योतिषियों और भविष्य वक्ताओं का मत है कि यह पत्थर मनुष्य को कष्टों से बचाता है। यह अन्य रत्नों की अपेक्षा सबसे अधिक भाग्यशाली रत्न माना जाता है। यह पत्थर विशेषकर उन लोगों को पहनना चाहिए जिन्हें शनि ग्रह बुरी दृष्टि से देख रहा हो, जो कंगाल और जिन पर नित नई-नई मुसीबतें और कष्ट आते रहते हैं।

अक्टूबर

अक्टूबर में जन्मे कई व्यक्तियों में आध्यात्मिक शक्तियां होती हैं और वे होने वाली घटनाओं को स्वप्न में पहले ही देख लेते हैं। अक्टूबर में पैदा होने वाले अधिकतर लोग सीधे-सादे, सच्चाई एवं न्याय पसंद, ईमानदार और दूसरों को लाभ पहुंचाने की भावना रखने वाले होते हैं। उनका वैचारिक स्तर बहुत ऊंचा होता है परन्तु कई शेख चिल्ली टाइप के खयाली पुलाव पकाने वाले हाते हैं।

अक्टूबर में पैदा होने वालों का प्रेम स्थाई होता है। उनमें काम करने की लगन होती है। वे अपने व्यवसाय और नौकरी में सफल रहते हैं और धन उनके पास हर समय रहता है। उनमें एक ही दोष होता है कि वे सही टीका-टिप्पणी को भी सहन नहीं कर सकते और उचित परामर्श और टिप्पणी को बुरा मान लेते हैं।

अक्टूबर में पैदा हुए लोगों का भाग्यकारक पत्थर उपल है। इसको पहनने से उनमें गुप्त बातें भी बतलाने की क्षमता आ जाती है। यूरोप, अमेरिका में अक्टूबर में पैदा होने वाला प्रत्येक व्यक्ति उपल अपने पास रखता है। उनको यह पत्थर बुरे प्रभावों से बचाता है। इसको पहनने से पति-पत्नी का प्रेम दृढ़ हो जाता है। यदि पुरुष यह पत्थर पहनता है तो स्त्री उससे अधिक प्रेम करने लग जाती है। यदि स्त्री पहनती है तो पुरुष उसको अधिक चाहने लग जाता है।

भारत में जिस प्रकार शनि ग्रह को बहुत भारी और विपत्तियों का कारक समझा जाता है उसी प्रकार विदेशों में लोग इस पत्थर को प्रेम तोड़ने और हानि पहुंचाने वाला समझते हैं परन्तु अक्टूबर में पैदा होने वालों के लिए तो यह अत्यंत भाग्यशाली पत्थर है।

नवम्बर

यूरोप और अमेरिका के ज्योतिषियों का विचार है कि नवम्बर में पैदा होने वाले लोगों को बहुत कम सर्दी लगती है और उनको बहुत कम ही जुकाम होता है। उनमें चुस्ती और फुर्ती बहुत अधिक होती है। यदि उनको सर्जन बनने का अवसर मिले तो वे इस काम में बहुत उन्नति कर जाते हैं। ज्ञान और साहित्य में भी उनको पर्याप्त सफलता मिलती है। नवम्बर में पैदा होने वालों का स्वभाव बुरा होता है और वे भीषण बदला लेने वाले और शत्रु को हानि पहुंचाने वाले होते हैं। नवम्बर में पैदा होने वाले लोगों के लिए टोपाज (Topaz) पुखराज भाग्यशाली पत्थर समझा जाता है। यह पत्थर मित्र बनाने वाला है। पहनने वाले को चिन्ताओं से बचाता है। यह पत्थर धनवान बनाने की बजाय पहनने वाले के मस्तिष्क और मन पर बहुत लाभप्रद प्रभाव डालता है जिससे वह अधिक सोच सकता और मानसिक काम अधिक सफलता से कर सकता है।

दिसम्बर

दिसम्बर में पैदा होने वाले लोग सुन्दर और अच्छे नैन-नक्श वाते होते हैं। उनमें बहुत स्फूर्ति और साहस होता है और वे बड़े परिश्रमी होते हैं। वे सफल खिलाड़ी और नाचने वाले बन सकते हैं। वे बहुत धीरज और साहसी होते हैं और निरन्तर असफलताओं के बावजूद हौसला नहीं छोड़ते और अन्त में सफल होकर ही रहते हैं। वे साफ दिल के होते हैं और सच्ची बात मुंह पर कह देते हैं।

उनको बहुत शीघ्र क्रोध आ जाता है। फौज और समुद्री सेवाओं में भी उनको शानदार सफलता प्राप्त होती है। दिसम्बर में पैदा हुई स्त्रियां, टीचर, लेखक और एकाउन्टेंट बनकर सफलता प्राप्त करती हैं। वह अपने पति के प्रति बहुत निष्ठावान रहती हैं।

दिसम्बर में पैदा होने वाले लोगों के लिए फिरोजा (Turquise) भाग्यशाली रत्न समझा जाता है। फिरोजा दिसम्बर में पैदा होने वाले लोगों को रोगों से बचाता है और उनके स्वास्थ्य को अच्छा बनाता है। फिरोजा पहनने वाले व्यक्ति को दृढ़ निश्चयी और स्थिर स्वभाव वाला बनाता है और उनके सम्बन्धों एवं प्रतिष्ठा में वृद्धि करता है। उसके हर काम में सफलता देता है। दिसम्बर में पैदा होने वालों के लिए फिरोजा से बढ़िया दूसरा भाग्यशाली पत्थर नहीं हो सकता।

२३

ग्रहों के विभिन्न दिनों पर प्रभाव और उनके रत्न

इससे पहले विस्तार से पहले लिखा जा चुका है कि सूर्य, चन्द्र और अन्य बड़े-२ ग्रहों से विशेष प्रकार की रश्मि तरंगें निकलती हैं। इन तरंगों का प्रभाव प्रत्येक मनुष्य, वनस्पति, पशुओं और प्रत्येक जीव पर पड़ता है। आजकल वैज्ञानिकों ने यह सिद्ध कर दिया है कि ग्रहों से विभिन्न गुणों वाली जीवनदायिनी तरंगें निःसृत होती हैं। इन लहरों की कमी या अधिकता से विभिन्न रोग और कष्ट मनुष्य को हो जाते हैं। सप्ताह में सात दिन होते हैं। प्रत्येक दिन सात बड़े ग्रहों में से किसी एक ग्रह से प्रभावित होता रहता है। सप्ताह का प्रत्येक दिन और प्रत्येक महीना भी इन ग्रहों की लहरों के प्रभाव से नहीं बच सकता। अब सप्ताह का कौन-सा दिन किस ग्रह की किरणों से प्रभावित होता है? **इस पर विचार करेंगे।**

रविवार (Sunday)

सूर्य जिसे अरबी में शम्स कहते हैं का दिन जैसा कि नाम से ही प्रकट है, रविवार का सूर्य से सीधा सम्पर्क है। संस्कृत में रवि का अर्थ सूर्य है। सूर्य से लाल रंग की किरणें निकलती हैं। हिन्दू ज्योतिषियों क अनुसार जिस मनुष्य की जन्मपत्री में सूर्य कमजोर है उसको रविवार के दिन माणिक्य धारण करना चाहिए। विदेशी ज्योतिषी और रत्न विशेषज्ञ रविवार के दिन हीरा, गोल्ड स्टोन या पेरीडॉट पहनने का परामर्श देते हैं। माणिक्य से सूर्य के समान तेजस्वी एवं गर्म रश्मि तरंगें निकलती है यह विदेशी पत्थर भी सूर्य जैसा प्रकाश, चमक, दमक और आभा रखते हैं। इनसे पहनने वाले में शक्ति, धन और सम्मान बढ़ जाता है। अंगूठ या हार में पिरोकर अपने शरीर से लगाये रखने से सर्दी, वात, कमजोरी शरीर में तरल की अधिकता से पैदा रोग दूर

हो जाते हैं। शरीर में जठराग्नि बढ़ जाती है और कायरता दूर हो जाती है। संक्षेपतया लाल प्रकाश, गर्मी और जोश पैदा करता है।

सोमवार (चन्द्रवार)

चन्द्रवार को अंग्रेजी में मंडे अर्थात Moon Day चांद का दिन कहते हैं। सोमवार पर चन्द्रमा की शीतल लहरों का प्रभाव पड़ता है। चन्द्र की किरणें ठंडी, गर्मी और पित्त से उत्पन्न होने वाले रोगों को दूर करती हैं और शरीर में गर्मी के कारण शुष्क हो चुके तरल को बढ़ाती हैं। मस्तिष्क और मन पर आनन्दकारक प्रभाव डालती हैं तथा स्नायुविक और मानसिक रोगों में बहुत लाभप्रद हैं। हिन्दू शास्त्रों के अनुसार सोमवार को मोती पहनना बहुत लाभकारी है। इनसे चांद जैसी ठंडी लहरें निकलती हैं। पाश्चात्य रत्न विशेषज्ञ सोमवार के दिन वैरुंज (एक्वामेरीन), सफेद रंग का मरगज (जेड) या लाजवर्त (लेपिस लाजूली) पहनने की राय देते हैं।

मंगलवार

इसका सम्बन्ध युद्ध के देवता मंगल (Mars) ग्रह से है। मंगल ग्रह से जीवनदायिनी गर्म रश्मियां निकलती हैं। मंगल मनुष्य की चर्बी का स्वामी है। मनुष्य के शरीर में चर्बी कम हो जाने पर वह साहसहीन, निराश और चिड़चिड़ा, दुबला हो जाता है। मंगल ग्रह से मूंगा (Coral) का सीधा सम्पर्क है। मूंगे से पीले रंग की गर्म लहरें निकलती हैं।

मंगल के दिन हिन्दू ज्योतिषियों के अनुसार मूंगा पहनना उचित है। पाश्चात्य ज्योतिषी मंगल के दिन ब्लड स्टोन (पतूनिया), टोपाज (पुखराज), जिरकान (गोमेद) पहनने की राय देते हैं। ये इस रत्न को पहनने वाले को मुकद्दमों में वकीलों और अन्य शिक्षित व्यक्तियों को तर्क वितर्क में और कठिनाइयों में शत्रुओं पर विजय प्राप्त कराते है और सहन शक्ति क्षमता उत्पन्न करते हैं।

बुधवार

बुधवार का बुध (Mercury) ग्रह से सीधा सम्बन्ध है। यह ग्रह ज्ञान और बुद्धि का ग्रह है जो पारे के समान निरन्तर चंचल (हिलते रहने वाला) ग्रह है और

सेकंडों में परिवर्तन करने वाला है। इस ग्रह से हरे रंग की जीवनदायिनी लहरें निकलती हैं। हिन्दू ज्योतिषियों के अनुसार बुध ग्रह जैसी लहरें हरे रंग के पन्ना से निकलती हैं। इसलिए बुधवार को हरे रंग का पन्ना पहनना चाहिए। पाश्चात्य विशेषज्ञ बुध के दिन नीलम, कटैला और हरे रंग का मरगज पहनने को कहते हैं। इनको पहनने से मनुष्य की बुद्धि तेज होती है और मानसिक विकास होता है। अध्ययन करने, सोचने और मानसिक कार्य करने की क्षमता बढ़ जाती है।

गुरुवार या बृहस्पतिवार

इस दिन पर बृहस्पति ग्रह (जूपिटर) नियन्त्रण करता है जिसको सब ग्रहों का सम्राट कहा जाता है। इसकी शक्ति सूरज के बराबर मानी

जाती है। हिन्दू ज्योतिषी पुखराज और बृहस्पति ग्रह का परस्पर सम्बन्ध बतलाते हैं। गुरु ग्रह मनुष्य शरीर की समस्त ग्रन्थियों, शरीर के भीतरी तत्त्वों, मांस और चर्बी पर नियन्त्रण करता है। बृहस्पति से निकलने वाली रश्मि तरंगों से इन अंगों से सम्बन्धित रोग दूर हो जाते हैं। यदि यह ग्रह मनुष्य की राशि में दुर्बल हों तो पुखराज पहनने से ये रोग दूर हो जाते हैं। पाश्चात्य ज्योतिषी और रत्न विशेषज्ञ वीरवार के लिए कटीला, फीरोजा और हीरे को इस दिन का भाग्यशाली पत्थर समझते हैं। ये पत्थर सूर्य की लहरों जैसे गुण रखते हैं। कटीला (एमीथिस्ट) के अतिरिक्त यह धार्मिक विचार और शक्तियां उत्पन्न करता है परन्तु बृहस्पतिवार को फिरोजा (Turquise) पहनने पर मनुष्य बहुत धन, मान और शक्ति प्राप्त करके भी अभिमानी नहीं बनता और न ही घमण्ड से अपना मानसिक सन्तुलन खोता है।

शुक्रवार

शुक्रवार को शुक्र ग्रह (Venus) कन्ट्रोल करता है। यह बहुत कोमत हृदय और दयालु ग्रह है। इस ग्रह का सम्बन्ध हिन्दू ज्योतिषियों के अनुसार हीरे से है इसलिए शुक्रवार को हीरा पहनना चाहिए। यूरोप, अमेरिका के ज्योतिषी इस दिन पन्ना और उपल को भाग्यशाली रत्न समझते हैं।

शुक्र ग्रह स्त्रियों पर विशेष रूप से कृपा-दृष्टि करता है। इसलिए यदि कोई स्त्री पन्ना अपने पास रखे या अपने पति को भेंट करे तो वह पति स्त्री के

प्रति निष्ठावान रहता है। परन्तु यदि इसके विपरीत शुक्रवार को पुरुष उपल को अपने पास रखे तो वह स्त्रियों में सर्वप्रिय हो सकता है। स्त्री उपल को शुक्रवार के दिन अपने पास रखकर कई पुरुषों में लोकप्रिय हो सकती है और उनको अपनी ओर आकर्षित कर सकती है। पाश्चात्य रत्न विशेषज्ञों की राय में यह दोनों पत्थर मनुष्य के मस्तिष्क की बजाय उसके हृदय पर प्रभाव डालने वाले हैं।

शनिवार

इस दिन का सम्बन्ध शनि (Saturn) ग्रह से है जिसके नाम से समस्त पूर्वी एवं पश्चिमी देशों के लोग कांपते हैं। यह ग्रह मनुष्य की स्नायु (Nerves) पर नियन्त्रण करता है। हिन्दू ज्योतिषियों के अनुसार शनिवार का रत्न नीलम है। शनिवार के दिन इसको धारण करने से विशेष लाभ होता है। हजारों लोगों का जीवन नीलम से बदल चुका है। पाश्चात्य ज्योतिषी भी शनि ग्रह के कष्टों और शनि की नीच दृष्टि से बचने के लिए विशेष रूप से शनिवार को नीलम पहनना आवश्यक समझते हैं।

२४

राशि के अनुसार रत्न (पाश्चात्य मत से)

यूरोप और अमेरिका के प्रत्येक देश का प्रत्येक निवासी चाहे वह किसी आयु का हो, स्त्री या पुरुष हो, अपना बर्थ स्टोन (वर्ष-गांठ का पत्थर) अंगूठी या क्रास में जड़वाकर अवश्य अपने पास रखता है। यह क्रम सैकड़ों वर्षों से चल रहा है। प्रत्येक व्यक्ति के बर्थ स्टोन का सम्बन्ध उसकी राशि से है। आज से तीन हजार वर्ष पहले यहूदियों (Hebrews) के प्रसिद्ध कानूनदां और पैगम्बर मूसा के एक साथी और मन्त्री हजरत हारून जो उस समय ज्योतिष और रत्नों के बहुत बड़े विशेषज्ञ और विद्वान थे, अपनी छाती पर १२ रत्नों को सोने में जड़वाकर यन्त्र के रूप में लटकाये रखते थे। अब यह परम्परा इतनी प्रगति कर चुकी है कि प्रत्येक धनवान और प्रत्येक निर्धन व्यक्ति चाहे वह यूरोप और अमेरिका के किसी भाग में रहता हो, अपना बर्थ स्टोन अवश्य पहनता है। यूरोप और अमेरिका में बहुत योग्य ज्योतिषी, ज्योतिष विद्या के पंडित और आध्यात्मिक शक्ति रखने वाले, हजारों वर्ष पूर्व और पश्चात का वृत्तांत बतला सकने वाले और रत्न विशेषज्ञ हैं। उनकी राय है कि बर्थ स्टोन उस व्यक्ति की आर्थिक परिस्थिति बदलने, उन्नति करने, विपत्तियों से बचने और जीवन में सफलता प्राप्त करने के लिए भारी सहायता करते हैं। इन ज्योतिषियों और विदेशी देशों के रत्न विशेषज्ञों के अनुभवों के आधार पर प्रत्येक राशि के मनुष्यों के लिए उपयुक्त बर्थ स्टोन का वर्णन किया जाता है। इस विधि से आप अपनी राशि के अनुसार अपने बर्थ स्टोन का चुनाव कर सकते हैं। कुल १२ राशियां हैं। अब प्रत्येक राशि के मनुष्य के लिए अलग-अलग बर्थ स्टोन का वर्णन किया जाता है।

मकर

इस राशि के लोगों का बर्थ स्टोन गार्नेट (Garnet) तामड़ा है। पूर्वी देशों में यह शुभ पत्थर शताब्दियों से पहनने वाले को प्लेग और विषों के प्रभाव से

बचाने के लिए बहुत लाभप्रद समझा जाता है। लोगों का विश्वास है कि इसको पहनने वाले पर बिजली नहीं गिरती। उसका स्वास्थ्य अच्छा रहता है और वह रोगों से बचा रहता है। तामड़ा धारण करने वाला हर समय प्रसन्नचित्त रहता है। प्राचीनकाल में इसको उन समस्त रोगों जिनमें इनफ्लेमेशन (प्रदाह, दर्द, जलन, लाली) के लक्षण हों में लाभप्रद समझा जाता था। पुराने लोगों का विश्वास था कि पहनने वाले पर कोई विपत्ति आने से पहले इसका रंग फीका पड़ जाता है। प्राचीनकाल में जब एक मित्र दूसरे मित्र से विदा होने लगता तो वह भेंटस्वरूप अथवा यादगार के रूप में यह पत्थर अपने मित्र को देता था। इसको पहनने वाले को इस पत्थर के प्रभाव से व्यवसाय और मुलाजमत में उन्नति प्राप्त होती है। इससे उसकी मान प्रतिष्ठा और प्रसिद्धि बढ़ जाती है। विवाहित स्त्री पुरुष का प्रेम स्थाई रहता है और सरकारी कर्तव्यों के पालन में सफलता प्राप्त होती है।

कुम्भ

इस राशि के लोगों का बर्थ स्टोन एमीथिस्ट (Amethyst) कटैला है। हजारों वर्षों से इस पत्थर को शराब और दूसरी नशीली वस्तुओं से बचने और अधिक शराब पीने की आदत छोड़ने के लिए लाभप्रद समझा जा रहा है। यह पत्थर पहनने वाले को सन्तुलित व्यवहार वाला और मध्य मार्गी बनाता है। इससे दूषित विचारों और बुरी आदतों पर नियन्त्रण किया जा सकता है। यह पत्थर पहनने वाले को बुद्धिमान और अवसर से लाभ उठाने वाला बनाता है। जटिल समस्याओं का समाधान करने में सरलता उत्पन्न करता है। पहनने वाले को संक्रामक रोगों और कीटाणुओं के संक्रमण से बचाता है। प्राचीन काल में मिस्र के लोगों की राय थी कि लड़ाई के समय एवं घबराहट और विपत्ति के समय भी इसको पहनकर सिपाही नहीं घबराते और लड़ाइयों तथा बड़े-बड़े युद्ध के मोर्चों में सफलता प्राप्त करते हैं। पुराने जमाने में लोग इस पत्थर की मालायें बनाकर ईश्वर को याद किया करते थे जिससे उनके मन को शान्ति मिलती थी और वे संसारिक मोह को त्यागकर पवित्र आचरण के साथ जीवन व्यतीत करते थे। इस रत्न को कनपटियों पर रगड़ने से (Neuralgia) स्नायु पीड़ा को आराम आ जाता है। नींद न आने के रोग में भी यह पत्थर लाभकारी बताया जाता है।

मीन

इस राशि के लोगों का बर्थ स्टोन एक्वामेरीन (Aquamarine) वैरुज है। विदेशों में हजारों वर्षों से इस पत्थर को प्रयोग किया जा रहा है। इसको पवित्रता का प्रतीक समझा जाता है।

यह पत्थर पुराने जमाने में नई दूल्हनों को भेंट स्वरूप दिया जाता था। पुराने जमाने के रोमन लोगों का विश्वास था कि इस पत्थर के प्रभाव से पहनने वाले में उमंगें और आमोद-प्रमोद की भावनायें उत्पन्न होती हैं। यह पत्थर आमाशय, यकृत और गले से सम्बन्धित रोगों को दूर करता है। यूरोप और अमेरिका के लोग यह भी विश्वास रखते हैं कि इस पत्थर को पहनने वाले बुद्धिमान, साहसी, वीर, दृढ़ इच्छा शक्ति के और सदाचारी बन जाते हैं। इसको धारण करने से मनुष्य संगीत कला में प्रगति कर सकता है।

मेष

इस राशि का बर्थ स्टोन हीरा है। प्राचीनकाल में रोमन सिपाही इस बात का विश्वास रखते थे कि जो सिपाही अपने बायें बाजू पर हीरा बांधे रखता है। वह युद्ध में अनिवार्य रूप से विजय प्राप्त करता है। दृढ़ एवं प्रबल इच्छा शक्ति प्राप्त करने और अपने उद्देश्य में सफलता प्राप्त करने के लिए हीरा बहुत सहायक होता है। संसार में जिस प्रकार हीरा सबसे सख्त और शक्तिशाली वस्तु है उसी प्रकार यह अपने पहनने वाले को बना देता है। हीरा पवित्रता, निर्दोषता और गुणों का प्रतीक माना जाता है। मंगली होने पर दूल्हा-दुल्हन को हीरे की अंगूठी भेंट की जाती है ताकि दोनों में परस्पर हीरे के समान प्रेम दृढ़ बना रहे। शरीर के बाएं बाजू पर बांधने से धारक को बहुत लाभ होता था। इससे मस्तिष्क बलवान हो जाता है और मानसिक शक्तियां प्रबल हो जाती है। स्त्री-पुरुष एक दूसरे के प्रति निष्ठावान रहते हैं। इसको पास रखने से विष प्रभावहीन हो जाता है।

वृष

इस राशि के लोगों का बर्थ स्टोन पन्ना (Emerald) है। देखने में मनमोहक एवं जीवन शक्तिदायक लहरों, प्रभावों और गुणों के कारण पन्ना को बहुत

प्रतिष्ठा मिलती है। बहुत मान प्राप्त करता रहा है। रोमन लोगों का विश्वास था कि पन्ना पास होने पर बुराई, धोखा, विश्वासघात और छल-कपट का तुरन्त पता चल जाता है क्योंकि ऐसी दशां में उसकी चमक-दमक कम हो जाती है। पाश्चात्य रत्न विशेषज्ञों का विश्वास है कि पन्ना पहनने से मनुष्य में नये और अद्भुत देशों और उनके निवासियों के बारे में जानकारी प्राप्त करने का शौक पैदा हो जाता तथा उसमें देश-विदेश में आने और घूमने-फिरने (पर्यटन) की इच्छा उत्पन्न हो जाती है जिससे उसके ज्ञान और अनुभव में वृद्धि हो जाती है। वह अपने व्यवसाय से बहुत धन कमा सकता है। इससे स्मरण-शक्ति बहुत बढ़ जाती है और स्त्री-पुरुष में प्रेम बढ़ जाता है।

मिथुन

इस राशि के लोगों का बर्थ स्टोन हकीक (Agate) है। यह पत्थर साइलीशिया में विभिन्न रंगों में बनता है जिसमें हर तरह की धारियों का पता चलता है। यह अनेक रंगों में पाए जाते हैं। लाल, भूरे और पीली धारियों वाले पत्थर बहुत कीमती और गुणों वाले समझे जाते हैं। प्राचीन काल में लोगों का विश्वास था कि इस पत्थर के पहनने से देवता प्रसन्न हो जाते हैं। इसको पहनने वाले मनुष्य में मृदु भाषा और प्रभावी वक्तव्य देने का भारी गुण पैदा हो जाता है। बुद्धि तीव्र हो जाती है। इस पत्थर को पहनने से लोगों में उसको बहुत लोकप्रियता प्राप्त होती है और वह लोगों का प्रिय बन जाता है। इससे ज्वर उतर जाता है। यूरोप और अमेरिका के लोगों का विश्वास है कि यह पत्थर पूर्वजों की सम्पत्ति और उनका धन विरासत के रूप में दिलवाने में बहुत सहायक होता है। यह पत्थर पहनने वाले को धोखे और छलकपट से बचाता है।

कर्क

इस राशि के लोगों का भाग्यकारक पत्थर माणिक्य या लाल (Ruby) है। पूर्वी देशों अर्थात भारत, वर्मा, चीन, स्याम आदि देशों में हजारों वर्षों से भाग्य बदलने, धन कमाने, अधिक-से-अधिक मित्र बनाने और जन साधारण में लोकप्रिय होने के लिए माणिक्य ने बहुत कीर्ति प्राप्त की है। पहनने वाले को विष खिलाने या पिलाने पर माणिक्य का रंग तुरन्त फीका पड़ जाता है जिससे उसके प्राण बच जाते हैं। माणिक्य के बारे में पुरानी पुस्तकों में आश्चर्यजनक

और विचित्र दन्त कथायें और कहानियां लिखी हैं। लोगों का विचार है कि माणिक्य धारण करने वाले के मन से बुरे विचार दूर हो जाते हैं। उसको मन की शान्ति प्राप्त होती है और रोग दूर होकर उसका स्वास्थ्य बहुत अच्छा हो जाता है। वह प्रसन्नचित्त रहता है।

सिंह

इस राशि के मनुष्यों का भाग्यवान पत्थर दोपोस्ता (Sardonyx) है। रोम के लोग प्राचीन काल में इस पर हरकुलेज (बहादुरी के देवता) का चित्र बनाकर पहना करते थे ताकि पहनने वाला बहादुर और साहसी बन जाये। लोगों का विचार था कि इस पत्थर को पहनने से सांप और अन्य विषैले जन्तु नहीं काटते या काट लेने पर उनका विषैला प्रभाव नहीं होता। संक्रामक रोगों और कीटाणुओं से बचाने का गुण इस पत्थर में बहुत समझा जाता है। उन लोगों का मत था कि इसको गले में लटकाये रखने से लोग पहनने वाले के मित्र बन जाते हैं। स्त्री-पुरुष के सम्बन्ध दृढ़ हो जाते हैं, दर्दों को आराम आ जाता है और मनुष्य स्वयं को नियंत्रण में रख सकता है। इसको धारण करने से मनुष्य फिल्मों में एक्टर बनने पर भारी सफलता प्राप्त होती है और वह शिक्षा, प्रभावशाली वक्तव्य देने और कानून के क्षेत्र में भारी सफलता प्राप्त कर सकता है।

कन्या

इस राशि के लोगों का भाग्यकारक पत्थर नीलम (Sapphire) है। नीलम का विस्तारपूर्वक वृत्तांत पहले लिखा जा चुका है। भारत में तो शनि ग्रह के भारी प्रकोप, विपत्तियों और व्यवसाय सम्बन्धी चिन्ताओं के लिए नीलम का बहुत अधिक प्रयोग किया जाता है। प्रत्येक ईसाई या पादरी अपने विचारों को पवित्र रखने के लिए इसको क्रॉस में जड़वाकर अपने गले में लटकाये रखता है। प्राचीन काल में यहूदी लोग नीलम का बहुत सम्मान करते थे। सुलेमान बादशाह के पास एक बहुत बड़ा शक्तिशाली नीलम था और इसी पत्थर के प्रभाव से ही उसने इतनी बड़ी सल्तनत प्राप्त की थी जिससे उस समय में संसार का सबसे शक्तिशाली सम्राट बन गया।

प्राचीन काल में संसार भर के मंदिरों व पूजा घरों में नीलम का बहुत आदर एवं सम्मान किया जाता था और मूर्तियों को नीलम पहनाये जाते थे। नीलम को

प्रेम प्राप्त करने के लिए बहुत सफल यंत्र माना जाता है। इसको पास रखने से पति-पत्नी में प्रेम बढ़ जाता है। पुराने जमाने के रत्न विशेषज्ञों का विचार था कि इसको पास रखने से ईश्वर और देवता मनुष्यों की प्रार्थनायें स्वीकार कर लेते हैं। क्योंकि इसका रंग और आकाश का रंग एक जैसा है।

तुला

इस राशि के लोगों को बर्थ स्टोन या उपल (Opal) है। इसको सत्य का प्रतीक रत्न समझा जाता है। प्राचीन यूनानी विशेषज्ञों का विचार था कि इसको पहनने से मनुष्य में भविष्य की बातें जानने और भविष्यवाणी करने की शक्ति पैदा हो जाती है। उनका विचार था कि मनुष्य यदि स्वार्थी न हो, सत्य बोलने वाला और सत्य का पालन करने वाला हो और परोपकार की भावना रखता हो तो उसको सोते समय नींद में भविष्य सम्बन्धी सच्चे स्वप्न दिखाई देते हैं और वह स्वप्न वास्तव में सच्चे होते हैं। पुराने जमाने के विशेषज्ञों का विचार था कि इस पत्थर को पहनने से आंखों की दृष्टि तेज हो जाती है। यह पत्थर मौसम से बहुत प्रभावित होता है और ऋतु परिवर्तन से इसके रंग तथा चमक-दमक में बहुत अन्तर आ जाता है। पाश्चात्य विद्वानों का विश्वास है कि जब इसकी चमक-दमक बढ़ जाये तो यह पहनने वाले की भाग्य-वृद्धि का लक्षण है। रंग फीका पड़ जाने पर पहनने वाले को दुख, सन्ताप और निराशा का सामना करना पड़ता है। प्रेम उत्पन्न करने की बजाय यह मित्रता में वृद्धि करता है। कई लोगों का विश्वास है कि लड़ाई-झगड़ों और विवादों की सुलझाने और सुलह द्वारा लड़ाई-झगड़े दूर करने में यह पत्थर बहुत सहायक सिद्ध होता है और पहनने वाले को व्यवसाय तथा कानून और मुकद्दमों में सफलता प्राप्त होती है। यूरोप के कई देशों में इसको अशुभ पत्थर भी समझा जाता है परन्तु यह विचार अब कम होता जा रहा है।

वृश्चिक

इस राशि के लोगों का बर्ष स्टोन टोपाज या पुलराज (Topaz) और इस समूह के अन्य पत्थर हैं। पुराने जमाने के लोग इसको मन्त्र रूप में विभिन्न रोगों से बचने के लिए पहना करते थे। गाउट (छोटे जोड़ों का दर्द) पागलपन, समय से पहले मृत्यु होने से बचाने के लिए यह रत्न सर्वोत्तम माना जाता है। प्रसिद्ध

रोमन लेखक प्लीनी ने इस पत्थर का नाम "शक्ति पत्थर" लिखा है। इसको पहनने वाला धनवान एवं विशाल हृदय का मालिक बन जाता है।

पुराने जमाने में इसको सोने के तावीज में जड़वाकर गले में लटकाया जाता था या बारें बाजू में बांधा जाता था। इससे बुद्धि बढ़ जाती है। लोगों की राय थी कि इसको पहनने से खुशी और प्रसन्नता के स्वप्न आते हैं जिससे मनुष्य प्रसन्नचित्त रहता है। विवाहित लोगों के प्रेम को यह पत्थर की भांते कठोर व मजबूत बनाता है।

धनु

इस राशि के लोगों का भाग्यकारक रत्न पत्थर (वर्थ स्टोन) टरक्वाइज फिरोजा (Turquise) है। प्राचीनकाल में फीरोजा यूरोप के विभिन्न देशों में तुर्की के मार्ग से पहुंचा करते थे। फिरोजा की खानें नेशापुर (ईरान) में हैं और नेशापुरी फिरोजा संसार में सबसे उत्तम समझा जाता है। रत्न विशेषज्ञों का पुराने जमाने में इस पत्थर के बारे में यह मत था कि इसके स्वामी पर विपत्ति आने पर इसका रंग फीका पड़ जाता है और विपत्ति टल जाने पर रंग पुनः ठीक हो जाता है। यह पत्थर मनुष्य में प्रेम और दान की भावनायें पैदा करता है और अपने स्वामी के मन में शान्ति देता है।

२५

हिन्दू रत्न विशेषज्ञों के अनुसार आप का रत्न

हिन्दू ज्योतिषियों और रत्न शास्त्रियों के अनुसार प्रत्येक मनुष्य पर संसार के नौ बड़े-२ ग्रहों में से किसी एक ग्रह की सूक्ष्म रश्मि तरंगें या लहरें (Vibrations) उस पर अच्छे और बुरे प्रभाव डालती रहती हैं। यह ९ विभिन्न ग्रह आजीवन प्रत्येक मनुष्य और प्राणी पर हर समय किसी-न-किसी रूप में प्रभाव डालते रहते हैं जिससे उस मनुष्य का स्वभाव और आदतें बनती हैं, आर्थिक परिस्थितियां बदलती हैं, विद्या और ज्ञान प्राप्त होता है, विभिन्न रोग होते हैं, सफलता, धन, प्रसिद्धि प्राप्त होती है। इन ग्रहों के कारण मनुष्य दुख-सुख भोगता है। प्रत्येक योग्य ज्योतिषी आपकी जन्मपत्री को पढ़कर आपको देखे बिना बतला सकता है कि आपको अमुक रोग हो सकते हैं। इस लेख में ९ ग्रहों के बुरे प्रभावों से कौन-से रोग उत्पन्न हो सकते हैं और उनसे बचने के लिए किस मनुष्य को कौन-सा रत्न पहनना चाहिए इस विषय पर विस्तार से प्रकाश डाला गया है। आप किसी योग्य ज्योतिषी को अपनी जन्मपत्री दिखलाकर यह ज्ञात कर सकते हैं कि उस पर कौन से ग्रह बुरी दृष्टि डाल रहे हैं या हानि पहुंचा सकते हैं।

सूर्य

यदि आपकी राशि में सूर्य निर्बल है तो आपको निम्नलिखित रोग पैदा हो सकते हैं। शरीर में गर्मी की कमी के कारण हृदय की कमजोरी, हृदय के रोग, शरीर में पित्त और जठराग्नि की कमी, मानसिक दुर्बलता, काम करने का उत्साह और साहस न रहना, रुकावट और बुढ़ापे में पैदा होने वाले रोग और कमजोरियां, सिर-दर्द, आंखों की दृष्टि कमजोर हो जाना, आमाशय की कमजोरी, भूख न लगना, पेट फूल जाना, भोजन न पचना, गैस बनना, रक्त की कमी, चेहरा पीला हो जाना, पुराना ज्वर, पुरानें रोगों के कारण कमजोरी, स्नायु और मस्तिष्क के रोग, दुबलापन, सर्दी के मौसम और सर्दी से पैदा

होने वाले रोग जो सर्दी से शरीर का भीतरी तरल बढ़ जाने से पैदा हों जैसे- नजला, जुकाम, शरीर में पानी अधिक इकट्ठा हो जाना, रक्त सम्बन्धी रोग, रक्ता अल्पता, शरीर में गर्मी और शक्ति घट जाने से ब्लड प्रैशर कम हो जाने और कमजोरी से आंखों के आगे अंधेरा, बेहोशी और लो ब्लड प्रैशर, दिल और नाड़ी की गति कमजोर हो जाना, हैजा और अन्य कमजोर कर देने वाले रोगों से त्वचा व शरीर बर्फ की भांति ठंडा हो जाना, मस्तिष्क की कमजोरी और सोचने की शक्ति घट जाना और वात रोग, क्षय आदि रोग पैदा हो जाते हैं।

ऐसे व्यक्तियों को कन्धारी अनार जैसे लाल रंग का माणिक्य अंगूठी में जड़वाकर पहनना चाहिए या माणिक्य से तैयार की हुई दवा खिलाना उचित है।

चंद्र

यदि आपकी राशि में चांद कमजोर है और आप पर बुरे प्रभाव डाल रहा है तो आपको निम्नलिखित रोग हो सकते हैं।

मूत्र में शक्कर आना या मधुमेह, मस्तिष्क की कमजोरी, पागलपन, अत्यधिक दूसरों को जोश में आकर मारना, घर से भाग जाना, नींद न आना, बुद्धिहीनता, जड़ बुद्धि रोग, स्नायुविक दुर्बलता (Nervous disability) दिल की गति रुकना, दिल अधिक धड़कना, दिल की कमजोरी, आंखों की दृष्टि बहुत कमजोर होना, गर्मी की अधिकता से होने वाले रोग, स्त्रियों के रोग और स्त्रियों की शारीरिक दुर्बलता, शारीरिक और मानसिक दुर्बलता, पुराने ज्वर, अतिसार, कंठमाला, वृक्क और मूत्राशय के रोग, मूत्र बूंद-बूंद आना या बन्द हो जाना, मिरगी आना, पागलपन, दमा, सांस लेने में कष्ट, प्रत्येक प्रकार की खांसी, हाई ब्लड प्रैशर, हाथ और पांव की हथेलियों और तलवों में सख्त जलन होना, शराब अधिक पीना, बुरी संगत में पड़ जाना, गर्मी की अधिकता से पैदा होने वाले दूसरे रोग, गर्मी की अधिकता से रक्त व तरल का खुश्क हो जाना, हड्डियों, मांस, रक्त में तरल की कमी हो जाने से उनमें विभिन्न रोग पैदा हो जाना, धैर्य और साहस की कमी से बैचेनी। ऐसी दशा में रोगी को दूधिया मोती पहनने की राय दें और मोतियों से बनी दवा खिलायें। उपर्युक्त रोगों में रोगी मोती अपने पास रखकर या मोतियों से बनी दवायें खाकर इन रोगों को दूर करने में सफल हो सकते हैं।

मंगल

जब मनुष्य को मंगल बुरी दृष्टि से देखता है तो उसको निम्नलिखित रोग हो सकते हैं। रक्तदोष से उत्पन्न रोग, जैसे फोड़े-फुंसी, दाद, खुजली, भगन्दर, बवासीर, चेचक, खसरा, हाई ब्लड प्रैशर, एनेमिया (रक्त अल्पता) वीर्य अधिक नाश करने से पैदा रोग, मूत्र के समय जलन आना, मूत्र बूंद-बूंद आना, मानसिक दुर्बलता, मिरगी, स्नायु दुर्बलता, बुढ़ापे की कमजोरी, पुरारा ज्वर, भूख की कमी, शरीर में चर्बी न रहना चिड़चिड़ापन, शीघ्र क्रोध आ जाना, दूसरों से बिना कारण लड़ना, आमाशय व अंतड़ियों के रोग, कुष्ठ रोग, जोड़ों का दर्द। इन रोगों में रोगी को सिन्दूरी रंग का मूंगा पहनने का परामर्श दें और मूंगे से बनी दवायें प्रयोग करायें। उपर्युक्त रोगों में रोगी मूंगा पहनकर और प्रवाल पिष्टी खाकर इन रोगों और मंगल ग्रह की बुरी दृष्टि से बच सकते हैं।

बुध

जब मनुष्य को बुध ग्रह बुरी दृष्टि से देखता है तो उसको निम्नलिखित रोग हो जाया करते हैं।

गुदा और मलाशय के रोग, बवासीर, भगन्दर, गुदा फट जाना, पेट और विशेष रूप से पेडू के निचले भाग के रोग, कोढ़, अजीर्ण, उदरशूल, संग्रहणी, तुतलाना, दुबलापन, वजन का गिर जाना, मर्दाना कमजोरी, बुद्धि कमजोर हो जाना, पेट में अम्लता की अधिकता, पुराना ज्वर, हड्डियों, मांस, यकृत, तिल्ली, वृक्क सम्बन्धी रोग, हृदय रोग, हाई ब्लड प्रैशर, कैन्सर, न भरने वाले पुराने घाव, इनफ्लुएंजा, उपदंश, पुराना ज्वर, दमा और पेडू के विभिन्न रोग। ऐसे रोगियों को हरे रंग का पन्ना (Emerald) धारण करने को कहें और पन्ना से बनी औषधियां खिलायें।

बृहस्पति

बृहस्पति विरोधी होने पर उस मनुष्य को निम्न रोग और कष्ट हो सकते हैं-

मिरगी, जोड़ों का दर्द, पक्षाघात, लकवा, शोथ, गले के रोग, यकृत के रोग, मोटापा, अतिसार, रसौली, आक्षेप, संक्रामक कीटाणुओं से उत्पन्न रोग, विषैले

रोग, मितली, कै, शरीर में तरल की अधिकता से होने वाले रोग, जैसे-जुकाम, शरीर में पानी पड़ जाना, मूत्र अधिक आना, कोढ़, बवासीर, गिल्हड़, आवाज बैठ जाना, प्लेग, हिस्टीरिया, एंठन सम्बन्धी रोग, नाड़ियों की कमजोरी, खांसी, पेट में गोला प्रतीत होना।

बृहस्पति ग्रह मनुष्य की चर्बी और ग्रन्थियों पर शासन करता है इसलिए ऐसे रोगी को चर्बी और ग्रन्थियों से सम्बन्धित रोग हो सकते हैं।

ऐसे मनुष्य अपव्ययी, धोखेबाज, मुकद्दमेबाज, अधिक बोलने वाले, स्वयं को बड़ा समझने वाले, डींगें मारने वाले होते हैं। बृहस्पति के निर्बल होने और विरोध करने पर उपर्युक्त रोगों में उस मनुष्य को पीले रंग का पुखराज धारण करना चाहिए और पुखराज से बनी औषधियां खानी चाहिए।

शुक्र

शुक्र नीच दृष्टि से देखने पर मनुष्य को निम्नलिखित रोग हो जाते हैं-

सुजाक से ग्रस्त स्त्री से संभोग करने से सुजाक होना, वीर्य प्रमेह, शीघ्रपतन, मूत्र में शक्कर आना, पुरुष गुप्त रोग, बांझपन, मर्दाना कमजोरी, वीर्य सम्बन्धी रोग, मूत्र कठिनाई से आना, स्त्रियों में गर्भाशय के रोग, अधिक शराब पीने से उत्पन्न रोग, समय से पहले बूढ़ा हो जाना, ल्यूकोरिया, अत्यधिक शारीरिक दुर्बलता, वजन गिरते जाना, कफ की अधिकता से उत्पन्न रोग, शरीर से गाढ़े तरल का निकलना, जैसे-मूत्र के साथ या सोते समय वीर्यपात हो जाना, नाक से गाढ़ा तरल निकलना, जुकाम होने पर गाढ़ा तरल निकलना, फेफड़ों से गाढ़ा बलगम निकलना, पाखाने में आंव आना, गाढ़ी पीप आना, वात, पित्त, कफ, दोष से उत्पन्न हो जाने वाले समस्त जटिल और जीर्ण रोग, स्नायु दुर्बलता और स्नायु सम्बन्धी रोग जैसे पक्षाघात, लकवा, शरीर का कम्पन, उंगलियों या पांव में चींटियां-सी रेंगती प्रतीत होना और पांवों का सुन्न और ठंडा हो जाना, मृगी, सफेद दाग, रक्ताल्पता, भगन्दर, न्यूमोनिया, क्षयरोग, काली खांसी, दमा और फेफड़ों के रोग, बुढ़ापे की कमजोरी से पैदा रोग।

ऐसे रोगियों को सफेद रंग का असली हीरा धारण करने और हीरे से बनी औषधि खाने को दें।

शनि

मनुष्य की राशि में शनि ग्रह निर्बल होने और मनुष्य पर बुरी दृष्टि डालने पर उसे निम्न रोग और कष्ट हो सकते हैं।

कठिन आर्थिक परिस्थितियां, व्यापार में हानि, नौकरी न मिलना, कंगाली, माता-पिता, भाई या पुत्र की मृत्यु, सगे-सम्बन्धियों का भी शत्रु और पराया बन जाना, सुख और आराम की बजाय दुख उठाना, आर्थिक कठिनाइयों से दुखी होकर अपना शहर छोड़कर दूसरे नगरों में चले जाना, मुकद्दमेबाजी, जेल और दरिद्रता में साथ जीवन व्यतीत करना, फटे-पुराने कपड़े पहनने पर विवश हो जाना, स्नायु पीड़ा, स्नायु सम्बन्धी रोग, जैसे-कम्पन, सिर व हाथ-पांव का अनैच्छिक रूप में हिलना, गरीबी के कारण उत्पन्न रोग जैसे रक्त अल्पता, दुबलापन, जोड़ों का गति न करना और उनमें तीव्र वेदना, मिरगी, हिस्टीरिया, बेहोशी, मानसिक रोग, पुरानी और जटिल फुलबहरी, लंगड़ी का दर्द, मूर्खता। शनि ग्रह के बुरे प्रभावों और कष्टों को दूर करने के लिए नीलम अंगूठी में जड़वाकर पहने रखने से धीरे-धीरे यह कष्ट और रोग दूर होने लग जाते हैं। नीलम शनि के आक्रमण की ढाल की भांति रक्षा करता है।

इसको निरन्तर शरीर से लगाये रखना शनिग्रह से प्रतिकूल प्रभाव तथा आक्रमणों को प्रभावहीन बना देता है। मनुष्य के विचारों को पवित्र बनाता है और मन को शान्ति देता है। नीलम धारण करके हजारों मनुष्य कंगाली से निकल धनवान बन गये। असली नीलम खरीदकर तीन दिन तक कपड़े में रखकर बायें बाजू पर इस प्रकार बांधें कि यह शरीर को छूता रहे। सात दिन तक इसके प्रभावों को देखकर अनुकूल होने पर अंगूठी में जड़वाकर पहन लें।

राहु

राहु प्रतिकूल होने पर मनुष्य को निम्नलिखित रोग हो सकते हैं। मनुष्य में साहसहीनता और आत्महत्या करने की भावना उत्पन्न हो जाना, जिन, भूत का डर, पेट में कीड़े, जोड़ों का न हिल सकना, उनमें शोथ, दर्द, अतिसार, गर्भाशय, शोथ, मिरगी, खसरा, चेचक, कोढ़।

राशि में राहु कमजोर होने पर गोमेद अंगूठी में जड़वाकर पहनने से उपर्युक्त सब रोग और कष्ट दूर हो जाते हैं।

केतु

केतु (नेपच्यून) ग्रह सूर्य से दो अरब अस्सी करोड़ मील दूर है। रोमन लोग समुद्र के देवता को नेपच्यून कहते हैं। राशि में केतु की कमजोरी से निम्नलिखित रोग हो सकते हैं।

विभिन्न चर्म रोग, फोड़े, फुंसी, खुजली, चेचक, खसरा, हैजा, जलोदर, गर्भाशय के रोग, पेट में गैस के कारण वायु ऊपर की ओर उठे जिससे हृदय पर दवाब पड़ने से हृदय अधिक धड़कने लग जाये और उस वायु के प्रभाव से सिर में दर्द और भारीपन हो जाये, अजीर्ण, दमा का दौरा आ जाता है।

मनुष्य का चाल चलन कमजोर हो जाने से होने वाले रोग और उनसे उत्पन्न परिणाम आदि। राशि में केतु की बुरी दृष्टि को दूर करने के लिए लहसुनिया (वैदूर्य (Cat's Eye) को अंगूठी में जड़वाकर पहनना चाहिए।

रुद्राक्ष

आजकल रुद्राक्ष पहनने की शौक लोगों में बहुत जोर-शोर से बढ़ी है और यह एक फैशन-सा हो गया है। विशेष कर विदेशी पर्यटकों की रुचि इसके धारण करने में विशेष रूप से बढ़ी है। इसका एक कारण है वह यह है कि रुद्राक्ष रत्न से ज्यादा सस्ता और लाभदायक उससे ज़्यादा है- आध्यात्मिक एवं भौतिक दोनों दृष्टि से। रुद्राक्ष का चमत्कार रत्नों से शत गुणा अधिक है। इसमें औषधीय गुण के होने के कारण इस का महत्त्व और बढ़ जाता है।

शिवपुराण में रुद्राक्ष का महत्त्व विस्तृत रुप से वर्णित है। रुद्राक्ष की उत्पति शिव के नेत्रों से निःसृत आंसुओं से हुई है-ऐसा शास्त्र-पुराणों का मत है। रुद्राक्ष एक प्रकार का वृक्ष का फल है। इसके दाने बेर के समान होते हैं। रुद्राक्ष प्रायः तीन रंगों में मिलते हैं। लाल रंग मिश्रित रंग और काले रंग के। रुद्राक्ष का वक्ष नैपाल एवं मलेशिया में पाया जाता है। नैपाल का रुद्राक्ष आकार में बड़ा होता है किन्तु मलेशिया में प्राप्त रुद्राक्ष मटर के दाने के आकार का होता है। इसका वृक्ष मध्यम कद का और इसके पत्ते हरे रंग के होते हैं। इसमें लगने वाला फल भूरे रंग का होता है जो बाद में पकने पर भूरे, ताल एवं काले रंगों में बदल जाता है। सूखने पर इनमें अनेक धारियां बन जाती हैं जिसे मुख की संज्ञा दी गयी है। रुद्राक्ष की प्रकृति गरम होती है एवं स्वाद में यह कड़वा होता है। रुद्राक्ष नीम के समान कृमिनाशक और ओज प्रद है। इसका प्रयोग उत्तम औषधि के रूप में होता है।

धार्मिक दृष्टि से रुद्राक्ष

धार्मिक दृष्टि से रुद्राक्ष का महत्त्व बहुत आंका गया है। इसके माहात्म्य का वर्णन अनेक ग्रन्थों में हुआ है। रुद्र जाबालोपनिषद, शिवपुराण, उड्डीश तंत्र और पद्मपुराण में इसका विशद वर्णन किया गया है। तंत्र-मंत्र के क्षेत्र में भी इसका वर्णन मिलता है। पूजा-पाठ और देवी-देवताओं की उपासना में रुद्राक्ष माला का

अपना विशेष महत्त्व है। यह माला अत्यन्त पवित्र मानी गयी है। रुद्राक्ष की माला पर किसी भी प्रकार का, किसी भी देवी-देवता का जप किया जा सकता है। शुद्ध रुद्राक्ष की पहचान यह है कि रुद्राक्ष जल में डूब जाता है। घुन के कीड़े से खाया हुआ, दूसरे कीड़ों का खाया, टूटा-फूटा या छीलकर बनाया गया रुद्राक्ष नहीं धारण करना चाहिये। रुद्राक्ष के ही सदृश एक फल और होता है जिसे भद्राक्ष कहते हैं। भद्राक्ष पानी में नहीं डूबता और टेढा-भेढ़ा होता है। रुद्राक्ष भगवान शिव का एक प्रिय आभूपण है। यह धार्मिक व वैज्ञानिक दृष्टि से नाना प्रकार के फल देने वाला एक चमत्कारिक पा है। रुद्राक्ष जीवन के अनेक महत्त्वपूर्ण कार्यों के लिए प्रयोग में लाया जाता है।

रुद्राक्ष के मुख

रुद्राक्ष के एक से लेकर चौदह मुख तक होते है। किन्तु पंचमुलीरुद्राक्ष प्रायः अधिक पाए जाते हैं। दो रुद्राक्ष के एक साथ जुड़ जाने पर उन्हें गौरी शंकर कहते हैं। अर्थात शिव और गौरी का संयुक्त रूप। जब तीन एक साथ जुड़ जाते हैं तो पाट कहलाते हैं यानी शिव गौरी एवं गणेश किन्तु ऐसे रुद्राक्ष प्रायः नहीं मिलते। एक से लेकर चौदह मुखों तक के रुद्राक्ष की अपनी एक महिमा है, गरिमा और महत्त्व है जो निम्न प्रकार से है-

एक मुखी रुद्राक्ष को साक्षात शिव माना गया है। पुराणों के अनुसार इसे धारण करने वाला मनुष्य ब्रहम हत्या जैसे पापों के दण्ड से मुक्त हो जाता है और सर्व काम्य सुख को प्राप्त करता है।

दो मुख वाले रुद्राक्ष के धारण करने से अनेक पापों का नाश हो कर मनुष्य जीवनपर्यन्त सुखी रहता है।

तीन मुखी रुद्राक्ष अग्नि का रूप होता है। इसे धारण करने वाला अग्नि के समान तेजस्वी होता है।

चतुर्मुखी रुद्राक्ष धारण करने वाला बहमा के समान होता है। इसे धारण करने वाला विद्या-धनी होता है।

पंचमुखी रुद्राक्ष स्वयं कालाग्नि नामक रुद्र है। यह अत्यंत प्रभावकारी एवं महिमामय माना गया है।

छह मुखी रुद्राक्ष में कार्तिकेय विराजमान रहते हैं। इसे सदा दाहिने हाथ में धारण करना चाहिए। इसे धारण करने से शत्रुओं का नाश होता है।

सप्त मुखी रुद्राक्ष यह स्त्री सुख के लिए भाग्यशाली कहा गया है। इस से वशीकरण भी किया जाता है।

अष्ट मुखी रुद्राक्ष विनायक स्वरूप है। इसको धारण करने से लाभएवं गुण की प्राप्ति होती है।

इसे यानी नौ मुखी रुद्राक्ष के विषय में कहा गया है कि इसके धारण करने से सभी प्रकार की सफलता प्राप्त होती है।

दस मुखी रुद्राक्ष साक्षात भगवान स्वरूप है। इसके धारण करने से सभी दुष्ट ग्रह, पिशाच, बैताल, बह्म राक्षस आदि का भय दूर होता है।

एकादश मुखी रुद्राक्ष यह एकादश रुद्रों का रूप है। इसे शिखा पर धारण करने से शीघ्र लाभ होता है। यह अत्यन्त पवित्र रुद्राक्ष माना गया है।

द्वादश मुखी रुद्राक्ष को कानों पर धारण करने से सभी प्रकार की शारीरीक, मानसिक पीड़ा मिट जाती है तथा रोग से मुक्ति प्राप्त होती है।

त्रयोदश मुखी रुद्राक्ष के धारण करने से सभी प्रकार की इच्छाएं पूर्ण हो जाती हैं।

चतुर्दश मुखी रुद्राक्ष धारण करने से वह शिव स्वरूप हो जाता है। इसे सदा सिर पर धारण करना चाहिए। इसे केवल ब्राह्मण को ही धारण करना चाहिए। यह रुद्राक्ष स्वयं भगवान ही धारण करते हैं।

रुद्राक्ष माला का महत्त्व

एक मुखी और नौ से चौदह मुखी रुद्राक्ष प्रायः अप्राप्य होते हैं। एक मुखी रुद्राक्ष अत्यधिक मूल्यवान एवं अप्राप्य है। यह अत्यंत चमत्कारी कहा गया है। सहज सुलभ होने के कारण पंचमुखी रुद्राक्ष की माला ठीक रहती है। 'शिवपुराण' के अनुसार छब्बीस दानों की माला सिर पर धारण करनी चाहिए। पचास दानों की माला ह्रदय पर, सोलह दानों की भुजा पर तया बारह रुद्राक्षों की माला मणिबंध पर धारण करनी चाहिए। एक सौ आठ दानों की, पचास दानों की माला धारण करने या उससे जप करने पर अभीष्ट फल की प्राप्ति होती है।

रुद्राक्ष का सदैव आदर करना चाहिए एवं इसकी पवित्रता बनाए रखनी चाहिए। रुद्राक्ष का कभी भी अपमान नहीं करना चहिए। उसकी उपेक्षा हानिप्रद हो सकती है। रुद्राक्ष को अपवित्र एवं जूठे हाथों से स्पर्श करना वर्जित है। शौचादि के समय तथा स्त्री-प्रसंग के समय रुद्राक्ष को उतार कर रख देना चाहिए। पूर्ण श्रद्धा और विश्वास के साय पवित्रता के साथ रुद्राक्ष धारण करने से अभीष्ट फल की प्राप्ति होती है। रुद्राक्ष धारण करने से स्फूर्ति और शक्ति से शरीर भर जाता है। यह रुद्राक्ष का प्रमुख गुण है। यही गुण रुद्राक्ष का प्रमुख गुण है। यह सभी गुणों की खान है और मनुष्य के लिए एक वरदान भी है। रुद्राक्ष का धार्मिक, सामाजिक और शरीरिक रूप से बड़ा महत्त्व है। माला में रुद्राक्ष की माला ही सर्वश्रेष्ठ मानी गयी है। प्रत्येक मनोरथ के पूर्ण होने की कामना के लिए किया गया रुद्राक्ष माला द्वारा जप अवश्य पूर्ण होता है। रुद्राक्ष की माला सदैव पूजा-अर्चना से अभिमंत्रित कर के ही धारण करना चाहिए। अभिमंत्रित रुद्राक्ष माला के द्वारा अनेक मंत्रों का जाप कर अनेक प्रकार के लाभ उठाए जा सकते हैं।

रुद्राक्ष को शरीर के विभिन्न अंगों पर धारण करना चाहिए। इससे औषधीय लाभ होता है। वैज्ञानिक परीक्षण से भी यह सिद्ध हो चुका है कि रुद्राक्ष रोग में बहुत लाभदायक है। यह उच्च रक्त चाप को रोकता है। साधारण रूप से भी रुद्राक्ष धारण करना लाभदायक है। किन्तु यदि यह मंत्र से अभिमंत्रित करके विधि-विधान पूर्वक धारण किया जाय तो और भी लाभप्रद होता है। मंत्र द्वारा रुद्राक्ष सिद्ध कर देने पर उसमें विलक्षण शक्ति आ जाती है। रोग, शोक, चोट, बाहरी प्रभाव, विष प्रभाव, बांझपन, नपुंसकता आदि नष्ट हो जाते हैं। गायत्री मंत्र का जप रुद्राक्ष की माला पर करना अति उत्तम कहा गया है। महामृत्युंजय मंत्र भी रुद्राक्ष की माला पर करने से मंत्र का पूर्ण लाभ मिलता है।

महामृत्युंजय मंत्र

ॐ त्र्यंम्बकं यजामहे सुगन्धिं पुष्टि वर्धनम। ऊर्वारुक मित्र वन्धात मृत्योर्मुक्षीय मामृतात॥

गायत्री मंत्र

ॐ भूर्भवः स्वः तत्सवितुर्वरेण्यम भगदिवस्य धीमहि धियो यो नः प्रचोदयात्।

उपर्युक्त मंत्रों का रुद्राक्ष की माला द्वारा जप करके अपनी अनेक कामनाएं पूरी की जा सकती हैं। रोग, शोक, संकट से छुटकारा पाया जा सकता है। मंत्रादि और जप का विधान ध्वनि विज्ञान पर आधारित है। इसलिए इसका अनुकूल प्रभाव पड़ता है।

खान है और मनुष्य के लिए एक वरदान भी है। रुद्राक्ष का धार्मिक, सामाजिक और शरीरिक रूप से बड़ा महत्त्व है। माला में रुद्राक्ष की माला ही सर्वश्रेष्ठ मानी गयी है। प्रत्येक मनोरथ के पूर्ण होने की कामना के लिए किया गया रुद्राक्ष माला द्वारा जप अवश्य पूर्ण होता है। रुद्राक्ष की माला सदैव पूजा-अर्चना से अभिमंत्रित कर के ही धारण करना चाहिए। अभिमंत्रित रुद्राक्ष माला के द्वारा अनेक मंत्रों का जाप कर अनेक प्रकार के लाभ उठाए जा सकते हैं।

रुद्राक्ष को शरीर के विभिन्न अंगों पर धारण करना चाहिए। इससे औषधीय लाभ होता है। वैज्ञानिक परीक्षण से भी यह सिद्ध हो चुका है कि रुद्राक्ष रोग में बहुत लाभदायक है। यह उच्च रक्त चाप को रोकता है। साधारण रूप से भी रुद्राक्ष धारण करना लाभदायक है। किन्तु यदि यह मंत्र से अभिमंत्रित करके विधि-विधान पूर्वक धारण किया जाय तो और भी लाभप्रद होता है। मंत्र द्वारा रुद्राक्ष सिद्ध कर देने पर उसमें विलक्षण शक्ति आ जाती है। रोग, शोक, चोट, बाहरी प्रभाव, विष प्रभाव, बांझपन, नपुंसकता आदि नष्ट हो जाते हैं। गायत्री मंत्र का जप रुद्राक्ष की माला पर करना अति उत्तम कहा गया है। महामृत्युंजय मंत्र भी रुद्राक्ष की माला पर करने से मंत्र का पूर्ण लाभ मिलता है।

महामृत्युंजय मंत्र

ॐ त्र्यंम्बकं यजामहे सुगन्धिं पुष्टि वर्धनम। ऊर्वारुक मित्र वन्धात मृत्योर्मुक्षीय मामृतात॥

गायत्री मंत्र

ॐ भूर्भवः स्वः तत्सवितुर्वरेण्यम भगदिवस्य धीमहि धियो यो नः प्रचोदयात्।

उपर्युक्त मंत्रों का रुद्राक्ष की माला द्वारा जप करके अपनी अनेक कामनाएं पूरी की जा सकती हैं। रोग, शोक, संकट से छुटकारा पाया जा सकता है। मंत्रादि

और जप का विधान ध्वनि विज्ञान पर आधारित है। इसलिए इसका अनुकूल प्रभाव पड़ता है।

रुद्राक्ष कमर पर धारण करने से कमर दर्द नहीं होता। महिलाओं के लिए कमर में रुद्राक्ष धारण करने से अत्यधिक लाभ मिलता है। इसके धारण करने से स्त्रियों को प्रदर सम्बन्धी रोग या मासिक सम्बन्धी रोग नहीं होते। प्रसव आसानी से बिना कष्ट के होता है। कमर से नीचे रुद्राक्ष धारण करना पाप है। इसका निषेध किया गया है।

रुद्राक्ष का जल योग

जल में डुबाया रुद्राक्ष गुणकारी औषधि का काम करता है। जल सदैव स्वक्ष प्रयोग में लाना चाहिए। तीन दिन से ज्यादा जल को नहीं रखना चाहिए।

बेचैनी व घबराहट में रुद्राक्ष को शुद्ध जल में ३ घंटे तक डाले रखने के बाद रुद्राक्ष को किसी वस्तु से निकाल लें। ध्यान रहे, हाथ से न निकालें। और जब जल थोड़ा ही रह जाय तभी पानी से बाहर निकालें। अब जल का प्रयोग करें। यह ध्यान रहे रुद्राक्ष खूब पानी से धोकर स्वच्छ कर लेना चाहिए। अकारण यदि बेचैनी हो या घबराहट या मितली आती महसूस हो तो उपर्युक्त जल के दो-तीन चम्मच पान करने से शान्ति मिलती है। यदि आंखों में जलन हो, धुंधला-सा दिखाई दे अथवा नेत्र विकार हो तो नेत्रों में उसी जल के छींटे मार कर व आंखें पोंछ कर कुछ पल के लिए बन्द कर लें। ऐसा करने से नेत्र विकार दूर हो जाएंगे। सर्दी जुकाम का प्रकोप होने पर थोड़ा-सा पानी नाक के दोनों छिद्रों से उपर खींचें। दो-चार छींकें आने पर आराम आ जाएगा।

कर्ण विकार-कान पक गया हो, मवाद आता हो, कम सुनाई पड़ता हो तो कुछ बूंदें डालने से लाभ होता है।

सफाई गंभीर धाव, पके फोड़े-फुंन्सी को जल से धोने पर सारे विकार दूर हो जाते हैं। इस जल से स्नान करने पर शरीर निरोगी रहता है।

रुद्राक्ष द्वारा रोग निवारण

तंत्र-मंत्र, जप-तप-साधना में रुद्राक्ष का अपना एक विशेष महत्त्व तो है ही साथ ही वह औषधि के रूप में अपना चमत्कारी गुण रखता है। अनुभवी आयुर्वेद

विज्ञ आज भी रुद्राक्ष को औषधि के रुप में प्रयोग करते हैं। उच्च रक्त चाप पर नियंत्रण के लिए रुद्राक्ष धारण करना लाभप्रद प्रमाणित हो चुका है। इसके अतिरिक्त शरीर के जिस भाग में वात रोग या किसी प्रकार का स्नायविक विकार हो तो उसी ओर की भुजा में रुद्राक्ष को काले या लाल धागे से बांध ले। इससे रोग का नाश होगा। रुद्राक्ष की औषधि के रूप में कुछ और अनुभूत विधियां दी जा रही हैं जो रोगों में लाभ पहुंचाती हैं।

शिखा

शिखा स्थल पर रुद्राक्ष बांधने से सिर-र्दद, आंख धुंधलाना, नजला, जुकाम, दिमागी कमजोरी आदी से बचाव होता है। सिर पर चोट लगने की संभावना समाप्त हो जाती है।

कंठ

कंठ में एक या तीन रुद्राक्ष धारण करने से गले के समस्त रोग समाप्त हो जाते हैं। टांन्सिल नहीं बढ़ता, स्वर का भारीपन दूर होता है।

भुजा

भुजा पर रुद्राक्ष धारण करने से वात सम्बन्धी समस्त रोग समाप्त हो जाते हैं। वीर्य में वृद्धि होती है। यह लाभ दायीं भुजा पर बांधने से होता है। बायीं भुजा पर बांधने से स्नायविक विकारों से बाएं अंग की रक्षा होती है। रक्त संचार सुचारु रूप से होता है। दोनों भुजाओं पर रुद्राक्ष धारण करने से पक्षाधात से बचाव होता है।

कमर

रुद्राक्ष कमर पर धारण करने से कमर दर्द नहीं होता। महिलाओं के लिए कमर में रुद्राक्ष धारण करने से अत्यधिक लाभ मिलता है। इसके धारण करने से स्त्रियों को प्रदर सम्बन्धी रोग या मासिक सम्बन्धी रोग नहीं होते। प्रसव आसानी से बिना कष्ट के होता है। कमर से नीचे रुद्राक्ष धारण करना पाप है। इसका निषेध किया गया है।

रुद्राक्ष का जल योग

जल में डुबाया रुद्राक्ष गुणकारी औषधि का काम करता है। जल सदैव स्वक्ष प्रयोग में लाना चाहिए। तीन दिन से ज्यादा जल को नहीं रखना चाहिए।

बेचैनी व घबराहट में रुद्राक्ष को शुद्ध जल में ३ घंटे तक डाले रखने के बाद रुद्राक्ष को किसी वस्तु से निकाल लें। ध्यान रहे, हाथ से न निकालें। और जब जल थोड़ा ही रह जाय तभी पानी से बाहर निकालें। अब जल का प्रयोग करें। यह ध्यान रहे रुद्राक्ष खूब पानी से धोकर स्वच्छ कर लेना चाहिए। अकारण यदि बेचैनी हो या घबराहट या मितली आती महसूस हो तो उपर्युक्त जल के दो-तीन चम्मच पान करने से शान्ति मिलती है। यदि आंखों में जलन हो, धुंधला-सा दिखाई दे अथवा नेत्र विकार हो तो नेत्रों में उसी जल के छींटे मार कर व आंखें पोंछ कर कुछ पल के लिए बन्द कर लें। ऐसा करने से नेत्र विकार दूर हो जाएंगे। सर्दी जुकाम का प्रकोप होने पर थोड़ा-सा पानी नाक के दोनों छिद्रों से उपर खींचें। दो-चार छींकें आने पर आराम आ जाएगा।

कर्ण विकार-कान पक गया हो, मवाद आता हो, कम सुनाई पड़ता हो तो कुछ बूंदें डालने से लाभ होता है।

सफाई गंभीर धाव, पके फोड़े-फुंन्सी को जल से धोने पर सारे विकार दूर हो जाते हैं। इस जल से स्नान करने पर शरीर निरोगी रहता है।

रुद्राक्ष का औषधीय प्रयोग

चेचक

इस में जलन और असह्य वेदना होने पर रुद्राक्ष मिश्रित औषाधि का प्रयोग करें। रुद्राक्ष और काली मिर्च दोनों समान मात्रा में लेकर उसे कूट-पीस कर कपड़े से छान लें, इसे बासी पानी के साथ तीन दिन तक पिलाने से रोगी को आराम मिलता है। कच्चे नारियल के दूध में तीन घंटे तक रुद्राक्ष का एक दाना डाल दें। बाद में रुद्राक्ष का दाना निकालकर इस दूध की मालिश करने से चेचक के दाग भर जएंगे और चेहरे पर चमक आ जाएगी। यह प्रयोग एक-दो माह तक करना चाहिए।

विष

किसी भी प्रकार के विष में रुद्राक्ष युक्त औषधि देने से विष का नाश होता है। रुद्राक्ष और उसका चार गुना काकोड़ा की जड़ लेकर एक लीटर पानी में खौलाएं। जब दसवाँ भाग रह जाए तो उसका दो गुना गाय का घी उसमें मिलाकर रोगी को पिलाएँ। इससे विष का प्रभाव नष्ट हो जाता है।

बवासीर

रुद्राक्ष के भार का चार गुना अपामार्ग का बीज लेकर उपर्युक्त विधि से काढ़ा बनाएं। दस-बारह बूँद की मात्रा में प्रतिदिन सेवन करने से सभी प्रकार के बवासीर ठीक हो जाते हैं।

प्रदर

यह रोग स्त्री का स्वास्थ्य, सौन्दर्य सब कुछ नष्ट कर देता है। यह खतरनाक रोग है। निम्न औषधि इसके लिए रामबाण है:

रुद्राक्ष एक भाग, धौलाई की जड़ दो भाग, रसौत दो भाग, सभी का चूर्ण बनाकर चार गुने जल में मिलाएं। मिट्टी के पात्र में रात भर रखकर सुबह छान कर चावल के धोवन के साथ दस ग्राम की मात्रा में सेवन करने से कुछ ही दिनों में प्रदर रोग शान्त हो जाता है।

रुद्राक्ष काढ़ा

रुद्राक्ष का काढ़ा भी बनता है। यह अनेक रोगों का शमन करने वाला है, शरीर को भी निरोगी रखता है, खून साफ करता है, शरीर के सभी दोषों के उपद्रवों को शांत करता है, शरीर स्वस्थ, फुर्तीला एवं तेजस्वी बना रहता है। कुछ प्रमुख रुद्राक्ष काढ़ा दिए जा रहे हैं-

रुद्राक्ष किशमिश, हरड़ और अडूसा की जड़ की छाल समान मात्रा में लेकर बत्तीस गुना जल में मिलाकर आग पर खौलाएं, १/८ अंश रह जाने पर उतार लें, शहद मिलाकर दो से तीन ग्राम प्रातःकाल सेवन करें। यह श्वास की बीमारी, खाँसी और रक्त पित्त में लाभदायक है।

रुद्राक्ष, शुंठी, कुटकी, गिलोय, दारुहल्दी, पुनर्नवा, नीम की छाल, सभी की समान मात्रा लेकर पीस डालें। उपर्युक्त विधि के अनुसार जल मिलाकर काढ़ा बनाएं, और इसे गुनगुना ही पिलाएं, श्वास, पीलिया, पेट तथा पसलियों के दर्द में लाभदायक है। सर्वांग शोथ में भी यह गुणकारी होता है।

रुद्राक्ष, देवदारु, चितक, शुंठी, गिलोय, दारुहल्दी, भारंगी, पुनर्नवा समान भाग में लेकर उपर्युक्त विधि से काढ़ा बनाकर सेवन करें। यह काढ़ा हाथ-पैर, चेहरे, उदर पर होने वाली सूजन में गुणकारी है।

रुद्राक्ष लेप

पौराणिक तथा आयुर्वेदिक ग्रंथों में रुद्राक्ष मिश्रित लेपों का बड़ा ही महत्त्व बतलाया गया है। निर्धारित मात्रा में निर्देशित औषधियों के साथ इसका लेप बनाकर लेप लगाने से विभिन्न रोगों में लाभ होना बताया गया है। रात में लेप नहीं लगाना चाहिए। मोटे लेप सूख जाने पर हटा देना चाहिए, अगर पतला लेप हो तो उस पर नया लेप चढ़ा दें। रुद्राक्ष को जल द्वारा चंदन की तरह घिसें, इस लेप को फुंसियों पर लगाने से फुंसियाँ ठीक हो जाती हैं। रक्त-दोष या एलर्जी के चकत्ते में भी यह लेप उत्तम है।

रुद्राक्ष, बावची इन दोनों का एक भाग हरताल गोमूत्र के साथ पीसकर लगाने से सफेद कुष्ठ का शमन होता है। चेहरे या शरीर पर सफेद दाग हो तो नियमित रूप से लगाने से एक या दो माह में ठीक हो जाते हैं।

रुद्राक्ष और बावची को नीम के साथ पीसकर लेप लगाने से खुजली ठीक हो जाती है। हल्दी, रुद्राक्ष और हरी दूब को समान भाग में लेकर छाछ के साथ पीस कर लेप बनाएं। यह लेप दाद, खाज, खुजली, शीत, पित्त और कृमि रोग पर अत्यन्त लाभदायक है।

रुद्राक्ष, आमला, यवक्षार और राल समान मात्रा में लेकर कंजी के साथ लेप बना लें। इस लेप को सेंहुआ के सफेद दाग पर लगाने से कुछ ही दिनों में सेंहुआ के दाग मिट जाते हैं।

चोट, मोच तथा अन्य किसी कारण से शरीर के किसी भाग में सूजन आ गयी हो तो रुद्राक्ष, साढी सोंठ, देवदारु, सहजन और सफेद सरसों समान मात्रा में लेकर कंजी के साथ पीसकर लेप लगाने से सूजन ठीक हो जाती है।

विषैला बरसाती कीड़ा, बिच्छू, ततैया आदि के काट लेने पर उसका विष बहुत कष्ट देता है। ऐसी दशा में रुद्राक्ष, कालिहारी, मूली के बीज, अतीस, कड़ुवी तुम्बी के बीज तथा तोरई के बीज समान मात्रा में लेकर कंजी के साथ पीस कर लेप तैयार करें। इस लेप के लगाने से विष का प्रभाव तुरन्त खत्म हो जाता है। आग से जलने पर रुद्राक्ष लेप एक उपयोगी औषधि है। यह शीतलता प्रदान करता है। जला हुआ अंग भी शीघ्र भर जाता है।

रुद्राक्ष, गेरू, गिलोय, लाल चंदन, वंशलोचन समान भाग में लेकर चूर्ण बनाएं। गौ घृत का प्रयोग कर लेप बना लें। इसको लगाने से शीतलता आती है, घाव भर जाते हैं और चेहरे पर पड़े दाग भी मिट जाते हैं।

सौन्दर्य वर्द्धक है रुद्राक्ष

कुछ स्त्री पुरुषों के शरीर से दुर्गन्ध युक्त पसीना आता है। ऐसे लोग रुद्राक्ष, दालचीनी, लाल चन्दन, कुलथी और कूट समान भाग में लेकर पानी मिलाकर उबटन बनाएं और उसका शरीर पर लेप करें। सूखने के बाद स्नान करें। किसी भी प्रकार के साबुन का प्रयोग नहीं करना चाहिए। कुछ दिनों के बाद शरीर से उठने वाली दुर्गन्ध समाप्त हो जाएगी और सौन्दर्य में निखार आएगा।

रुद्राक्ष से चार गुना बादाम की गिरी, मसूर की दाल इतने ही गुलाब जल के साथ पीसकर चेहरे पर लेप करें, सूख जाने पर इसे धो डालें। नियमित प्रयोग से चेहरा दमक उठेगा। कील-मुहांसे चेहरे के सौन्दर्य को बिगाड़ देते हैं। रुद्राक्ष, काली मिर्च, वंशलोचन को समान मात्रा में लेकर लेप बनाकर चेहरे पर लगाएं। इससे मुहांसे ठीक हो जाते हैं।

गुप्त रोग की दवा रुद्राक्ष

गुप्त रोग अत्यन्त कष्टदायक होते हैं। इन सबमें उपदंश सबसे घातक रोग है। रुद्राक्ष का औषधि रूप में प्रयोग कर इस घातक रोग से छुटकारा पाया जा सकता है। विधान निम्नानुसार है-

रुद्राक्ष की मात्रा का दुगुना हरड़, रसौत और सिरस की छाल चार गुना की मात्रा में लेकर कूट-पीसकर चूर्ण बनाएं, कपड़े में छानकर शहद मिलाकर घावों पर लगाएं, इससे शीघ्र लाभ होगा और उपदंश मिट जाएगा।

इस प्रकार रुद्राक्ष अनेक गुणों से युक्त है। इसमें अद्भुत जीवनी शक्ति है। धार्मिक और आध्यात्मिक दृष्टि से तो इसका महत्त्व है ही, लेकिन चिकित्सा में भी इसका विशेष महत्त्व है।

www.ingramcontent.com/pod-product-compliance
Lightning Source LLC
LaVergne TN
LVHW090318210926
848480LV00001B/282